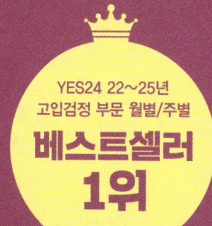

EBS 교육방송교재

검스타트 검정고시 중졸 영어

2026 최신판

단원별 개념정리 + 기출문제 체크 + 최신기출 2회분

검스타트 고득점 합격 로드맵

기출이 답이다
최신 기출문제
+ 무료 강의

연습은 실전처럼
온라인 모의고사
+ 상세 해설

빈틈 없는 마무리
시험장에서 보는
5분 정리집

빠른 결과 확인
가답안 문자 예약
+ 자동 채점

시험 안내

중졸 검정고시는 부득이한 이유로 정규 중학교 과정을 마치지 못한 사람들을 대상으로 실시하는 국가 자격 시험으로, 중졸 검정고시에 합격한 자는 중학교를 졸업한 자와 동등한 자격을 인정받습니다.

※ 자세한 사항은 각 시·도별 공고문을 참고하십시오.

1 시행 기관

- 시·도 교육청 : 시행 공고, 원서 교부 및 접수, 시험 실시, 채점, 합격자 발표
- 한국교육과정평가원(KICE) : 문제 출제, 인쇄 및 배포

2 시험 일정*

구분	공고 기간	접수 기간	시험일	합격자 발표
제1회	1월 말 ~ 2월 초	2월 초 ~ 중순	4월 초·중순	5월 초·중순
제2회	5월 말 ~ 6월 초	6월 초 ~ 중순	8월 초·중순	8월 하순

※ 상기 일정은 시·도 교육청 협의에 따라 변경될 수 있습니다. 반드시 해당 시험 공고문을 참조하세요.

3 시험 과목 및 시간표

구분	1교시	2교시	3교시	4교시	중식	5교시	6교시
시간	09:00~ 09:40	10:00~ 10:40	11:00~ 11:40	12:00~ 12:30	중식 12:30~ 13:30	13:40~ 14:10	14:30~ 15:00
	40분	40분	40분	30분		30분	30분
시험 과목	국어	수학	영어	사회		과학	선택 과목

※ 필수 과목 : 국어, 수학, 영어, 사회, 과학(이상 5과목)
※ 6교시 선택 과목은 '도덕, 기술·가정, 체육, 음악, 미술, 정보' 중 1과목(총 6과목 응시)
※ 유의 사항 : 1교시 응시자는 시험 당일 08:40분까지, 2~6교시 응시자는 해당 과목 시험 시간 10분 전까지 지정 시험실에 입실하여야 합니다.

4 출제 형식 및 배점

- 문항 형식 : 객관식 4지 택 1형
- 출제 문항 수 및 배점

구분	문항 수	배점
중졸	각 과목별 25문항(단, 수학은 20문항)	각 과목별 1문항당 4점(단, 수학은 1문항당 5점)

5 합격자 결정 및 취소

- 전과목 합격 ➡ 100점 만점 기준으로 결시 없이 평균 60점 이상 취득한 자(과락제 폐지)
- 과목 합격 ➡ 과목당 60점 이상 취득 과목
- 합격 취소 ➡ 응시 자격에 결격이 있는 자, 제출 서류를 위조 또는 변조한 자, 부정행위자

6 응시 자격 및 제한

◆ 응시자격 및 응시과목

응시자격	응시과목
초등학교 졸업자 및 이와 동등 이상의 학력이 있는 자	• 국어, 수학, 영어, 사회, 과학 【필수 : 5과목】 • 도덕, 기술·가정, 체육, 음악, 미술, 정보【선택 : 1과목】
초등학교 졸업학력 검정고시 합격자	
초·중등교육법시행령 제29조의 규정에 의하여 학적이 정원외로 관리되는 자	
보호소년 등의 처우에 관한 법률 시행령 제69조 제2호에 해당하는 자	
3년제 고등공민학교 및 중학교에 준하는 각종학교의 졸업자 또는 졸업예정자	국어, 수학, 영어 【총 3과목】
'92.9.3 이전 사회교육법시행령 제7조 제1항의 규정에 의한 중학교 교육과정에 상응하는 사회교육 과정을 이수한 자	
만 18세 이후에 평생교육법 제23조 제2항에 따라 평가 인정한 학습과정 중 고시과목에 관련된 과정을 교육부장관이 정하는 바에 따라 과목당 90시간 이상 이수한 자	국어, 수학, 영어 【3과목】 + 미이수 과목

◆ 응시 자격 제한

- 중학교 또는 초·중등교육법시행령 제97조 제1항 제2호의 학교를 졸업한 자 또는 재학 중인 자(휴학 중인 자 포함)
- 공고일 이후 초등학교 졸업자
- 공고일 이후 '제1호'의 학교에 재학 중 학적이 정원외로 관리되는 자
- 고시에 관하여 부정행위를 한 자로서 2년이 경과되지 아니한 자

7 제출 서류

- 검정고시 응시원서(소정서식) 1부
- 사진(최근 3개월 이내 촬영한 탈모 상반신 3.5㎝×4.5㎝) 2매
- 최종학력증명서 1부(아래에 해당서류 중 한 가지)
  - 초졸 검정고시 합격자 : 초졸 검정고시 합격증서 사본(원본 지참)
  - 중학교 정원외 관리자 : 중학교 정원외 관리증명서(유예증명서 아님)
  - 중학교 면제자 : 중학교 면제증명서
  - 중학교 제적자(의무교육이전) : 중학교 제적증명서
  - 초등학교 졸업 후 상급학교 미진학자 : 검정고시용 초등학교 졸업증명서, 미진학사실확인서
    ※ 졸업증명서는 반드시 검정고시용으로 제출하여야 함
  - 귀국자 : 귀국자 학력 인정 및 제출서류 내용에 따름
- 과목 면제자 : 과목합격증명서, 평생학습이력증명서(해당자에 한함)
- 장애인등록증 사본 또는 복지카드 사본(원본 제시) 1부(장애인으로 등록되어 있는 자에 한함)

8 **출제 수준, 세부 출제 기준 및 방향**

◆ 출제 수준
- 중학교 졸업 정도의 지식과 그 응용 능력을 측정할 수 있는 수준

◆ 세부 출제 기준 및 방향
- 2015 개정 교육과정에서 출제
- 각 교과의 검정(또는 인정) 교과서를 출제 범위에 활용
  - 가급적 최소 3종 이상의 교과서에서 공통으로 다루고 있는 내용으로 출제
    (단, 국어와 영어의 경우 교과서 외의 지문 활용 가능)
- 문제은행(기출문항 포함) 출제 방식을 학교 급별로 차등 적용
  - 초졸 : 50% 내외, 중졸 : 30% 내외, 고졸 : 적용하지 않음.
  - 출제 비율은 과목에 따라서 달라질 수 있음.
- 출제 난이도 : 최근 5년간 평균 합격률을 고려하여 적정 난이도 유지
- 중졸 검정고시의 '사회' 과목에 역사(한국사만 출제, 세계사 제외)를 포함하여 출제

9 **응시자 시험 당일 준비물**

◆ 중졸 및 고졸

> **(필수) 수험표, 신분증, 컴퓨터용 수성사인펜**
> **(선택) 아날로그 손목시계, 수정 테이프, 도시락**

※ 수험표 분실자는 응시원서에 부착한 동일한 사진 1매를 지참하고 시험 당일 08시 20분까지 해당 고사장 시험 본부에서 수험표를 재교부 받을 수 있다.

※ 시험 당일 고사장에는 차량을 주차할 수 없으므로 대중교통을 이용해야 한다.

검정고시 온라인 원서 접수, 이렇게 해요!

※ 사전 준비 : 본인의 '공동인증서' 발급 받기

1. <u>온라인 접수 기간</u>에 시·도 교육청의 검정고시 서비스 사이트에 접속

   http://kged.sen.go.kr

2. 검정고시 전체 서비스 메인 화면에서, 화면 왼쪽의 `검정고시 온라인 접수` 클릭

3. 왼편의 검정고시 온라인 접수에서 해당하는 '시·도 교육청'을 선택하여 이동

4. 상단의 〈온라인 원서 접수〉 메뉴에서 본인이 희망하는 자격의 검정고시 선택
   ☞ 해당 자격의 `원서 접수하기` 버튼을 클릭하면 '온라인 원서 접수 페이지'로 이동

5. 성명과 주민등록번호(또는 외국인등록번호)를 입력하고, 원서 접수 허위 사실 기재에 관한 안내 및 서약서와 개인식별번호 처리 동의에 체크(✓)한 뒤, `인증서 로그인`을 클릭한 후 본인의 공동 인증서를 통해 로그인

6. 응시자 정보 ➜ 학력 과목 정보 ➜ 고사장 선택 ➜ 접수 완료 순으로 작성

   (1) 응시자 정보에서 본인의 기본 신상 정보와 검정고시 응시 기본 정보를 입력한 후 `저장` 버튼을 클릭하여 저장 (*표시는 필수 입력 항목으로, 미입력 시 다음 순서로 진행되지 않음) ➜ `다음` 버튼 클릭
   • 사진 파일은 100kb 크기 미만의 jpg와 gif 파일만 저장 가능

   (2) 학력 과목 정보에서 응시자 본인의 학력 정보와 과목 응시 정보를 등록, 관련된 서류를 첨부한 후 `저장` 버튼을 클릭하여 저장 ➜ `다음` 버튼 클릭

   (3) 고사장 선택에서 금회차의 고사장이 조회되며, 고사장별 수용 인원이 도달할 때까지 응시자가 신청할 수 있음 ➜ `다음` 버튼 클릭
   ※ 고사장을 변경할 시에는 상단의 〈원서 조회〉 메뉴에서 '3. 고사장 선택 입력 단계 화면'에서 수정

   (4) 접수 완료에서 이전 단계에서 등록했던 주요 항목을 다시 한번 확인한 후, `제출` 버튼을 클릭하여, 최종적으로 원서 제출
   ※ 입력을 완료하였으나 제출을 하지 않을 경우 오프라인으로 재접수를 해야만 응시 가능
   ※ 제출 완료한 응시원서에 수정이 필요한 경우, 〈수정후제출〉 버튼을 클릭하여 수정

7. 상단의 〈원서 조회〉 메뉴를 통해 본인이 응시한 검정고시 원서 조회 가능(공동인증서로 로그인)

8. 상단의 〈수험표 출력〉 메뉴에서 수험표 출력 가능(해당 자격의 `수험표 출력하기` 버튼 클릭)
   ※ 식별이 가능하도록 가급적 컬러프린터로 출력하여 시험 당일 소지할 것

이 책의 구성과 특징

■ 알찬 개념 정리 + 다양한 학습장치

해당 단원에서 자주 출제되는 핵심 키워드 제시하고, 필수 어휘 및 문법 핵심 사항 수록, 생활영어 필수 포인트, 독해 솔루션으로 바뀐 교육과정을 완벽하게 반영하였습니다. 또한 파트별 기출문제 체크 문제를 통해 자신의 학습 상태를 점검해보실 수 있습니다.

EBS 교육방송교재

02 품사편

• 인칭대명사, 전치사, 비교를 반드시 알아둔다.

01 명사

명사	셀 수 있는 명사	보통명사	apple, dog, farmer, girl, pe...
		집합명사	army, audience, class, crov...
	셀 수 없는 명사	고유명사	London, Korea, Seoul, Sun...
		물질명사	air, coffee, milk, sugar, wat...
		추상명사	belief, honesty, hope, love,...
명사 복수형 만들기	명사+s		pen → pens
	s, x, ch, sh로 끝나는 명사+es		buses, boxes, watches, dis...
	모음+o로 끝나는 명사+s		kangaroos, radios, zoos
	자음+o로 끝나는 명사+es		heroes, potatoes, tomatoes...
	모음+y로 끝나는 명사+s		boys, keys, toys
	자음+y면 y를 i로 바꾸고+es		baby → babies, city → cities...
	f(e)로 끝나면 f(e)를 v로 바꾸고+es		half → halves, knife → kni...
	단수와 복수 모양이 같은 명사		Chinese, deer, fish, Japane...
	불규칙 복수형		child → children, foot → f... goose → geese, mouse → ... man → men, tooth → teet... woman → women, person...
	예외		autos, memos, pianos, roo...

(1) 명사

모든 이름을 명사라고 한다. 명사는 셀 수 있는 명사와 셀 수 없는 명사로 구분할 수 있다. 셀 수 있는 명사는 보통명사와 집합명사가 있다. 셀 수 없는 명사는 이름의 고유명사, 기체나 액체 그리고 고체 재료의 물질명사, 형상이 없는 추상명사가 있다. 셀 수 있는 명사의 복수형에는

EBS 중졸 검정고시 영어

(2) 명사의 소유격

① This is my **friend's** book. (생물's 소유격)
이것은 내 친구의 책이다.

② These are my **friends'** books. [복수의 s로 끝나면 apostrophe(')만 사용]
이것들은 내 친구들의 책이다.

③ Do you know the writer **of the book**? (무생물은 주로 of+무생물)
그 책의 작가를 아니?

PART 02

> **✏ Check! Check**
>
> 짝지어진 두 단어의 관계가 적절하지 못한 것을 고르시오.
>
> ① boy – boys ② box – boxes ③ city – cities ④ child – childs
>
> **해석** 소년, 상자, 도시, 아이
> **해설** child의 복수형은 children으로 표현한다.
>
> 답 ④

EBS 교육방송교재

PART 03 기출문제 체크

정답 및 해설 16p

> **유형 ① 내용파악**
>
> 대화를 읽고 문제가 요구하는 관계, 기분, 상황, 심경, 위치, 의도, 이유, 장소, 주제, 할 일 등을 파악하는 문제다. 말 그대로 정확하게 읽고 내용파악을 하는 문제다. 솔루션에 제시된 필수 표현 40개 포인트를 정리하고 기출문제를 풀면 어렵지 않게 풀 수 있다.

01 다음 대화의 주제로 가장 적절한 것은?

> A: What are your favorite sports?
> B: My favorite sports are swimming and tennis.
> A: Really? I like them, too.

① 추천하는 책
② 좋아하는 운동
③ 보고 싶은 연극
④ 여행하고 싶은 나라

02 다음 대화에서 B가 여행을 가지 못한 이유는?

> A: Did you enjoy your trip to Indonesia?
> B: No, I couldn't make it. My puppy got sick and I had to take care of him.

① 더운 날씨를 싫어해서
② 방학이 늦게 시작돼서

■ 최신기출문제 1, 2회분 + 상세한 해설

2025년 제1회, 제2회 기출문제를 모두 수록하여 기출 유형을 완벽하게 파악할 수 있으며, 왜 정답인지, 왜 오답인지 정확하게 파악할 수 있도록 명쾌한 해설을 수록하였습니다.

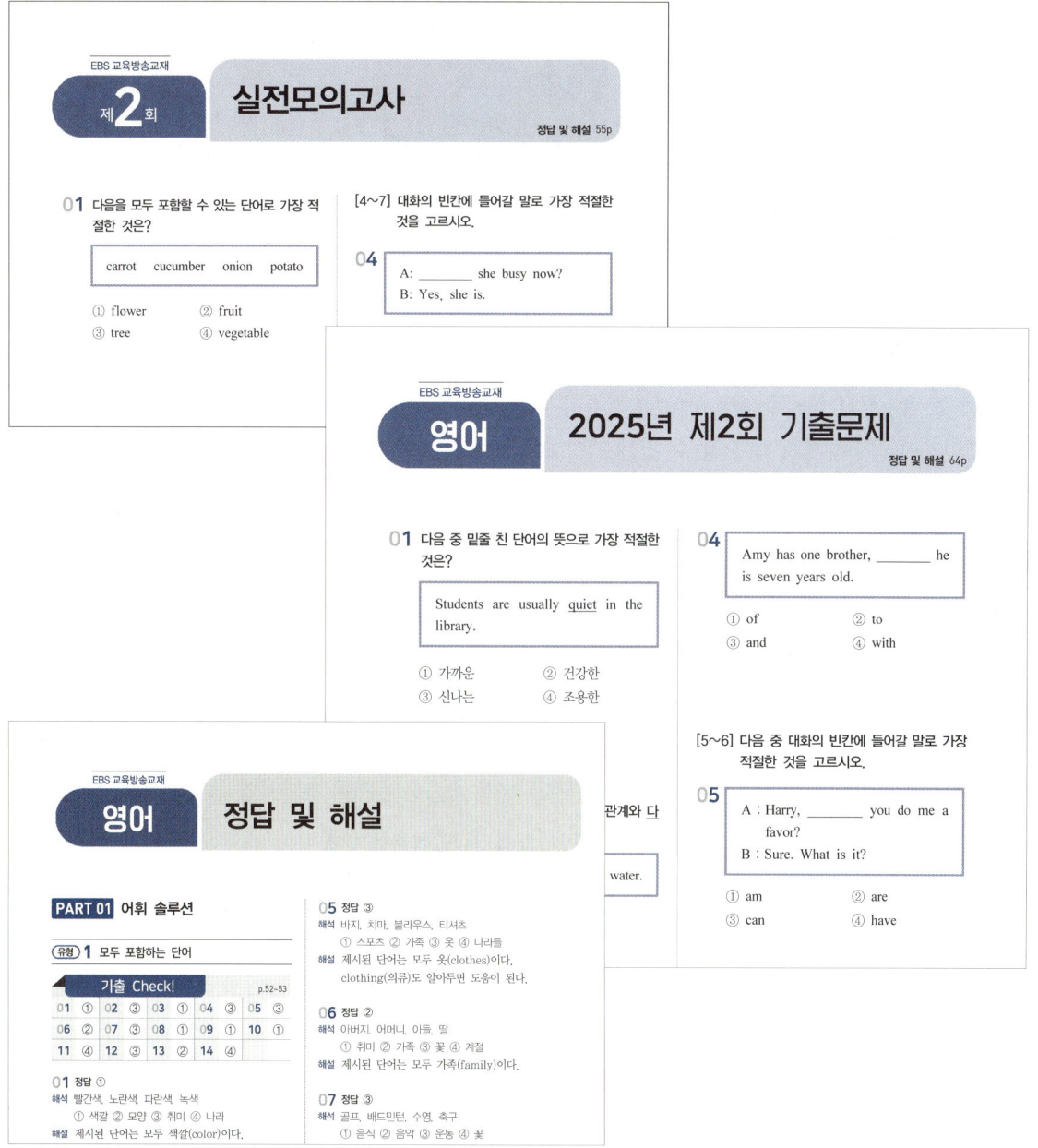

EBS 교육방송교재

제2회 **실전모의고사**

정답 및 해설 55p

01 다음을 모두 포함할 수 있는 단어로 가장 적절한 것은?

| carrot cucumber onion potato |

① flower ② fruit
③ tree ④ vegetable

[4~7] 대화의 빈칸에 들어갈 말로 가장 적절한 것을 고르시오.

04
A: _____ she busy now?
B: Yes, she is.

EBS 교육방송교재

영어 **2025년 제2회 기출문제**

정답 및 해설 64p

01 다음 중 밑줄 친 단어의 뜻으로 가장 적절한 것은?

Students are usually <u>quiet</u> in the library.

① 가까운 ② 건강한
③ 신나는 ④ 조용한

04
Amy has one brother, _____ he is seven years old.

① of ② to
③ and ④ with

[5~6] 다음 중 대화의 빈칸에 들어갈 말로 가장 적절한 것을 고르시오.

05
A : Harry, _____ you do me a favor?
B : Sure. What is it?

① am ② are
③ can ④ have

EBS 교육방송교재

영어 **정답 및 해설**

관계와 다

water.

PART 01 어휘 솔루션

유형 **1** 모두 포함하는 단어

기출 Check! p.52-53

01 ①	02 ③	03 ①	04 ③	05 ③
06 ②	07 ③	08 ①	09 ①	10 ①
11 ④	12 ③	13 ②	14 ④	

01 정답 ①
해석 빨간색, 노란색, 파란색, 녹색
① 색깔 ② 모양 ③ 취미 ④ 나라
해설 제시된 단어는 모두 색깔(color)이다.

05 정답 ③
해석 바지, 치마, 블라우스, 티셔츠
① 스포츠 ② 가족 ③ 옷 ④ 나라들
해설 제시된 단어는 모두 옷(clothes)이다.
clothing(의류)도 알아두면 도움이 된다.

06 정답 ②
해석 아버지, 어머니, 아들, 딸
① 취미 ② 가족 ③ 꽃 ④ 계절
해설 제시된 단어는 모두 가족(family)이다.

07 정답 ③
해석 골프, 배드민턴, 수영, 축구
① 음식 ② 음악 ③ 운동 ④ 꽃

출제 경향 분석

■ 단원별 출제 빈도(중졸 영어)

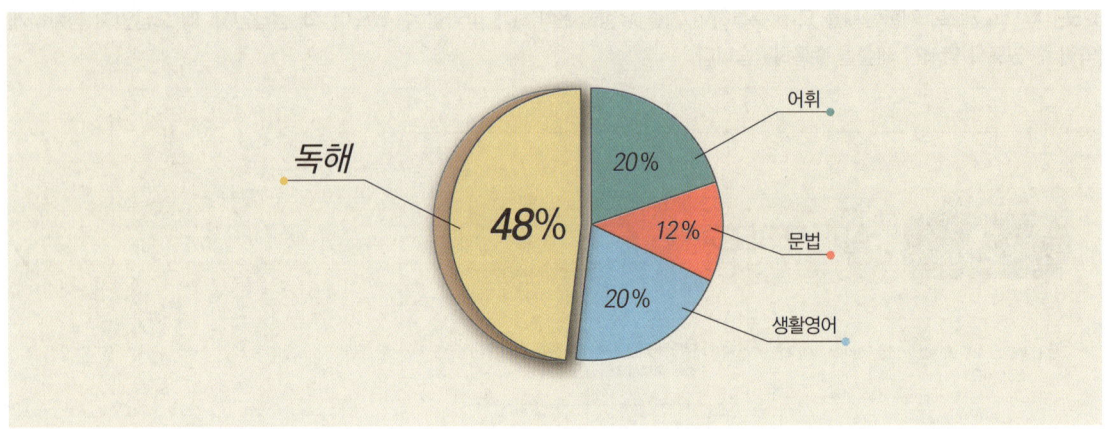

독해 48%
어휘 20%
문법 12%
생활영어 20%

■ 최근 출제 경향

최근 중졸 검정고시 영어 시험은 예년과 유사한 형식으로 출제되고 있으며, 기출문제를 충분히 학습한 수험생이라면 익숙하게 문제를 풀 수 있는 난이도를 보이고 있습니다. 어휘는 기초 수준에서 출제되며, 문장의 길이나 문법 구조 역시 복잡하지 않아 전반적으로 평이한 수준을 유지하고 있습니다. 일부 문항의 경우 조금 더 긴 문장이나 낯선 표현을 포함하고 있지만, 기본 어휘와 표현을 충실히 학습한다면 무리 없이 해결 가능한 수준입니다.

■ 영어, 이렇게 공부해요!

중졸 검정고시 영어를 공부할 때는 어휘 학습이 가장 중요합니다. 난이도가 높지 않더라도 어휘를 정확히 이해하지 못하면 선지를 빠르게 고르기 어렵기 때문입니다. 특히 자주 출제되는 어휘는 따로 정리하여 문장 속에서 의미와 쓰임을 함께 익히는 방식으로 반복 학습하는 것이 효과적입니다.

그 다음으로 중요한 것은 기출문제 풀이입니다. 출제 유형에 익숙해지고 문제별 풀이 전략을 익히며 실전 감각을 키우는 과정이 반드시 필요합니다. 문법 학습은 단순 암기보다는 실제 문장에서 어떻게 쓰이는지를 이해하는 것이 핵심입니다.

결국, 영어는 기본 어휘와 문법, 기출 기반의 독해 훈련을 꾸준히 병행하는 것이 가장 효율적인 학습 방법입니다.

■ 기출 분석에 따른 학습 포인트

❶ 어휘

어휘는 합격을 좌우하는 가장 중요한 학습 포인트입니다. 어휘 문제는 '단어와 숙어, 모두 포함하는 단어, 두 단어의 관계'를 묻는 문제 유형이 출제되었습니다.

어휘 학습은 어휘 문제를 풀기 위해서만이 아니라 독해, 생활영어 등 모든 유형의 문제를 풀 때 기본이 되는 능력이기 때문에 꾸준한 암기가 필요합니다. 매일 일정한 양의 어휘를 암기하고 외운 것을 테스트하면서 단어 실력을 확인하고 점검해야 합니다.

❷ 문법

최근에도 문법은 가장 기초적이면서도 중요한 부분인 'be동사, 의문사, 조동사' 부분에서 출제가 되고 있습니다.

이 부분은 문장을 해석할 때도 기본 바탕이 되는 부분이기 때문에 반드시 이해를 하고 암기가 필요한 부분은 외워야 합니다.

❸ 생활영어

생활영어 역시 최근에도 쉬운 난이도로 출제가 되고 있습니다. 지문에 나오는 생활영어 표현이나 격언, 속담을 모르더라도 문맥을 통해 충분히 유추할 수 있는 문제가 나오기 때문에 기본 독해 실력을 가지고 충분히 풀 수 있는 문제가 출제되고 있습니다.

기출문제를 충분히 풀어보면서 모르는 단어나 숙어를 암기하는 것으로 생활영어 문제를 대비할 수 있습니다.

❹ 독해

독해는 목적, 요지, 제목, 주제를 찾는 '중심 내용 파악', 내용 일치・불일치, 언급되거나 언급되지 않은 내용, 말한 이유를 묻는 '세부 내용 파악', 글의 흐름을 파악하는 '문장 삽입', '이어질 내용 파악' 그리고 '빈칸 추론', '지칭 추론' 유형이 출제되었습니다.

'실용문'은 그림과 도표를 활용한 문제가 출제되었습니다.

독해 문제도 매년 같은 유형의 문제들이 반복되고 있기 때문에 기출문제로 학습하는 것이 중요합니다. 각 유형별 접근 방법을 숙지하고 기출문제로 적용해 본다면 답을 찾는 요령을 터득하고, 문제를 푸는 시간도 단축할 수 있게 됩니다.

또한 문제를 풀면서 지문 속에 나오는 모르는 단어와 숙어는 정리하고 암기합니다.

검스타트 합격 스토리!
다음 합격 스토리의 주인공은 바로 당신!

고득점 합격 k*****

선생님들의 좋은 강의와 교재로 열심히 공부한 결과
고득점(평균 98.86점)을 받았습니다.

검스타트는 검정고시 관련 정보를 다양하게 제공하고 있어
시험 준비에 많은 도움을 받았습니다.
특히 다양한 학습자료가 정말 맘에 들었습니다.

수험생들의 학습을 위해 많은 배려를 하고 있다는 느낌을
받았고, 저렴한 수강료도 좋았지만
수험생의 합격을 위한 진실함이 있다고 느꼈습니다.

이 모든 것들이 검스타트를 선택한 배경이었습니다.

고득점 합격 동*

전체에서 한 문제 틀렸습니다.
과학에서 아쉽게 틀려서 만점을 못 받았습니다.

첫 관문을 잘 넘었으니 이제 대학 진학이라는 더 큰 목표를
위해 더 열심히 공부하려고 합니다.

강의해 주신 선생님들 정말 감사합니다.
핵심을 잘 정리해 주시고 이해하기 쉽도록
강의를 잘 해주신 덕분에 높은 점수를 받았습니다.

검스타트 최고 !!!

고령 합격 합***

인강 선택을 위해 제 아들과 상의하고 합격수기가 많은
검스타트를 선택했습니다.

공부한 지 오래되어 기초실력이 없기에
제일 처음 기초강의부터 반복해서 들었습니다.
이어서 이론공부를 시작했습니다.

강의와 교재를 반복해서 공부하다 보니 어느새 틀이
잡혀지고 자신감이 생겼습니다.

이론을 마치고 문제풀이, 기출풀이를 공부하니 검정고시가
그다지 어렵지 않게 느껴졌습니다.

시험을 마치고 채점을 해보니 총점은 합격점수를
충분히 넘었습니다.

고령 합격 t***

50대 중반 주부입니다.
38년 만에 처음으로 도전해 보았는데 혼자 공부하는 거라
처음엔 막막하고 지루하고 어려웠습니다.

검스타트 상담선생님께서 말씀해 주신 대로 쉬운 과목부터
완벽하게 준비해 나갔습니다.
기본강의, 예상문제, 모의고사, 기출문제 순서로 공부했고
무엇보다도 문제를 많이 풀어보았습니다.

특히 핵심총정리가 많은 도움이 되었습니다.
향후 사이버 대학에 도전해보려 합니다.

열심히 강의해 주신 선생님들께 감사드립니다.

중+고졸 합격 심****

검스타트와 인연을 맺은 지 1년.
훌륭하신 선생님들의 헌신적인 강의에 힘입어
70 가까운 나이에 중학교 과정과 고등학교 과정을 잘 마쳤고
특히 고등학교 과정은 7과목 중 4과목을
만점을 받을 정도의 성적으로 무사히 마쳤습니다.

이 모두가 검스타트 임직원 여러분과 각 과목 선생님들의
땀과 아낌 없는 희생 덕분이라 생각합니다.

고맙습니다.
이제부터는 대입 준비 열심히 하여 대입에 도전해 보려
합니다.

이젠, 여러분이
합격할 차례입니다!

목차

정답 및 해설

100% 합격을 위한 나만의 학습 계획

◆ 『중졸 검정고시 영어』 학습 진도표

구분		진도 체크(✓)*				
		1회	2회	3회	4회	5회
PART 01 어휘 솔루션	01 단어					
	02 숙어					
	🖊 기출문제 체크					
PART 02 문법 솔루션	01 기초편					
	02 품사편					
	03 동사편					
	04 심화편					
	🖊 기출문제 체크					
PART 03 생활영어 솔루션	01 필수 대화 표현 40개					
	🖊 기출문제 체크					
PART 04 독해 솔루션	🖊 기출문제 체크					
PART 05 실전모의고사	제1회 실전모의고사					
	제2회 실전모의고사					
PART 06 2025년 기출문제	제1회 기출문제					
	제2회 기출문제					

*학습 완료한 날짜를 적으셔도 좋습니다.

● 진도 체크(✓) 요령

1회 해당 부분 모두를 정독(精讀)했을 때를 1회로 간주합니다. 단순히 체크(✓)하셔도 좋고 권하는 대로 해당 날짜를 적어 넣으셔도 좋습니다.

2회 해당 부분 모두를 두 번째로 정독했을 때를 2회로 간주합니다. 띄엄띄엄 부분적으로 공부한 것은 해당하지 않습니다. 반드시 해당 부분 모두를 두 번째로 정독했을 경우에만 표시하도록 합니다.

3회 해당 부분에서 취약하거나 중요한 부분을 중심으로 처음부터 끝까지 모두 공부했을 때를 3회로 간주합니다. 실력(이해와 암기)을 키우기 위한 집중 학습에 해당합니다.

4회 3회와 같은 방식으로 취약하거나 중요한 부분을 중심으로 처음부터 끝까지 다시 한번 모두 공부했을 때를 4회로 간주합니다.

5회 시험을 목전에 두고 최종적으로 해당 부분 모두를 정독했을 때를 5회로 간주합니다. 1회에서 4회까지의 학습 과정이 있었기 때문에 1회, 2회보다는 훨씬 빠른 속도로 끝마칠 수 있을 것입니다.

◆ 취약 부분 극복 계획

학습 진도 중에서 자신이 취약하다고 생각되는 부분을 적고, 이를 극복할 수 있는 방안을 고민해 봅니다.

진도 중 취약 부분	극복 방안	극복한 날
예) 시의 비유법들이 잘 구분되지 않는다 (특히 은유법). 어렵다.	예) 교재와 강의에서 비유법 관련 내용이 나올 때마다 초집중한다.	예) 7월 7일(화) 비유법 극복!

◆ 나의 다짐과 소감

본격적인 학습에 앞서 다짐의 말을 적어 봅니다. 또 주변 사람들로부터 응원의 말을 받아 보세요. 물론 스스로에게 하는 응원의 말을 적으셔도 좋습니다. 마지막 포스트잇은 합격 후에 기분 좋게 작성하세요.

● (학습 전) 나의 다짐

● 응원의 말

● 합격 소감

EBS 교육방송교재

중졸 검정고시 영어

어휘 솔루션

✪ 현행 중졸 검정고시 영어 완벽 정복에 필요한 단어와 숙어 필수 2000개 목록이 어떤 것인지 살펴보고 그것들이 문제에 어떻게 적용되는지 최신 기출문제를 풀어 마무리해서 어떻게 출제되더라도 충분히 풀어 낼 수 있는 능력을 갖춘다.

01

단어

• 필수 단어가 어떤 것인지 살펴보고 단어 기출문제 유형을 파악한다.

A

0001 **aboard** [əbɔ́ːrd] ∼을 타고

0002 **about** [əbáut] ∼에 관해서, 대략

0003 **above** [əbʌ́v] 위에, ∼이상으로

0004 **abroad** [əbrɔ́ːd] 외국으로, 해외로

0005 **absent** [ǽbsənt] 결석한, 없는

0006 **accept** [æksépt] 받아들이다

0007 **accident** [ǽksidənt] 사고

0008 **ache** [eik] 아픔, 아프다

0009 **across** [əkrɔ́ːs] ∼를 건너서, ∼의 전역에

0010 **act** [ækt] 행동하다, 행위(behavior)

0011 **action** [ǽkʃən] 조치, 행동

0012 **activity** [æktívəti] 활동

0013 **actor** [ǽktər] 남자 배우, actress 여자 배우

0014 **add** [æd] 더하다, 보태다, addition 부가, 첨가

0015 **address** [ədrés] 주소, 연설(하다)

0016 **adult** [ədʌ́lt, ǽdʌlt] 성인, 어른(grown-up)

0017 **advice** [ədváis] 충고, advise 충고하다

0018 **afraid** [əfréid] 두려워하는, 무서워하는

0019 **after** [ǽftər] ∼후에

0020 **afternoon** [ǽftərnúːn] 오후

0021 **again** [əgén, əgéin] 다시

0022 **against** [əgénst, əgéinst] ∼에 반대하는, ∼에 기대어, ∼을 배경으로

0023 **age** [eidʒ] 나이, 시대

0024 **ago** [əgóu] ∼전에

0025 **agree** [əgríː] 동의하다, 일치하다(to + 의견, 제안, with + 사람)

0026 **ahead** [əhéd] 앞에, 앞으로

0027 **air** [ɛər] 공기

0028 **airplane** [ɛ́ərplèin] 비행기(plane), airline 항공사, airport 공항

0029 **alarm** [əláːrm] 경보(기), 불안하게 만들다

0030 **album** [ǽlbəm] 앨범

0031 **alike** [əláik] 비슷한

0032 **all** [ɔːl] 모든, 전체

0033 **almost** [ɔ́ːlmoust] 거의(nearly), 대개

0034 **alone** [əlóun] 혼자, 홀로

0035 **along** [əlɔ́ːŋ, əlɔ́ŋ] ∼을 따라서, 함께

0036 **alphabet** [ǽlfəbèt, ǽlfəbit] 글자, 문자, 알파벳

0037 **already** [ɔːlrédi] 벌써, 이미

0038 **also** [ɔ́ːlsou] 또한

0039 **although** [ɔːlðóu] 비록 ~일지라도(though)

0040 **always** [ɔ́ːlweiz] 항상

0041 **amaze** [əméiz] 놀라게 하다, amazed 놀란, amazing 놀라운

0042 **and** [ənd, ænd] 그리고

0043 **angel** [éindʒəl] 천사

0044 **angry** [ǽŋgri] 화난

0045 **animal** [ǽnəməl] 동물

0046 **anniversary** [æ̀nəvə́ːrsəri] 기념일

0047 **another** [ənʌ́ðər] 다른 하나, 또 하나

0048 **answer** [ǽnsər] 대답, 대답하다(reply)

0049 **ant** [ænt] 개미

0050 **any** [éni, əni] 어떤, 조금도

0051 **anyone** [éniwən] 누군가(anybody), 아무도, (긍정문에서) 누구라도

0052 **anything** [éniθiŋ] 무언가, 어떤 것, (긍정문에서) 어떤 것이라도

0053 **apart** [əpáːrt] (거리나 시간상으로) 떨어져

0054 **apartment** [əpáːrtmənt] 아파트

0055 **apple** [ǽpl] 사과

0056 **appoint** [əpɔ́int] 임명하다, 정하다

0057 **area** [ɛ́əriə] 지역

0058 **arm** [ɑːrm] 팔, 무기(arms)

0059 **around** [əráund] ~둘레에, 대략(about)

0060 **art** [ɑːrt] 기술, 예술, artist 예술가, 화가

0061 **as** [æz, əz] ~할 때, ~때문에, ~할수록, ~만큼, ~처럼, ~대로

0062 **ash** [æʃ] 재

0063 **ask** [æsk, ɑːsk] 묻다, 요구하다

0064 **asleep** [əslíːp] 잠든

0065 **attend** [əténd] 참석하다, 출석하다, ~에 주의를 기울이다(to)

0066 **attention** [əténʃən] 관심, 주의, 집중

0067 **audience** [ɔ́ːdiəns] 관객, 청중

0068 **aunt** [ænt, ɑːnt] 고모, 숙모, 이모, 아주머니

0069 **author** [ɔ́ːθər] 작가

0070 **autumn** [ɔ́ːtəm] 가을

0071 **average** [ǽvəridʒ] 평균(의)

0072 **avoid** [əvɔ́id] 피하다

0073 **away** [əwéi] 멀리 떨어져, 사라져

B _____

0074 **baby** [béibi] 아기

0075 **back** [bæk] 뒤, 등, 지지하다, 후퇴하다

0076 **backpack** [bǽkpæ̀k] 배낭

0077 **bacon** [béikən] 베이컨

0078 **bad** [bæd] 나쁜

0079 **badminton** [bǽdmintən] 배드민턴

0080 **bag** [bæg] 가방

0081 **bake** [beik] 빵을 굽다, baker 제빵사, bakery 빵집

0082 **bald** [bɔːld] 대머리의

0083 **ball** [bɔːl] 공, 무도회

0084 **balloon** [bəlúːn] 풍선

0085 **bamboo** [bæmbúː] 대나무

0086 **bank** [bæŋk] 은행, 둑

0087 **bar** [bɑːr] 막대, 술집, 장애물

0088 **bark** [bɑːrk] 짖다, 나무껍질

0089 **base** [beis] 근거, 기지, 기초, 야구 베이스

0090 **baseball** [béisbɔ̀ːl] 야구, 야구공

0091 **basement** [béismənt] 지하실

0092 **basic** [béisik] 기본적인, 기초의

0093 **basket** [bǽskit] 바구니

0094 **basketball** [bǽskitbɔ̀ːl] 농구, 농구공

0095 **bat** [bæt] 박쥐, 방망이, ~을 치다

0096 **bath** [bæθ, bɑːθ] 목욕, bathe 목욕하다, 목욕시키다, bathroom 욕실

0097 **battery** [bǽtəri] 배터리

0098 **beach** [biːtʃ] 해변, 해안

0099 **bean** [biːn] 콩

0100 **bear** [bɛər] 낳다, 참다, 곰

0101 **beat** [biːt] 때리다, 이기다, 맥박, 박자

0102 **beautiful** [bjúːtəfəl] 아름다운, beauty 미인, 아름다움

0103 **because** [bikɔ́ːz] 왜냐하면

0104 **become** [bikʌ́m] 되다, 어울리다

0105 **bed** [bed] 침대, bedroom 침실

0106 **bee** [biː] 꿀벌

0107 **beef** [biːf] 쇠고기

0108 **before** [bifɔ́ːr] ~하기 전에

0109 **begin** [bigín] 시작하다

0110 **behind** [biháind] ~의 뒤에

0111 **believe** [bilíːv, bəlíːv] 믿다

0112 **bell** [bel] 벨, 종

0113 **below** [bilóu] ~의 아래에, 하류에

0114 **belt** [belt] 띠, 벨트

0115 **bend** [bend] 구부리다, 굽히다, 휘다

0116 **beside** [bisáid] ~의 옆에(next to),
   besides 게다가

0117 **better** [bétər] 더 좋은(good, well 비교급)

0118 **between** [bitwíːn] ~사이에

0119 **beyond** [bijánd, -jɔ́nd] ~너머, 넘어서

0120 **bicycle** [báisikəl] 자전거(bike)

0121 **big** [big] 큰(great, large)

0122 **bill** [bil] 계산서, 지폐, 법안

0123 **bin** [bin] 큰 상자, 통

0124 **bird** [bəːrd] 새

0125 **birth** [bəːrθ] 출생, 탄생

0126 **birthday** [bə́ːrθdèi] 생일

0127 **bit** [bit] 조금, 작은 조각

0128 **bite** [bait] 깨물다

0129 **black** [blæk] 검은, 검은색

0130 **blank** [blæŋk] 빈칸

0131 **blanket** [blǽŋkit] 담요

0132 **bless** [bles] 축복하다

0133 **blind** [blaind] 눈이 먼

0134 **block** [blɑk, blɔk] 블록, 사각형 덩어리, 막다

0135 **blond** [blɑnd, blɔnd] 금발의

0136 **blood** [blʌd] 피, 혈액

0137 **blow** [blou] (바람이, 입으로) 불다, 폭파하다,
   강타

0138 **blue** [bluː] 파란, 우울한(sad)

0139 **board** [bɔːrd] 판자, 위원회, 타다

0140 **boat** [bout] 배, 보트

0141 **body** [bádi, bɔ́di] 몸, 신체

0142 **boil** [bɔil] 끓이다

0143 **bomb** [bɑm, bɔm] 폭탄, 폭격하다

0144 **bone** [boun] 뼈

0145 **book** [buk] 책, 예약하다, bookstore 서점

0146 **boots** [buːts] 부츠, 장화

0147 **bored** [bɔːrd] 따분한, 지루한,
   boring 지루하게 만드는, 따분하게 만드는

0148 **borrow** [bɔ́(ː)rou, bárou] 빌리다

0149 **boss** [bɔ́(ː)s, bɑs] 사장, 상관

0150 **bother** [bádəːr] 괴롭히다,
   성가시게 하다(tease)

0151 **bottle** [bátl, bɔ́tl] 병

0152 **bottom** [bátəm, bɔ́təm] 맨 아래, 바닥

0153 **bowl** [boul] 그릇

0154 **bowling** [bóuliŋ] 볼링

0155 **box** [bɑks, bɔks] 상자, 권투 경기를 하다

0156 **boy** [bɔi] 소년

0157 **brain** [brein] 뇌, 두뇌

0158 **brand** [brænd] 브랜드, 상표

0159 **brave** [breiv] 용감한(courageous)

0160 **bread** [bred] 빵

0161 **break** [breik] 부수다, 중단하다, 휴식시간

0162 **breakfast** [brékfəst] 아침식사

0163 **breath** [breθ] 호흡, breathe 호흡하다

0164 **brick** [brik] 벽돌

0165 **bridge** [bridʒ] 다리, 교량, 중개

0166 **bright** [brait] 밝은, 영리한(smart)

0167 **bring** [briŋ] 가져오다, 데려오다

0168 **broadcast** [brɔ́ːdkæst, brɔ́ːdkɑ̀ːst] 방송, 방송하다

0169 **brother** [brʌ́ðər] 남자 형제

0170 **brown** [braun] 갈색(의)

0171 **brush** [brʌʃ] 붓, 솔(질하다), 이를 닦다

0172 **bubble** [bʌ́bəl] 거품

0173 **bucket** [bʌ́kit] 양동이

0174 **bud** [bʌd] 싹

0175 **bug** [bʌg] 벌레, 곤충(insect)

0176 **build** [bild] 만들다, 짓다, building 건물

0177 **burger** [bə́ːrgər] 햄버거(hamburger)

0178 **burn** [bəːrn] 타다, 태우다

0179 **bury** [béri] 파묻다

0180 **bus** [bʌs] 버스

0181 **business** [bíznis] 사업, 일, 사무

0182 **busy** [bízi] 바쁜, 분주한, 번화한

0183 **but** [bʌt, bət] 그러나, ~을 제외하고(except)

0184 **butter** [bʌ́tər] 버터

0185 **butterfly** [bʌ́tərflài] 나비

0186 **button** [bʌ́tn] 버튼, 단추

0187 **buy** [bai] 사다

0188 **by** [bai] ~옆에, ~에 의해, ~까지

0189 **bye** [bai] 안녕, 헤어질 때 인사

C ─────────

0190 **cabbage** [kǽbidʒ] 양배추

0191 **cage** [keidʒ] 새장, 우리

0192 **cake** [keik] 케이크

0193 **calendar** [kǽləndər] 달력

0194 **call** [kɔːl] 부르다, 전화하다(up)

0195 **calm** [kɑːm] 평온한, 침착한, 진정시키다(down)

0196 **camel** [kǽməl] 낙타

0197 **camera** [kǽmərə] 카메라

0198 **camp** [kæmp] 야영지, 캠프

0199 **campaign** [kæmpéin] (조직적인) 운동, 캠페인

0200 **candle** [kǽndl] 양초

0201 **candy** [kǽndi] 사탕

0202 **cap** [kæp] 모자, 뚜껑

0203 **captain** [kǽptin] 기장, 선장, 주장

0204 **car** [kɑːr] 자동차

0205 **card** [kɑːrd] 카드

0206 **care** [kɛər] 관심, 돌봄, 돌보다, 신경 쓰다, 좋아하다

0207 **careful** [kéərfəl] 조심성 있는, 조심스러운, careless 부주의한, 경솔한

0208 **carnation** [kɑːrnéiʃən] 카네이션

0209 **carpenter** [káːrpəntər] 목수

0210 **carrot** [kǽrət] 당근

0211 **carry** [kǽri] 가지고 다니다, 나르다

0212 **cart** [kɑːrt] 카트, 카트로 나르다

0213 **cartoon** [kɑːrtúːn] 만화

0214 **case** [keis] 경우, 상자, 소송, 사건

0215 **cash** [kæʃ] 현금, 현금으로 바꾸다

0216 **cat** [kæt] 고양이

0217 **catch** [kætʃ] 잡다, 이해하다

0218 **celebrate** [séləbrèit] 축하하다

0219 **cent** [sent] 센트

0220 **center** [séntər] 센터, 중심(지)

0221 **century** [séntʃuri] 세기, 100년

0222 **ceremony** [sérəməni] 식, 의식

0223 **certain** [sə́ːrtən] 확실한, 어떤, certainly 확실히

0224 **chain** [tʃein] 사슬, 사슬로 매다

0225 **chair** [tʃɛər] 의자

0226 **chalk** [tʃɔːk] 분필

0227 **champion** [tʃǽmpiən] 챔피언

0228 **change** [tʃeindʒ] 바꾸다, 변화(하다), 잔돈

0229 **channel** [tʃǽnl] 채널, 경로, 해협

0230 **character** [kǽriktər] 등장인물, 성격, 인격, 특징, 글자

0231 **chart** [tʃɑːrt] 도표, 표

0232 **chat** [tʃæt] 잡담하다

0233 **cheap** [tʃiːp] 값싼

0234 **cheat** [tʃiːt] 부정행위를 하다, 속이다

0235 **check** [tʃek] 검사하다, 계산서, 수표

0236 **cheek** [tʃiːk] 뺨, 볼

0237 **cheerful** [tʃíərfəl] 쾌활한, 활기찬

0238 **chess** [tʃes] 서양장기, 체스

0239 **chew** [tʃuː] 씹다

0240 **chicken** [tʃíkin] 닭, 닭고기

0241 **child** [tʃaild] 아이, 어린이, childhood 어린 시절, children 아이들

0242 **chimpanzee** [tʃìmpænzíː] 침팬지

0243 **chin** [tʃin] 턱

0244 **chip** [tʃip] 조각, 잘게 썰다

0245 **choice** [tʃɔis] 선택

0246 **choose** [tʃuːz] 고르다, 선택하다

0247 **chopsticks** [tʃɑpstiks] 젓가락

0248 **Christmas** [krísməs] 크리스마스

0249 **church** [tʃəːrtʃ] 교회

0250 **circle** [sə́ːrkl] 원, 집단, 회전하다

0251 **city** [síti] 도시

0252 **class** [klæs, klɑːs] 학급, 계급, 등급, classmate 학급친구, classroom 교실

0253 **classical** [klǽsikəl] 고전적인, 정통파의, classic 고전(명작), 일류의

0254 **clean** [kliːn] 깨끗한, 청소하다

0255 **clear** [kliər] 맑은, 명백한, 제거하다

0256 **clerk** [kləːrk, klɑːrk] 사무원, 점원

0257 **clever** [klévər] 영리한

0258 **click** [klik] 딸깍하는 소리(를 내다), 클릭(하다)

0259 **climb** [klaim] 기어오르다, 오르다

0260 **clinic** [klínik] 병원, 진료소

0261 **clock** [klɑk, klɔk] 시계

0262 **close** [klous] 가까운, [klouz] 닫다

0263 **cloth** [klɔ(ː)θ] 천, 직물, clothes 옷, clothing 의류

0264 **cloud** [klaud] 구름

0265 **clover** [klóuvər] 클로버

0266 **club** [klʌb] 동아리, 동호회, 클럽, 골프채

0267 **coach** [koutʃ] 코치(하다), 마차

0268 **coast** [koust] 해안(shore, beach)

0269 **coat** [kout] 외투, 코트, 코팅하다

0270 **cocoa** [kóukou] 코코아

0271 **coffee** [kɔ́ːfi, káfi] 커피

0272 **coin** [kɔin] 동전, 신조어를 만들다

0273 **cold** [kould] 추운, 감기

0274 **collect** [kəlékt] 모으다, 수집하다(gather), collection 수집, 수집품

0275 **college** [kálidʒ, kɔ́lidʒ] 대학, 전문학교

0276 **color** [kʌ́lər] 색

0277 **come** [kʌm] 오다, 되다

0278 **comedy** [kámədi, kɔ́-] 희극, 코미디, comedian 코미디언, comic 웃긴, 희극적인

0279 **common** [kámən] 공통의, 보통의, 흔한

PART 01

0280 **communicate** [kəmjúːnəkèit] 의사소통하다, 통신하다

0281 **company** [kʌ́mpəni] 회사, 함께 있는 것 (사람)

0282 **complain** [kəmpléin] 불평하다

0283 **complete** [kəmplíːt] 완성하다(finish), 완전한, completely 완전히

0284 **computer** [kəmpjúːtər] 컴퓨터

0285 **concert** [kánsə(ː)rt, kɔ́nsə(ː)rt] 콘서트

0286 **condition** [kəndíʃən] 상태, 조건, 질환

0287 **confuse** [kənfjúːz] 혼란시키다, confused 혼란스러운

0288 **contest** [kántest] 경기, 시합

0289 **continue** [kəntínjuː] 계속하다

0290 **control** [kəntróul] 통제(하다)

0291 **convenient** [kənvíːnjənt] 편리한

0292 **conversation** [kànvərséiʃən] 대화

0293 **cook** [kuk] 요리하다, 요리사, cooker 요리 기구

0294 **cookie** [kúki] 쿠키

0295 **cool** [kuːl] 멋있는, 시원한

0296 **cord** [kɔːrd] 끈, 전기 코드

0297 **corn** [kɔːrn] 옥수수

0298 **corner** [kɔ́ːrnər] 구석, 길모퉁이, 모서리

0299 **correct** [kərékt] 고치다, 수정하다, 올바른, 정확한(exact)

0300 **cost** [kɔːst, kɔst] 비용, 비용이 들다

0301 **cotton** [kátn, kɔ́tn] 면, 목화, 솜

0302 **couch** [kautʃ] 긴 의자, 소파

0303 **cough** [kɔ(ː)f, kaf] 기침, 기침하다

0304 **count** [kaunt] 계산하다, 수를 세다, 중요하다

0305 **country** [kʌ́ntri] 나라, 시골

0306 **couple** [kʌ́pəl] 부부, 커플

0307 **coupon** [kúːpan, kúːpon] 쿠폰

0308 **course** [kɔːrs] 강좌, 과정, 진로, 코스

0309 **court** [kɔːrt] 경기장, 법정, 코트

0310 **cousin** [kʌ́zn] 사촌

0311 **cover** [kʌ́vər] 덮다, 덮개, 표지

0312 **cow** [kau] 소, 젖소

0313 **crab** [kræb] 게, 바닷게

0314 **crazy** [kréizi] 미친(mad), 열광적인

0315 **cream** [kriːm] 크림

0316 **create** [kriéit] 만들어내다, 창조하다

0317 **cross** [krɔːs, krɔs] 건너가다, 십자가

0318 **crowd** [kraud] 군중, crowded 붐비는, 혼잡한

0319 **crown** [kraun] 왕관

0320 **cruel** [krúːəl] 잔인한

0321 **cry** [krai] 울다, 울부짖다

0322 **culture** [kʌ́ltʃər] 문화, cultural 문화의

0323 **cup** [kʌp] 컵

0324 **curtain** [kə́ːrtən] 커튼

0325 **custom** [kʌ́stəm] 관습, 풍습, customs 관세, 세관

0326 **cut** [kʌt] 자르다

0327 **cute** [kjuːt] 귀여운

D

0328 **dad** [dæd] 아빠

0329 **dance** [dæns] 춤, 춤추다

0330 **dangerous** [déindʒərəs] 위험한, danger 위험

0331 **dark** [dɑːrk] 어두운, darkness 어둠

0332 **data** [déitə] 데이터, 자료

0333 **date** [deit] 날짜, 대추야자 열매, 데이트

0334 **daughter** [dɔ́ːtər] 딸

0335 **day** [dei] 하루, 낮, daily 매일의

0336 **dead** [ded] 죽은, death 죽음

0337 **deaf** [def] 귀가 들리지 않는

0338 **dear** [diər] 소중한

0339 **decide** [disáid] 결심하다(resolve), 결정하다, decision 결정

0340 **deep** [diːp] 깊은, 깊게, depth 깊이

0341 **deer** [diər] 사슴

0342 **delay** [diléi] 연기하다(postpone, put off), 지연

0343 **delicious** [dilíʃəs] 맛있는

0344 **deliver** [dilívər] 배달하다

0345 **dentist** [déntist] 치과의사

0346 **department** [dipáːrtmənt] 백화점 매장, 부서

0347 **desert** [dézərt] 사막, [dizə́ːrt] 버리다

0348 **design** [dizáin] 계획(하다), 설계(하다), designer 디자이너, 설계자

0349 **desk** [desk] 책상

0350 **dessert** [dizə́ːrt] 디저트

0351 **detect** [ditékt] 찾아내다, 탐지하다

0352 **dew** [djuː] 이슬

0353 **dialogue** [dáiəlɔg] 대화(하다)

0354 **diamond** [dáiəmənd] 다이아몬드

0355 **diary** [dáiəri] 일기

0356 **dictionary** [díkʃənəri] 사전

0357 **die** [dai] 죽다

0358 **diet** [dáiət] 식이요법, 다이어트, 식단, on a diet 다이어트하는

0359 **differ** [dífər] 다르다

0360 **different** [dífərənt] 다른, difference 차이

0361 **difficult** [dífikʌlt, dífikəlt] 어려운, difficulty 어려움

0362 **digital** [dídʒitl] 디지털의

0363 **diligent** [dílədʒənt] 부지런한

0364 **dinner** [dínər] 저녁식사

0365 **dinosaur** [dáinəsɔ̀:] 공룡

0366 **dip** [dip] 담그다

0367 **direction** [dirékʃən, dairékʃən] 방향, 지시

0368 **dirty** [dɚ́:rti] 더러운, dirt 먼지

0369 **disappointed** [dìsəpɔ́intid] 실망한

0370 **discover** [diskʌ́vər] 발견하다, discovery 발견

0371 **discuss** [diskʌ́s] 토론하다(dispute)

0372 **disgusting** [disgʌ́stiŋ] 역겨운(terrible)

0373 **dish** [diʃ] 접시(plate), 요리

0374 **disk** [disk] 디스크, 원반

0375 **distance** [dístəns] 거리, 간격

0376 **distant** [dístənt] 먼

0377 **divide** [diváid] 나누다, 분할하다

0378 **do** [duː, du] 하다, 충분하다

0379 **doctor** [dáktər, dɔ́ktər] 박사, 의사

0380 **dog** [dɔ(ː)g, dɑg] 개

0381 **doll** [dɑl, dɔ(ː)l] 인형

0382 **dollar** [dálər, dɔ́lər] 달러

0383 **dolphin** [dálfin, dɔ́(ː)lfin] 돌고래

0384 **donkey** [dáŋki, dʌ́ŋki] 당나귀

0385 **door** [dɔːr] 문

0386 **dot** [dɑt, dɔt] 점

0387 **double** [dʌ́bəl] 두 배의, 이중의

0388 **doubt** [daut] 의심(하다), doubtful 의심스러운

0389 **dough** [dou] 반죽

0390 **doughnut** [dóunət, dóunʌt] 도넛

0391 **dove** [dʌv] 비둘기

0392 **down** [daun] 아래로, 우울한, 솜털

0393 **download** [dáunlòud] 다운받다, 자료 등을 내려 받다

0394 **dozen** [dʌ́zən] 12개, 1타스

0395 **dragon** [drǽgən] 용

0396 **drama** [drɑ́ːmə] 연극(play), 희곡, 드라마

0397 **draw** [drɔː] 그리다, 당기다, 무승부

0398 **dream** [driːm] 꿈(을 꾸다)

0399 **dress** [dres] 드레스, 옷(을 입히다)

0400 **drink** [driŋk] 마시다, 음료수

0401 **drive** [draiv] 몰다, 운전하다

0402 **drop** [drɑp, drɔp] 떨어뜨리다, 방울

0403 **drug** [drʌg] 마약, 약, drugstore 약국

0404 **drum** [drʌm] 드럼, 북

0405 **dry** [drai] 건조한, 마른

0406 **duck** [dʌk] 오리

0407 **dull** [dʌl] 따분한, 둔한, 흐릿한

0408 **during** [djúəriŋ] ~동안

E

0409 **each** [iːtʃ] 각각의, 각자의

0410 **eagle** [íːgəl] 독수리

0411 **ear** [iər] 귀, 보리 이삭

0412 **early** [ə́ːrli] 이른, 일찍

0413 **earphone** [íərfòun] 이어폰

0414 **earth** [əːrθ] 지구, 땅, 흙

0415 **earthquake** [ə́ːrθkwèik] 지진

0416 **east** [iːst] 동쪽

0417 **eastern** [íːstərn] 동쪽의

0418 **easy** [íːzi] 쉬운, 마음 편한, easily 쉽게

0419 **eat** [iːt] 먹다

0420 **economics** [ìːkənámiks] 경제학

0421 **edge** [edʒ] 가장자리, 날

0422 **effort** [éfərt] 노력

0423 **egg** [eg] 계란

0424 **elephant** [éləfənt] 코끼리

0425 **elevator** [éləvèitər] 승강기, 엘리베이터

0426 **else** [els] 그 밖에 다른

0427 **e-mail** [íːmèil] 이메일, 전자 우편

0428 **empty** [émpti] 빈, 비우다

0429 **end** [end] 끝, 끝내다, 목적(aim)

0430 **energy** [énərdʒi] 에너지, 힘(power), 활기

0431 **engine** [éndʒən] 엔진, 기관차

0432 **engineer** [èndʒəníər] 기술자, 엔지니어

0433 **enjoy** [endʒɔ́i] 즐기다,
enjoy oneself 즐겁게 보내다

0434 **enough** [ináf] 충분한, 충분히

0435 **enter** [éntər] 들어가다

0436 **envelope** [énvəlòup] 봉투,
envelop 봉투에 싸다

0437 **environment** [inváiərənmənt] 환경

0438 **envy** [énvi] 부러워하다, 부러움

0439 **eraser** [iréizər] 지우개

0440 **escape** [iskéip] 탈출하다

0441 **especially** [ispéʃəli] 특히

0442 **even** [íːvən] 심지어, 짝수의, 평평한, 훨씬

0443 **evening** [íːvniŋ] 저녁

0444 **event** [ivént] 사건, (경기) 종목, 행사

0445 **ever** [évər] 늘, 언젠가, 여태껏

0446 **every** [évriː] 모든

0447 **everybody** [évribàdi] 모두(everyone),
누구나

0448 **everything** [évriθiŋ] 모든 것

0449 **everywhere** [évrihwèər] 모든 곳에

0450 **exact** [igzǽkt] 정확한

0451 **examination** [igzǽmənéiʃən] 시험(exam),
조사

0452 **example** [igzǽmpəl] 예, 예시

0453 **excellent** [éksələnt] 뛰어난, 우수한

0454 **except** [iksépt] 제외하고

0455 **exchange** [ikstʃéindʒ] 교환, 교환하다

0456 **excite** [iksáit] 흥분시키다, excited 흥분한,
exciting 흥분시키는, 흥미진진한

0457 **excuse** [ikskjúːz] 변명하다, 용서하다,
[ikskjúːs] 변명

0458 **exercise** [éksərsàiz] 운동, 연습문제

0459 **expect** [ikspékt] 예상하다

0460 **expensive** [ikspénsiv] 값비싼

0461 **experience** [ikspíəriəns] 경험(하다),
experienced 경험있는

0462 **experiment** [ikspérəmənt] 실험(하다)

0463 **explain** [ikspléin] 설명하다

0464 **express** [iksprés] 표현하다, 고속의,
expression 표현

0465 **eye** [ai] 눈

F ———————————————

0466 **fable** [féibəl] 우화

0467 **face** [feis] 얼굴, 직면하다, 향하다

0468 **fact** [fækt] 사실

0469 **factory** [fǽktəri] 공장

0470 **fail** [feil] 실패하다

0471 **fair** [fɛər] 공정한, 맑은, 미인인, 박람회

0472 **fairy** [fɛ́əri] 요정

0473 **fall** [fɔːl] 넘어지다, 떨어지다, 가을

0474 **false** [fɔːls] 거짓의, 잘못된(wrong)

0475 **familiar** [fəmíljər] 잘 알고 있는, 친숙한

0476 **family** [fǽməli] 가족

0477 **famous** [féiməs] 유명한

0478 **fan** [fæn] 팬, 부채, 선풍기

0479 **far** [fɑːr] ~로부터 먼

0480 **fare** [fɛər] 요금

0481 **farm** [fɑːrm] 농장, 경작하다, farmer 농부

0482 **fashion** [fǽʃən] 방식, 유행, 패션

0483 **fast** [fæst, fɑːst] 빠른, 빠르게

0484 **fat** [fæt] 살찐, 지방

0485 **father** [fáːðər] 아버지

0486 **fault** [fɔːlt] 결점(defect), 잘못(error)

0487 **favor** [féivər] 부탁, 찬성, 호의, 편들다

0488 **favorite** [féivərit] 가장 좋아하는,
가장 좋아하는 것

0489 **fax** [fæks] 팩스

0490 **fear** [fiər] 두려워하다, 두려움,
fearful 두려운, 무서운(awful, horrible)

0491 **feed** [fiːd] 먹이다

0492 **feel** [fiːl] 느끼다

0493 **festival** [féstəvəl] 축제

0494 **fever** [fíːvər] 열, 열 감기

0495 **few** [fjuː] 거의 없는, a few 몇몇의

0496 **fiction** [fíkʃən] 소설, 허구

0497 **field** [fiːld] 들판, 경기장, 분야

0498 **fight** [fait] 싸우다, 싸움

0499 **figure** [fígjər] 수치, 숫자, 모습, 인물, 도표,
도형

0500 **fill** [fil] 채우다, fill in(out) 기입하다

0501 **film** [film] 영화(movie), 필름

0502 **final** [fáinəl] 마지막의, finally 마침내

0503 **find** [faind] 알아내다, 찾아내다

0504 **fine** [fain] 좋은, 미세한, 벌금

0505 **finger** [fíŋgər] 손가락

0506 **finish** [fíniʃ] 끝내다, 완성하다, 끝

0507 **fire** [faiər] 불(flame), 발사하다, 해고하다

0508 **first** [fəːrst] 첫 번째,
first of all 가장 먼저, 우선

0509 **fish** [fiʃ] 물고기, 낚시를 하다,
fisherman 어부, 낚시꾼

0510 **fit** [fit] ~에 맞다, 건강한, 알맞은, 적합한

0511 **fix** [fiks] 고정시키다, 수리하다(mend, repair)

0512 **flag** [flæg] 깃발

0513 **flight** [flait] 비행

0514 **float** [flout] 뜨다, 띄우다

0515 **flood** [flʌd] 홍수, 넘쳐흐르다

0516 **floor** [flɔːr] 바닥, 층

0517 **flour** [flauər] 밀가루

0518 **flow** [flou] 흐르다, 흐름

0519 **flower** [fláuər] 꽃

0520 **flu** [fluː] 독감(influenza)

0521 **fly** [flai] 날다, 비행하다, 조종하다, 파리

0522 **fog** [fɔ(ː)g, fɑg] 안개(mist), foggy 안개가 낀

0523 **fold** [fould] 접다

0524 **follow** [fálou, fɔ́lou] 따르다, 따라가다

0525 **food** [fuːd] 음식

0526 **foolish** [fúːliʃ] 어리석은(silly, dull, stupid)

0527 **foot** [fut] 발, 1피트(12인치, 30cm), 복수형은 feet

0528 **football** [fútbɔ̀ːl] 축구

0529 **for** [fɔːr, fər] ～때문에, ～동안, ～위해, ～찬성하는, ～향해

0530 **forecast** [fɔ́ːrkæ̀st, -kɑ̀ːs] 예보하다, 예상하다, forecaster 기상요원, 일기예보관

0531 **foreign** [fɔ́(ː)rin] 외국의, foreigner 외국인

0532 **forest** [fɔ́(ː)rist] 숲(woods)

0533 **forever** [fərévəːr] 영원히

0534 **forget** [fərgét] 잊다, 잊어버리다

0535 **forgive** [fəːrgív] 용서하다

0536 **form** [fɔːrm] 모습, 양식, 형상, 형성하다

0537 **forward** [fɔ́ːrwəːrd] 앞으로

0538 **fox** [faks, fɔks] 여우

0539 **free** [friː] 공짜의, 공짜로, 자유로운, 한가한, 풀어주다

0540 **fresh** [freʃ] 새로운, 신선한

0541 **friend** [frend] 친구, friendship 우정

0542 **frighten** [fráitn] 겁먹게 하다, 겁먹은

0543 **frog** [frɔg] 개구리

0544 **from** [frʌm] ～로부터, from A to B A부터 B까지

0545 **front** [frʌnt] 앞부분, 정면

0546 **fruit** [fruːt] 과일

0547 **fry** [frai] 기름에 튀기다

0548 **fuel** [fjúːəl] 연료

0549 **full** [ful] 가득 찬, 가득한

0550 **fume** [fjuːm] 연기

0551 **fun** [fʌn] 재미, 즐거움, 재미있는, funny 웃긴, 재미있는

0552 **funeral** [fjúːnərəl] 장례식

0553 **fur** [fəːr] 털

0554 **furniture** [fə́ːrnitʃəːr] 가구

0555 **future** [fjúːtʃəːr] 미래, 미래의

G

0556 **gain** [gein] 얻다, 이익(profit)

0557 **game** [geim] 게임, 놀이, 사냥감

0558 **garage** [gərɑ́ːʒ, -dʒ, gǽ-] 차고

0559 **garbage** [gɑ́ːrbidʒ] 쓰레기

0560 **garden** [gɑ́ːrdn] 정원, gardener 정원사

0561 **gas** [gæs] 가스, 기체, 휘발유

0562 **gate** [geit] 대문, 출입문

0563 **gather** [gǽðər] 모으다(collect), 모이다

0564 **gentle** [dʒéntl] 부드러운, 순한, 온화한

0565 **gentleman** [dʒéntlmən] 신사

0566 **gesture** [dʒéstʃər] 몸짓, 손짓, 제스처

0567 **get** [get] 받다, 시키다, 얻다, 이해하다

0568 **ghost** [goust] 유령

0569 **giant** [dʒáiənt] 거인

0570 **gift** [gift] 선물(present), 타고난 재능

0571 **giraffe** [dʒərǽf, -rá:f] 기린

0572 **girl** [gə:rl] 소녀

0573 **give** [giv] 주다

0574 **glad** [glæd] 기쁜, 반가운

0575 **glass** [glæs, glɑ:s] 유리, 유리잔, glasses 안경

0576 **glove** [glʌv] 장갑

0577 **glue** [glu:] 접착제, 풀

0578 **go** [gou] 가다, 되다

0579 **goal** [goul] 목표(purpose), 득점, 골

0580 **god** [gɑd, gɔd] 신

0581 **gold** [gould] 금, golden 금빛의, 금의

0582 **golf** [gɑlf, gɔ(:)lf] 골프

0583 **good** [gud] 좋은 (것), goods 상품

0584 **goose** [gu:s] 거위, 기러기, 복수형은 geese

0585 **grade** [greid] 등급, 성적, 학년

0586 **grammar** [grǽmər] 문법

0587 **grandfather** [grǽndfɑ̀:ðər] 할아버지, grandmother 할머니, grandparent 조부모

0588 **grape** [greip] 포도

0589 **graph** [græf, grɑ:f] 그래프

0590 **grass** [græs, grɑ:s] 풀, 풀밭, 잔디밭

0591 **grave** [greiv] 무덤, 심각한

0592 **gray** [grei] 회색(grey)

0593 **great** [greit] 대단한, 훌륭한

0594 **green** [gri:n] 녹색, 친환경의

0595 **greenhouse** [gri:nhaus] 온실

0596 **grocery** [gróusəri] 식료품점

0597 **ground** [graund] 땅, 운동장, 근거

0598 **grow** [grou] 성장하다(up), 자라다, 키우다, growth 성장, 발전

0599 **guard** [gɑ:rd] 경계, 경비원, 지키다

0600 **guess** [ges] 추측(하다)

0601 **guest** [gest] 손님(visitor)

0602 **guide** [gaid] 가이드, 안내서, 안내하다

0603 **guilty** [gílti] 유죄의

0604 **guitar** [gitá:r] 기타(악기)

0605 **gum** [gʌm] 껌

0606 **gun** [gʌn] 대포, 총

0607 **gym** [ʤim] 체육관(gymnasium)

H

0608 **habit** [hǽbit] 습관, 버릇

0609 **hail** [heil] 우박

0610 **hair** [hɛər] 머리카락

0611 **half** [hæf, hɑːf] 절반

0612 **hall** [hɔːl] 복도, 통로(hallway, passage),
현관, 홀

0613 **ham** [hæm] 햄

0614 **hamster** [hǽmstər] 햄스터

0615 **hand** [hænd] 손, 건네주다

0616 **handsome** [hǽnsəm] 잘생긴

0617 **hang** [hæŋ] 걸다, 매달다, 교수형에 처하다

0618 **happen** [hǽpən] 발생하다, 일어나다,
우연히 ～하다

0619 **happy** [hǽpi] 행복한

0620 **hard** [hɑːrd] 어려운(difficult), 단단한,
심하게, 열심히

0621 **harm** [hɑːrm] 해, 해치다, harmful 해로운

0622 **harvest** [háːrvist] 수확(하다), 추수(하다)

0623 **hat** [hæt] 모자

0624 **hate** [heit] 싫어하다

0625 **have** [hæv, həv] 가지고 있다, 먹다, 시키다

0626 **head** [hed] 머리, ～로 향하다(for)

0627 **headache** [hédèik] 두통

0628 **health** [helθ] 건강, healthy 건강한

0629 **hear** [hiər] 듣다

0630 **heart** [hɑːrt] 마음, 심장

0631 **heat** [hiːt] 열(을 가하다)

0632 **heaven** [hévən] 천국, 하늘

0633 **heavy** [hévi] 무거운, (눈이나 비가) 심한

0634 **helicopter** [hélikὰptər] 헬리콥터

0635 **hell** [hel] 지옥

0636 **hello** [helóu, hélou] 안녕

0637 **helmet** [hélmit] 헬멧

0638 **help** [help] 도움, 돕다,
helpful 도움이 되는, 유용한

0639 **hen** [hen] 암탉

0640 **here** [hiər] 여기(에)

0641 **hero** [híːrou, híərou] 영웅, 주인공

0642 **hide** [haid] 숨기다(conceal), 숨다, 가죽

0643 **high** [hai] 높은, 높게, height 높이, 키

0644 **hiking** [háikiŋ] 도보여행

0645 **hire** [haiər] 고용하다

0646 **history** [hístəri] 역사

0647 **hit** [hit] 치다, 히트(대성공)

0648 **hobby** [hábi, hóbi] 취미

0649 **hockey** [háki] 하키

0650 **hold** [hould] 잡다, 개최하다

0651 **hole** [houl] 구멍

0652 **holiday** [hálədèi, hólədèi] 휴가, 휴일

0653 **home** [houm] 집

0654 **homeless** [hóumlis] 집 없는

0655 **homework** [hóumwòrk] 숙제

0656 **honest** [ánist] 정직한, honestly 정직하게

0657 **honey** [háni] 꿀, 사랑하는 사람

0658 **honor** [ánər] 명예, 존경(하다), honors 우등

0659 **hope** [houp] 희망(하다, wish),
hopeful 희망적인

0660 **horror** [hóːrər] 공포

0661 **horse** [hoːrs] 말

0662 **hose** [houz] (물주는) 호스

0663 **hospital** [háspitl, hóspitl] 병원

0664 **host** [houst] (손님을 초대한) 주인, 주최국,
진행자

0665 **hot** [hɑt, hɔt] 뜨거운, 매운

0666 **hotel** [houtél] 호텔

0667 **hour** [áuər] 1시간, 60분

0668 **house** [haus] 집

0669 **how** [hau] 어떻게, 얼마나

0670 **however** [hauevər] 그러나, 아무리 ~할지라도

0671 **huge** [hjuːdʒ] 거대한(giant)

0672 **human** [hjúːmən] 인간

0673 **humorous** [hjúːmərəs] 유머러스한

0674 **hungry** [háŋgri] 배고픈

0675 **hunt** [hʌnt] 사냥, 사냥하다

0676 **hurry** [həːri, hári] 서두르다(up), 서두름

0677 **hurt** [həːrt] 다치게 하다, 아프다

0678 **husband** [házbənd] 남편

I

0679 **ice** [ais] 얼음

0680 **idea** [aidîːə] 생각, 아이디어

0681 **if** [if] 만일 ~한다면, ~인지 어떤지(whether)

0682 **iguana** [igwáːnə] 이구아나

0683 **ill** [il] 아픈, illness 병

0684 **image** [ímidʒ] 모습, 이미지

0685 **imagine** [imǽdʒin] 상상하다

0686 **importance** [impɔ́ːrtəns] 중요성, 중요함

0687 **important** [impɔ́ːrtənt] 중요한(significant)

0688 **impossible** [impásəbəl] 불가능한

0689 **in** [in] 안에, ~을 입고

0690 **inch** [intʃ] 인치(길이 단위)

0691 **information** [ìnfərméiʃən] 정보

0692 **ink** [iŋk] 잉크

0693 **insect** [ínsekt] 곤충(bug), 벌레

0694 **insert** [insə́ːrt] 끼워 넣다, 삽입하다

0695 **inside** [ìnsáid] 안에, 안으로

0696 **instead** [instéd] 대신에, instead of ~대신에

0697 **intend** [inténd] ~을 의도하다

0698 **interest** [íntərist] 관심, 이익, 이자, 흥미를 갖게 하다

0699 **interested** [íntəristid] 관심 있는, interesting 재미있는

0700 **international** [ìntərnǽʃənəl] 국제적인

0701 **Internet** [íntərnèt] 인터넷

0702 **interview** [íntərvjùː] 면접, 인터뷰, 인터뷰하다

0703 **into** [intu, intə] ~안으로

0704 **introduce** [ìntrədjúːs] 소개하다, 도입하다

0705 **introduction** [ìntrədʌ́kʃən] 도입, 소개

0706 **invent** [invént] 발명하다, inventor 발명가

0707 **invention** [invénʃən] 발명, 발명품

0708 **invitation** [ìnvətéiʃən] 초대

0709 **invite** [inváit] 초대하다

0710 **island** [áilənd] 섬

0711 **item** [áitəm] 품목, 항목

J

0712 **jacket** [dʒǽkit] 재킷

0713 **jam** [dʒǽm] 잼, 채워 넣다

0714 **jar** [dʒɑːr] 항아리

0715 **jazz** [dʒǽz] 재즈

0716 **jeans** [dʒíːnz] 청바지

0717 **jewel** [dʒúːəl] 보석

0718 **job** [dʒɑb] 일, 직업(career, occupation, profession)

0719 **jog** [dʒɑg, dʒɔg] 조깅하다

0720 **join** [dʒɔin] 결합하다, 참가하다, 함께 하다

0721 **journey** [dʒə́ːrni] 여행(travel)

0722 **joy** [dʒɔi] 기쁨(pleasure)

0723 **judge** [dʒʌdʒ] 판단하다, 판사

0724 **juice** [dʒuːs] 주스

0725 **jump** [dʒʌmp] 뛰다, 점프

0726 **jungle** [dʒʌ́ŋgl] 정글

0727 **junk** [dʒʌŋk] 쓰레기

0728 **just** [dʒʌst] 공정한, 단지, 바로, 방금

K ──────────

0729 **kangaroo** [kæ̀ŋgərúː] 캥거루

0730 **keep** [kiːp] 막다, 유지하다

0731 **key** [kiː] 열쇠, 중요한(important)

0732 **keyboard** [kíːbɔ̀ːrd] 키보드

0733 **kick** [kik] 발로 차다

0734 **kid** [kid] 아이, 농담하다

0735 **kill** [kil] 죽이다

0736 **kilogram** [kíləgræ̀m] 킬로그램(무게 단위),
kilometer 킬로미터(길이 단위)

0737 **kind** [kaind] 종류(sort), 친절한

0738 **king** [kiŋ] 왕

0739 **kingdom** [kíŋdəm] 왕국

0740 **kitchen** [kítʃin] 부엌

0741 **kite** [kait] 연

0742 **knee** [niː] 무릎

0743 **knife** [naif] 칼

0744 **knock** [nɑk, nɔk] 두드리다, 치다

0745 **know** [nou] 알다, 구별하다

0746 **knowledge** [nɑ́lidʒ] 지식

0747 **koala** [kouɑ́ːlə] 코알라

L ──────────

0748 **lady** [léidi] 숙녀

0749 **lake** [leik] 호수

0750 **lamp** [læmp] 램프

0751 **land** [lænd] 땅, 육지, 착륙하다

0752 **language** [lǽŋgwidʒ] 언어

0753 **large** [lɑːrdʒ] 큰

0754 **last** [læst, lɑːst] 마지막의, 지난,
지속되다(continue)

0755 **late** [leit] 늦게, 늦은, 지각한,
later 더 늦은, 나중에, 후에

0756 **lately** [léitli] 최근에(recently)

0757 **laugh** [læf, lɑːf] (비)웃다(at)

0758 **lawyer** [lɔ́ːjəːr] 변호사(attorney)

0759 **lay** [lei] 놓다, 알을 낳다

0760 **lazy** [léizi] 게으른

0761 **lead** [liːd] 이끌다, 인도하다, [led] 납,
leader 지도자, leadership 지도력

0762 **leaf** [liːf] 잎

PART 01

0763 **learn** [ləːrn] 배우다

0764 **leave** [liːv] 남겨두다, 떠나다(depart), 휴가

0765 **left** [left] 왼쪽(의), leave의 과거, 과거분사

0766 **leg** [leg] 다리

0767 **lemon** [lémən] 레몬

0768 **lend** [lend] 빌려주다

0769 **lens** [lenz] 렌즈

0770 **lesson** [lésn] 교훈, 수업

0771 **letter** [létər] 편지, 글자

0772 **level** [lével] 수준, 수평, 평평한

0773 **library** [láibrəri] 도서관

0774 **lie** [lai] 거짓말, 거짓말하다, 놓여있다, 눕다

0775 **life** [laif] 삶, 생명, 생활, life-style 생활 방식

0776 **lift** [lift] 들어 올리다

0777 **light** [lait] 가벼운, 밝은, 빛

0778 **like** [laik] 좋아하다, ~처럼 (닮은, 비슷한)

0779 **line** [lain] 선, 대사

0780 **link** [liŋk] 연결하다

0781 **lion** [láiən] 사자

0782 **lip** [lip] 입술

0783 **list** [list] 리스트, 목록

0784 **listen** [lísən] (귀를 기울여) 듣다(to)

0785 **little** [litl] 작은, 거의 없는

0786 **live** [liv] 살다(in), [laiv] 살아있는

0787 **lively** [láivli] 활기찬, 활발하게

0788 **local** [lóukəl] 그 지역의

0789 **lock** [lɑk, lɔk] 자물쇠, 잠그다,
locker 사물함

0790 **lonely** [lóunli] 외로운, 고독한, 쓸쓸한

0791 **long** [lɔːŋ, lɔŋ] 긴, 간절히 바라다

0792 **look** [luk] 보(이)다

0793 **loose** [luːs] 느슨한, 풀린, 헐렁한

0794 **lose** [luːz] 잃다, 지다,
lost는 lose의 과거, 과거분사, 잃어버린

0795 **lot** [lɑt, lɔt] 많음, 부지(땅), 운명

0796 **loud** [laud] 시끄러운, 큰 목소리의

0797 **love** [lʌv] 사랑, 사랑하다, lovely 사랑스런

0798 **low** [lou] 낮은, 낮게

0799 **luck** [lʌk] 행운(fortune), lucky 행운의

0800 **lunch** [lʌntʃ] 점심 식사

M

0801 **machine** [məʃíːn] 기계

0802 **mad** [mæd] 미친, 화난

0803 **magazine** [mæ̀gəzíːn] 잡지

0804 **magic** [mǽdʒik] 마술

0805 **magical** [mǽdʒikəl] 마술 같은, 마술의

0806 **magician** [mədʒíʃən] 마술사

0807 **mail** [meil] 우편(물), 우편으로 보내다

0808 **main** [mein] 주된, 주요한(major, primary)

0809 **make** [meik] 만들다, 시키다

0810 **male** [meil] 남성의

0811 **mall** [mɔːl] 쇼핑몰

0812 **man** [mæn] 남자, 사람, 복수형은 men

0813 **many** [méni] 많은

0814 **map** [mæp] 지도

0815 **marathon** [mǽrəθən] 마라톤

0816 **march** [maːrtʃ] 행진(하다), 3월

0817 **marine** [məríːn] 바다의, 해병대

0818 **mark** [maːrk] 표시(하다)

0819 **market** [máːrkit] 시장

0820 **marry** [mǽri] 결혼하다, marriage 결혼

0821 **mascot** [mǽskət, -kɑt] 마스코트

0822 **mask** [mæsk, maːsk] 가면, 마스크

0823 **match** [mætʃ] 경기, 성냥, 어울리다

0824 **math** [mæθ] 수학(mathematics)

0825 **matter** [mǽtəːr] 문제, 물질, 중요하다

0826 **may** [mei] ～일지 모른다, ～해도 좋다, 5월(May)

0827 **maybe** [méibi] 아마도(perhaps)

0828 **meal** [miːl] 식사

0829 **mean** [miːn] 의미하다, 비열한, 평균, means 수단

0830 **meat** [miːt] 고기

0831 **medal** [médl] 메달, 훈장

0832 **medical** [médikəl] 의학의

0833 **medicine** [médəsən] 약, 의학

0834 **medium** [míːdiəm] 중간의, 매개체, 수단

0835 **meet** [miːt] 만나다, 충족시키다

0836 **melt** [melt] 녹다

0837 **member** [mémbər] 구성원, 멤버, 회원

0838 **memo** [mémou] 메모

0839 **memory** [méməri] 기억, 기억력, 추억

0840 **mention** [ménʃən] 말하다, 언급하다

0841 **menu** [ménjuː] 메뉴

0842 **merchant** [mɔ́ːrtʃənt] 상인

0843 **merry** [méri] 즐거운

0844 **mess** [mes] 엉망, 엉망으로 만들다

0845 **message** [mésidʒ] 메시지

0846 **meter** [míːtər] 미터

0847 **microphone** [máikrəfòun] 마이크

0848 **middle** [mídl] 중간, 중앙의

0849 **mild** [maild] 순한, 온화한

0850 **mile** [mail] 1마일

0851 **million** [míljən] 백만, millionaire 백만장자

0852 **mime** [maim] 무언극, 무언극을 하다

0853 **mind** [maind] 마음, 생각, 신경 쓰다, 싫어하다

0854 **minor** [máinər] 보다 작은, 중요치 않은, 미성년자

0855 **minute** [mínit] 1분, [mainjúːt] 미세한, 정밀한

0856 **mirror** [mírər] 거울

0857 **miss** [mis] 그리워하다, 놓치다, (결혼하지 않은 여성) ~양(Miss)

0858 **missing** [mísiŋ] 실종된, 없어진

0859 **mistake** [mistéik] 실수, 잘못, 잘못 알다

0860 **mitten** [mítn] 벙어리장갑

0861 **mix** [miks] 섞다, 혼합하다

0862 **model** [mádl, mɔ́dl] 모델, 모범, 본보기, 모델을 하다

0863 **modern** [mádəːrn] 현대의

0864 **mom** [mɑm, mɔm] 엄마

0865 **moment** [móumənt] 순간

0866 **money** [mʌ́ni] 돈

0867 **monkey** [mʌ́ŋki] 원숭이

0868 **monster** [mánstər, mɔ́n-] 괴물

0869 **month** [mʌnθ] 1개월, 한 달

0870 **moon** [muːn] 달

0871 **mop** [mɑp, mɔp] 자루걸레, 청소하다

0872 **morning** [mɔ́ːrniŋ] 아침

0873 **mosquito** [məskíːtou] 모기

0874 **most** [moust] 가장, 가장 많은, 대부분

0875 **mostly** [móustli] 주로

0876 **mother** [mʌ́ðəːr] 어머니

0877 **motto** [mátou, mɔ́tou] 좌우명

0878 **mountain** [máuntən] 산

0879 **mouse** [maus] 생쥐, 복수형은 mice

0880 **mouth** [mauθ] 입

0881 **move** [muːv] 움직이다, 이동하다, 이사하다, 감동시키다(touch)

0882 **movie** [múːvi] 영화, 영화관

0883 **much** [mʌtʃ] 많은, 훨씬

0884 **muffin** [mʌ́fin] 머핀(빵)

0885 **mug** [mʌg] 머그잔

0886 **multimedia** [mʌ̀ltimíːdiə] 멀티미디어

0887 **multiply** [mʌ́ltəplài] 곱하다

0888 **museum** [mjuːzíːəm, -zíəm] 박물관

0889 **music** [mjúːzik] 음악

0890 **musician** [mjuːzíʃən] 음악가

0891 **must** [mʌst, məst] ~해야 한다, ~임에 틀림없다

0892 **myself** [maisélf] 내 자신

N _____

0893 **name** [neim] 이름, 이름을 짓다

0894 **napkin** [næpkin] 냅킨

0895 **narrow** [nǽrou] 좁은

0896 **nation** [néiʃən] 국가, 국민

0897 **national** [nǽʃənnəl] 국가의, 전국의

0898 **nationality** [næ̀ʃənǽləti] 국적, 국민성

0899 **nature** [néitʃər] 자연, 본성

0900 **navy** [néivi] 해군

0901 **near** [niər] 근처에

0902 **neat** [niːt] 정돈된

0903 **necessary** [nésəsèri] 필요한

0904 **neck** [nek] 목

0905 **necklace** [néklis] 목걸이

0906 **need** [niːd] 필요(하다)

0907 **needle** [níːdl] 바늘

0908 **neighbor** [néibər] 이웃 사람, neighborhood 이웃, 근처

0909 **neither** [níːðər, náiðər] 어느 하나도 아닌

0910 **nephew** [néfjuː] 조카

0911 **nervous** [nə́ːrvəs] 불안한, 초조한

0912 **net** [net] 그물, 통신망

0913 **network** [nétwə̀ːrk] 조직, 통신망

0914 **never** [névəːr] 결코 ~않는

0915 **new** [njuː] 새로운

0916 **news** [njuːz] 뉴스, 소식

0917 **newspaper** [njúːspèipəːr] 신문

0918 **next** [nekst] 다음

0919 **nice** [nais] 좋은, 친절한(kind)

0920 **nickname** [níknèim] 별명

0921 **night** [nait] 밤

0922 **nightmare** [náitmɛ̀əːr] 악몽

0923 **no** [nou] 아니오, 없는

0924 **nobody** [nóubàdi] 아무도 ~않다

0925 **noise** [nɔiz] 소음, 소리, noisy 시끄러운

0926 **noon** [nuːn] 정오

0927 **north** [nɔːrθ] 북쪽

0928 **northern** [nɔ́ːrðərn] 북쪽의

0929 **nose** [nouz] 코

PART 01

0930 **note** [nout] 메모, 주목, 지폐, 적어두다, 주의하다

0931 **notebook** [nóutbùk] 노트, 공책

0932 **nothing** [nʌ́θiŋ] 어느 것도 ~하지 않는, 하찮은 것

0933 **notice** [nóutis] 알아채다, 주목하다, 게시, 통지

0934 **novel** [návəl, nɔ́vəl] 소설

0935 **now** [nau] 지금

0936 **nowadays** [náuədèiz] 요즘

0937 **number** [nʌ́mbər] 숫자

0938 **nurse** [nəːrs] 간호사

O _____

0939 **obey** [oubéi] 복종하다, 지키다

0940 **observe** [əbzə́ːrv] 관찰하다, 준수하다

0941 **ocean** [óuʃən] 대양, 바다

0942 **of** [ʌv, ɔv, əv] ~의, ~중에서

0943 **off** [ɔːf, ɔf] 분리된, 할인하여

0944 **office** [ɔ́(ː)fis, áfis] 사무실

0945 **officer** [ɔ́(ː)fisər, áfisər] 경찰관, 장교

0946 **often** [ɔ́(ː)ftən, áftən] 자주

0947 **oil** [ɔil] 기름

0948 **old** [ould] 낡은, 늙은

0949 **Olympic** [əlímpik, oulímpik] 올림픽

0950 **on** [ɔːn, ɔn] ~위에 (붙어있는), 작동하는

0951 **once** [wʌns] 일단 ~하면, 한 번

0952 **one-way** [wʌ́nwéi] 일방적인, 편도의

0953 **onion** [ʌ́njən] 양파

0954 **on-line** [ánláin, ɔ́(ː)nlain] 온라인의

0955 **only** [óunli] 단지, 오직, 유일한

0956 **open** [óupən] 열다, 열린

0957 **opera** [ápərə] 오페라

0958 **opposite** [ápəzit] 정반대, ~의 맞은편에

0959 **or** [ɔːr] 또는, ~혹은, 그렇지 않으면

0960 **orange** [ɔ́(ː)rindʒ] 오렌지

0961 **order** [ɔ́ːrdər] 명령(하다), 순서, 주문(하다), 질서

0962 **organic** [ɔːrgǽnik] 유기농의, 유기체의

0963 **other** [ʌ́ðər] 다른, others 다른 것들, 다른 사람들

0964 **out** [aut] 밖에, 완전히

0965 **outdoor** [áutdɔ̀ːr] 야외의

0966 **outside** [áutsáid] 바깥에, 외부의

0967 **oven** [ʌ́vən] 오븐

0968 **over** [óuvər] 위에, ~하는 동안

0969 **overweight** [óuvərwèit] 비만의

0970 **owe** [ou] ~에 빚지다, ~의 덕분이다

0971 **own** [oun] 소유하다, 자기 자신의,
owner 주인

0972 **ox** [ɑks, ɔks] 소, 황소

0973 **oyster** [ɔ́istər] 굴(조개류)

P

0974 **P.E.** [piːiː] 체육(physical education)

0975 **pack** [pæk] 꾸러미, 꾸리다, 싸다

0976 **package** [pǽkidʒ] 소포, 포장한 상자

0977 **page** [peidʒ] 페이지

0978 **pain** [pein] 고통, pains 수고,
painful 고통스러운

0979 **paint** [peint] 그리다, 칠하다, 페인트

0980 **pair** [pɛər] 한 벌, 한 쌍

0981 **pajamas** [pədʒáːməz] 파자마

0982 **palace** [pǽlis] 궁전

0983 **pan** [pæn] (납작한) 냄비

0984 **pancake** [pǽnkeïk] 팬케이크

0985 **pants** [pænts] 바지

0986 **paper** [péipər] 종이, 서류, 신문

0987 **parent** [pɛ́ərənt] 부모님

0988 **park** [pɑːrk] 공원, 주차하다

0989 **parrot** [pǽrət] 앵무새

0990 **part** [pɑːrt] 부분, 헤어지다

0991 **partner** [pɑ́ːrtnər] 파트너

0992 **party** [pɑ́ːrti] 파티, 정당

0993 **pass** [pæs, pɑːs] 건네주다, 지나가다(by),
통과하다, 합격하다

0994 **passport** [pǽspɔ̀ːrt] 여권

0995 **past** [pæst, pɑːst] 과거, 지난

0996 **paste** [peist] 반죽, 풀(로 붙이다)

0997 **pat** [pæt] 가볍게 두드리다, 쓰다듬다

0998 **path** [pæθ, pɑːθ] 길, 통로

0999 **patient** [péiʃənt] 참을성 있는, 환자

1000 **pattern** [pǽtərn] 모양, 무늬, 패턴

1001 **pause** [pɔːz] 멈추다, 멈춤

1002 **pay** [pei] 지불하다

1003 **pea** [piː] 완두콩

1004 **peace** [piːs] 평화, peaceful 평화로운

1005 **pear** [pɛər] 배(과일)

1006 **peck** [pek] 쪼다, 쪼아 먹다

1007 **pedal** [pédl] 페달, 자전거를 타다

1008 **pen** [pen] 펜, 가축의 우리

1009 **pencil** [pénsəl] 연필

1010 **people** [píːpl] 사람들, 민족

1011 **pepper** [pépər] 후추

1012 **percent** [pərsént] 퍼센트

1013 **perfect** [pə́ːrfikt] 완벽한

1014 **perhaps** [pərhǽps] 아마(probably)

1015 **period** [píəriəd] 기간, 시대

1016 **person** [pə́ːrsən] 사람, 개인

1017 **personal** [pə́ːrsənəl] 개인의

1018 **pet** [pet] 애완동물, 어루만지다

1019 **phone** [foun] 전화(telephone)

1020 **photo** [fóutou] 사진(photograph)

1021 **physical** [fízikəl] 물리적인, 물질의, 육체의

1022 **pianist** [piǽnist] 피아니스트

1023 **piano** [piǽnou] 피아노

1024 **pick** [pik] 고르다, 줍다, 태우다(up)

1025 **picnic** [píknik] 소풍

1026 **picture** [píktʃər] 그림(drawing), 사진

1027 **pie** [pai] 파이

1028 **piece** [piːs] 조각

1029 **pig** [pig] 돼지

1030 **pill** [pil] 알약

1031 **pilot** [páilət] 조종사

1032 **pimple** [pímpl] 여드름

1033 **ping-pong** [píŋpɔ̀(ː)ŋ] 탁구

1034 **pink** [piŋk] 분홍색

1035 **pity** [píti] 동정, 연민, 유감

1036 **pizza** [píːtsə] 피자

1037 **place** [pleis] 장소, 놓다, 두다

1038 **plan** [plæn] 계획, 계획을 세우다

1039 **planet** [plǽnət] 행성

1040 **plant** [plænt] 식물, 공장(factory), 심다

1041 **plastic** [plǽstik] 플라스틱

1042 **plate** [pleit] 접시

1043 **play** [plei] 경기하다, 연주하다, 연극

1044 **player** [pléiər] 선수

1045 **playground** [pléigràund] 운동장

1046 **pleasant** [plézṇt] 즐거운

1047 **please** [pliːz] 기쁘게 하다, 즐겁게 하다, pleased 기뻐하는(happy), 만족하는(satisfied)

1048 **pleasure** [pléʒər] 기쁨(delight, joy)

1049 **plus** [plʌs] 더하다, ～을 더한

1050 **pocket** [pákit, pɔ́kit] 주머니

1051 **poem** [póuim] 시

1052 **poet** [póuit] 시인

1053 **point** [pɔint] 점, 점수, 가리키다(at, to)

1054 **pole** [poul] 막대기, 장대, (지구나 자석의) 극

1055 **police** [pəlíːs] 경찰(전체), police officer 경찰(개별 1명), police station 경찰서

1056 **policy** [páləsi] 정책, 방침

1057 **polite** [pəláit] 예의바른, politely 예의바르게

1058 **pollute** [pəlúːt] 오염시키다

1059 **pollution** [pəlúːʃən] 오염

1060 **pond** [pɑnd, pɔnd] 연못

1061 **pool** [puːl] 웅덩이, swimming pool 수영장

1062 **poor** [puər] 가난한, 불쌍한, 서투른

1063 **pop** [pɑp, pɔp] 불쑥 나오다, 펑 하고 터지다, 대중음악

1064 **popcorn** [pápkɔ̀ːrn] 팝콘

1065 **popular** [pápjələr] 인기 있는

1066 **port** [pɔːrt] 항구(harbor)

1067 **portrait** [pɔ́ːrtrit, -reit] 초상화

1068 **possible** [pásəbəl] 가능한, possibly 아마, 어쩌면, 과연

1069 **post** [poust] 인터넷에 올리다, 우편물(mail), 자리

1070 **post office** [póustɔ̀(ː)fis] 우체국

1071 **postcard** [póustkàːrd] 엽서

1072 **poster** [póustər] 포스터

1073 **pot** [pɑt, pɔt] (깊은) 냄비, 솥, 항아리

1074 **potato** [pətéitou] 감자

1075 **pouch** [pautʃ] 작은 가방, 주머니

1076 **pound** [paund] 파운드(단위)

1077 **pour** [pɔːr] 쏟다, 쏟아 붓다

1078 **powder** [páudər] 가루, 화약

1079 **power** [páuər] 힘(force)

1080 **practice** [præktis] 관행, 실행, 연습(하다)

1081 **praise** [preiz] 칭찬, 칭찬하다

1082 **pray** [prei] 기도하다, prayer 기도

1083 **prepare** [pripéər] 준비하다(for)

1084 **present** [prézənt] 선물, 참석한, 현재, 발표하다, 주다

1085 **president** [prézidənt] 대통령, 사장, 회장

1086 **press** [pres] 누르다, 압박하다, the press 신문, 언론

1087 **pretty** [príti] 예쁜, 매우

1088 **prevent** [privént] 막다(stop), 예방하다

1089 **previous** [príːviəs] 이전의

1090 **price** [prais] 가격

1091 **prince** [prins] 왕자, princess 공주

1092 **principal** [prínsəpəl] 교장, 주요한

1093 **print** [print] 인쇄하다, printer 프린터, 인쇄기

1094 **prison** [prízn] 감옥(jail)

1095 **prize** [praiz] 상, 상품

1096 **probably** [prábəbli] 아마

1097 **problem** [prábləm] 문제

1098 **produce** [prədjúːs] 생산하다, 농산물

1099 **product** [prádəkt] 상품, 제품

1100 **program** [próugræm, próugrəm] 프로그램

1101 **project** [prədʒékt] 계획(하다, plan), 발사하다

1102 **promise** [prámis, prɔ́mis] 약속(하다)

1103 **pronunciation** [prənʌnsiéiʃən] 발음

1104 **protect** [prətékt] 보호하다

1105 **proud** [praud] 자랑스러운

1106 **prove** [pruːv] 증명하다, 판명되다

1107 **proverb** [právəːrb] 속담

1108 **provide** [prəváid] 제공하다(supply)

1109 **public** [pʌ́blik] 공개적인, 공공의, 대중(의)

1110 **publish** [pʌ́bliʃ] 출판하다, 발표하다

1111 **pull** [pul] 끌다, 당기다(draw)

1112 **puppy** [pʌ́pi] 강아지

1113 **purple** [pə́ːrpəl] 자주색

1114 **purpose** [pə́ːrpəs] 목적(aim)

1115 **push** [puʃ] 밀다

1116 **put** [put] 놓다, 두다(place), 적다

1117 **puzzle** [pʌ́zl] 당황하게 하다(perplex), 퍼즐

Q _____

1118 **quarter** [kwɔ́ːrtər] 1/4, 15분, 25센트

1119 **queen** [kwiːn] 여왕

1120 **question** [kwéstʃən] 질문(하다)

1121 **quick** [kwik] 빠른(rapid, swift)

1122 **quiet** [kwáiət] 조용한

1123 **quite** [kwait] 꽤, 상당히, 아주(very)

1124 **quiz** [kwiz] 퀴즈

R _____

1125 **rabbit** [rǽbit] 토끼

1126 **race** [reis] 경주, 인종

1127 **radar** [réidɑːr] 레이더

1128 **radio** [réidiòu] 라디오

1129 **rain** [rein] 비, 비가 오다, rainy 비가 오는

1130 **raincoat** [réinkòut] 레인코트, 비옷

1131 **raise** [reiz] 들어올리다, 모금하다, 키우다

1132 **rank** [ræŋk] 계급, 지위

1133 **rat** [ræt] 쥐

1134 **rate** [reit] 비율, 속도, 요금, 평가하다

1135 **reach** [riːtʃ] 도착하다(arrive at, get to), 손발이 닿는 범위

1136 **read** [riːd] 읽다, reader 독자

PART 01

1137 **ready** [réadi] 준비된

1138 **real** [ríːəl, ríəl] 진짜의, 현실적인

1139 **realistic** [rìːəlístik] 사실적인, 현실적인

1140 **reality** [riːǽləti] 현실

1141 **realize** [ríːəlàiz] 깨닫다, 실현하다

1142 **really** [ríːəli] 정말로

1143 **reason** [ríːzən] 이유, 이성, 추론하다

1144 **receive** [risíːv] 받다(accept)

1145 **recommend** [rèkəménd] 권하다, 추천하다

1146 **record** [rékəːrd] 기록, 녹음, 녹화,
[rikɔ́ːrd] 기록하다, 녹음하다

1147 **recycle** [riːsáikəl] 재활용하다

1148 **red** [red] 빨간, 빨간색

1149 **reduce** [ridjúːs] 줄이다

1150 **refresh** [rifréʃ] 상쾌하게 하다

1151 **refrigerator** [rifrídʒərèitəːr] 냉장고

1152 **regular** [régjələːr] 규칙적인, 보통의,
regularly 규칙적으로, 정기적으로

1153 **relative** [rélətiv] 상대적인, 친척

1154 **relax** [rilǽks] 긴장을 풀다, 쉬다,
relaxed 편안한

1155 **relay** [ríːlei] 교대(하다)

1156 **remain** [riméin] 계속 ~이다, 남아 있다

1157 **remember** [rimémbəːr] 기억하다

1158 **rent** [rent] 임대료, 임대하다, 임차하다

1159 **repair** [ripéəːr] 수리(하다)

1160 **repeat** [ripíːt] 되풀이하다

1161 **reply** [riplái] 대답(하다, answer)

1162 **report** [ripɔ́ːrt] 보고, 보고서, 보고하다,
보도하다, 신고하다

1163 **reporter** [ripɔ́ːrtəːr] 기자, 리포터

1164 **require** [rikwáiəːr] 요구하다, 필요로 하다

1165 **resemble** [rizémbəl] 닮다

1166 **resource** [ríːsɔːrs] 자원

1167 **respond** [rispánd] 대답하다, 응답하다

1168 **response** [rispáns] 대답, 응답(answer,
reply)

1169 **rest** [rest] 나머지, 휴식

1170 **restaurant** [réstərənt] 식당

1171 **result** [rizÁlt] 결과(effect), result from
~로부터 생기다, result in ~가 되다

1172 **return** [ritə́ːrn] 돌아가다, 돌아오다, 돌려주다

1173 **review** [rivjúː] 검토, 논평, 복습(하다)

1174 **reward** [riwɔ́ːrd] 보상(하다)

1175 **rice** [rais] 밥, 쌀

1176 **rich** [ritʃ] 부유한, 풍부한

1177 **riddle** [rídl] 수수께끼

1178 **ride** [raid] 타다

1179 **right** [rait] 권리, 바로, 오른쪽, 옳은

1180 **rude** [ruːd] 무례한

1181 **ring** [riŋ] 반지, 벨이 울리다

1182 **rinse** [rins] 헹구어내다

1183 **rise** [raiz] 오르다, 일어서다, 증가하다

1184 **river** [rívəːr] 강

1185 **road** [roud] 길

1186 **robot** [róubət, róubɔt] 로봇

1187 **rock** [rɑk, rɔk] 바위, 흔들다, 흔들리다

1188 **rocket** [rákit, rɔ́kit] 로켓

1189 **role** [roul] 역할

1190 **roll** [roul] 구르다, 굴리다

1191 **roof** [ruːf, ruf] 지붕

1192 **room** [ruːm, rum] 공간, 방

1193 **root** [ruːt, rut] 뿌리

1194 **rope** [roup] 밧줄

1195 **rose** [rouz] 장미, rise의 과거

1196 **round** [raund] 둥근, 라운드

1197 **route** [ruːt] 경로, 길

1198 **row** [rou] 열, 줄, 노를 젓다

1199 **ruin** [rúːin] 망치다, 파멸(시키다), ruins 폐허

1200 **rule** [ruːl] 규칙, 지배하다

1201 **ruler** [rúːləːr] 자, 지배자, 통치자

1202 **run** [rʌn] 달리다, 운영하다

1203 **rush** [rʌʃ] 돌진(하다)

S

1204 **sad** [sæd] 슬픈

1205 **safe** [seif] 안전한, 금고

1206 **safety** [séifti] 안전

1207 **sail** [seil] 항해하다, 돛, sailor 항해사

1208 **salary** [sǽləri] 급여, 봉급, 월급

1209 **sale** [seil] 판매, 할인 판매

1210 **salt** [sɔːlt] 소금, salty 소금기가 있는, 짠

1211 **same** [seim] 같은

1212 **sample** [sǽmpəl] 견본, 샘플

1213 **sand** [sænd] 모래

1214 **sandwich** [sǽndwitʃ] 샌드위치

1215 **sauce** [sɔːs] 소스

1216 **sausage** [sɔ́ːsidʒ] 소시지

1217 **save** [seiv] 구하다, 저축하다, 절약하다

1218 **say** [sei] 말하다, ~라고 적혀있다

1219 **scare** [skɛə:r] 겁주다, scared 겁먹은, scary 무서운

1220 **scarf** [skɑ:rf] 스카프

1221 **scene** [si:n] 장면, 현장

1222 **schedule** [skédʒu(:)l] 스케줄, 일정

1223 **school** [sku:l] 수업, 학교

1224 **science** [sáiəns] 과학

1225 **scientific** [sàiəntífik] 과학의, 과학적인

1226 **scientist** [sáiəntist] 과학자

1227 **scissors** [sízə:rz] 가위

1228 **score** [skɔ:r] 득점, 점수, 20

1229 **scream** [skri:m] 날카로운 소리(치다)

1230 **screen** [skri:n] 스크린, 차단하다

1231 **sea** [si:] 바다

1232 **seafood** [si:fù:d] 해산물

1233 **search** [sə:rtʃ] 검색(하다), 수색(하다), 찾다(for)

1234 **season** [sí:zən] 계절, 양념

1235 **seat** [si:t] 좌석, 앉히다

1236 **secret** [sí:krit] 비밀, 비결

1237 **secretary** [sékrətèri] 비서

1238 **see** [si:] 보다

1239 **seed** [si:d] 씨앗

1240 **seek** [si:k] 찾다, 추구하다, ~하려고 노력하다

1241 **seem** [si:m] ~인 것 같다, ~처럼 보이다

1242 **self** [self] 자신

1243 **sell** [sel] 팔다

1244 **semester** [siméstər] 학기

1245 **send** [send] 보내다

1246 **sense** [sens] 감각, 의미, 느끼다

1247 **sentence** [séntəns] 문장, 판결(하다)

1248 **series** [síəri:z] 시리즈, 연속

1249 **serious** [síəriəs] 심각한, 진지한

1250 **serve** [sə:rv] 서빙하다, 제공하다

1251 **service** [sɔ́:rvis] 서비스

1252 **set** [set] 놓다, 두다, 정하다

1253 **several** [sévərəl] 몇 개의

1254 **shake** [ʃeik] 흔들다, 흔들리다

1255 **shampoo** [ʃæmpú:] 샴푸, 샴푸하다

1256 **shape** [ʃeip] 모양, 몸매, 형성하다

1257 **shark** [ʃɑ:rk] 상어

1258 **sharp** [ʃɑ:rp] 날카로운, 예리한

1259 **she** [ʃi:, ʃi] 그녀

1260 **sheep** [ʃi:p] 양(동물)

1261 **sheet** [ʃi:t] 시트, 종이 한 장

1262 **shelf** [ʃelf] 선반

1263 **shelter** [ʃéltər] 보호소, 집, 피난처

1264 **shine** [ʃain] 빛나다, 닦다, shiny 빛나는

1265 **ship** [ʃip] 배, 수송하다

1266 **shirt** [ʃəːrt] 셔츠

1267 **shock** [ʃak, ʃɔk] 충격(을 주다)

1268 **shoe** [ʃuː] 구두, 신발

1269 **shoot** [ʃuːt] 쏘다

1270 **shop** [ʃap, ʃɔp] 상점, 쇼핑하다

1271 **shore** [ʃɔːr] 물가, 해안

1272 **short** [ʃɔːrt] 짧은, 키 작은, 부족한(of)

1273 **shorts** [ʃɔːrts] 반바지

1274 **shot** [ʃat, ʃɔt] 발사, 슛, 주사 한 대, 촬영, shoot의 과거와 과거분사

1275 **shout** [ʃaut] 외치다(exclaim, scream, yell)

1276 **show** [ʃou] 보여주다, 전시하다(display)

1277 **shower** [ʃóuəːr] 샤워, 소나기

1278 **shuttle** [ʃʌ́tl] 셔틀, 왕복버스, 왕복하다

1279 **shy** [ʃai] 수줍어하는

1280 **sick** [sik] 아픈

1281 **side** [said] 옆, 면

1282 **sigh** [sai] 한숨(쉬다)

1283 **sight** [sait] 관광명소, 봄, 시력, 시야

1284 **sign** [sain] 서명하다, 표시, 표지판

1285 **silence** [sáiləns] 침묵

1286 **silent** [sáilənt] 조용한

1287 **silly** [síli] 어리석은(foolish, stupid)

1288 **silver** [sílvəːr] 은

1289 **similar** [símələːr] 비슷한, similarly 비슷하게

1290 **simple** [símpəl] 간단한, 단순한, 쉬운

1291 **since** [sins] ～이후로 (지금까지), ～때문에(because)

1292 **sincere** [sinsíəːr] 진실한, 진심의, sincerely 진심으로

1293 **sing** [siŋ] 노래하다, singer 가수

1294 **single** [síŋgəl] 단 하나의, 독신의

1295 **sink** [siŋk] 가라앉다, 싱크대

1296 **sister** [sístəːr] 누나, 여동생

1297 **sit** [sit] 앉다

1298 **site** [sait] 위치, 장소(place), 웹사이트

1299 **size** [saiz] 크기

1300 **ski** [skiː] 스키(를 타다)

1301 **skin** [skin] 피부

1302 **skirt** [skəːrt] 스커트, 치마

1303 **sky** [skai] 하늘

1304 **slave** [sleiv] 노예

1305 **sleep** [sliːp] 자다, 잠

1306 **sleepy** [slíːpi] 졸린

1307 **sleeve** [sliːv] 소매

1308 **slice** [slais] 얇게 썬 조각, 얇게 썰다

1309 **slide** [slaid] 미끄러지다, 미끄럼틀

1310 **slip** [slip] 미끄러지다, 미끄러짐

1311 **slow** [slou] 느린

1312 **small** [smɔːl] 작은

1313 **smart** [smɑːrt] 똑똑한, 영리한(clever, bright)

1314 **smell** [smel] 냄새가 나다, 냄새를 맡다, 냄새

1315 **smile** [smail] 미소, 웃다

1316 **smog** [smɑg, smɔ(ː)g] 스모그

1317 **smoke** [smouk] 담배를 피우다, 연기

1318 **snack** [snæk] 간식

1319 **snake** [sneik] 뱀

1320 **sneakers** [sníːkəːrz] 운동화

1321 **sneeze** [sniːz] 재채기, 재채기하다

1322 **snow** [snou] 눈, 눈 내리다, snowy 눈이 오는

1323 **so** [sou] 그래서, 너무나

1324 **soak** [souk] 담그다, 적시다

1325 **soap** [soup] 비누

1326 **soccer** [sάkəːr] 축구

1327 **social** [sóuʃəl] 사교적인, 사회의, 사회적인

1328 **society** [səsάiəti] 사회

1329 **socks** [sɑks, sɔks] 양말

1330 **soda** [sóudə] 탄산음료

1331 **sofa** [sóufə] 소파(couch)

1332 **soft** [sɔ(ː)ft, sɑft] 부드러운, 푹신한

1333 **software** [sɔ́ːftwɛ̀əːr] 소프트웨어

1334 **soldier** [sóuldʒəːr] 군인, 병사

1335 **solution** [səlúːʃən] 해결(책)

1336 **solve** [sɑlv, sɔlv] 풀다, 해결하다

1337 **some** [sʌm, səm] 약간, 어떤

1338 **someday** [sʌ́mdèi] 언젠가, 훗날

1339 **someone** [sʌ́mwən] 어떤 사람(somebody)

1340 **something** [sʌ́mθiŋ] 어떤 것

1341 **sometimes** [sʌ́mtàimz] 가끔(at times)

1342 **somewhere** [sʌ́mhwɛ̀əːr] 어딘가에

1343 **son** [sʌn] 아들

1344 **song** [sɔ(ː)ŋ, sɑŋ] 노래

1345 **soon** [suːn] 곧

1346 **sore** [sɔːr] (따끔따끔) 아픈(painful)

1347 **sorry** [sάri, sɔ́ːri] 미안한, 안타까운, 유감스런

1348 **sort** [sɔːrt] 종류(kind), 분류하다

1349 **soul** [soul] 영혼(spirit)

1350 **sound** [saund] 소리(가 들리다), 건강한

1351 **sour** [sáuəːr] (맛이) 신

1352 **source** [sɔːrs] 근원, 출처

1353 **south** [sauθ] 남쪽

1354 **southern** [sʌ́ðərn] 남쪽의

1355 **space** [speis] 공간, 우주

1356 **spaghetti** [spəgéti] 스파게티

1357 **spark** [spɑːrk] 불꽃, 촉발시키다

1358 **speak** [spiːk] 말하다

1359 **special** [spéʃəl] 특별한

1360 **speech** [spiːtʃ] 말, 연설

1361 **speed** [spiːd] 속도

1362 **spell** [spel] 스펠링을 쓰다, 주문

1363 **spend** [spend] 소비하다

1364 **spice** [spais] 양념, spicy 양념 맛이 강한

1365 **spider** [spáidər] 거미

1366 **spinach** [spínitʃ] 시금치

1367 **spoil** [spɔil] 망치다

1368 **spoon** [spuːn] 숟가락, 스푼

1369 **sport** [spɔːrt] 스포츠, 운동경기

1370 **spread** [spred] 퍼지다, 펴다, 펼치다

1371 **spring** [spriŋ] 봄, 샘, 스프링, 솟아오르다

1372 **square** [skwɛəːr] 정사각형, 광장

1373 **squirrel** [skwɔ́ːrəl] 다람쥐

1374 **stadium** [stéidiəm] 경기장

1375 **stage** [steidʒ] 무대, 단계

1376 **stair** [stɛəːr] 계단

1377 **stamp** [stæmp] 우표, 스탬프 도장, 짓밟다

1378 **stand** [stænd] 서있다, 세우다, 참다(endure)

1379 **star** [stɑːr] 별, 스타

1380 **starfish** [stáːrfiʃ] 불가사리

1381 **start** [stɑːrt] 시작하다, 출발하다

1382 **station** [stéiʃən] 역, 정거장, 특정 서비스 건물

1383 **stay** [stei] 머무르다, 머무름

1384 **steak** [steik] 스테이크

1385 **steal** [stiːl] 훔치다

1386 **step** [step] 걸음, 단계, 걷다(walk), 밟다(on)

1387 **still** [stil] 고요한, 아직도, 훨씬

1388 **stomach** [stʌ́mək] 배, 위

1389 **stomachache** [stʌ́məkèik] 복통

1390 **stone** [stoun] 돌

1391 **stop** [stɑp, stɔp] 멈추다, 정거장

1392 **store** [stɔːr] 가게, 저장하다

1393 **storm** [stɔːrm] 폭풍(우)

1394 **story** [stɔ́ːri] 이야기

1395 **stove** [stouv] 난로

1396 **straight** [streit] 곧은, 똑바로, 바로, 잇달아

1397 **strange** [streindʒ] 이상한, 낯선,
stranger 낯선 사람

1398 **straw** [strɔː] 지푸라기, 빨대

1399 **stream** [striːm] 개울, 시내, 연속, 흐름(flow)

1400 **street** [striːt] 거리

1401 **strength** [streŋkθ] 힘(force, power, might),
장점

1402 **stress** [stres] 스트레스, 강조하다

1403 **stretch** [stretʃ] 뻗다, 잡아 늘리다

1404 **strict** [strikt] 엄격한(rigid)

1405 **strike** [straik] 때리다, 치다, 파업

1406 **strong** [strɔ(ː)ŋ] 힘이 센

1407 **student** [stjúːdənt] 학생

1408 **studio** [stjúːdiòu] 스튜디오, 작업장, 촬영소

1409 **study** [stʌ́di] 공부하다, 연구, 조사

1410 **stuff** [stʌf] 물건, 일

1411 **stupid** [stjúːpid] 어리석은(foolish, silly)

1412 **style** [stail] 스타일

1413 **subject** [sʌ́bdʒikt] 과목, 주제, 피실험자,
영향 받기 쉬운

1414 **submarine** [sʌ́bməriːn] 잠수함

1415 **suburb** [sʌ́bəːrb] 교외

1416 **subway** [sʌ́bwèi] 지하철

1417 **succeed** [səksíːd] 성공하다(in), 뒤를 잇다

1418 **success** [səksés] 성공

1419 **successful** [səksésfəl] 성공한

1420 **such** [sʌtʃ, sətʃ] 그러한

1421 **suddenly** [sʌ́dnli] 갑자기

1422 **sugar** [ʃúgər] 설탕

1423 **suggest** [səgdʒést] 제안하다(propose),
암시하다

1424 **suggestion** [səgdʒéstʃən] 제안(proposal)

1425 **suit** [suːt] 어울리다, 적합하다, 정장 한 벌

1426 **suitcase** [súːtkèis] 여행가방

1427 **summer** [sʌ́mər] 여름

1428 **sun** [sʌn] 태양, 해, sunny 화창한

1429 **Sunday** [sʌ́ndei] 일요일

1430 **sunflower** [sʌ́nflàuər] 해바라기

1431 **sunlight** [sʌ́nlàit] 햇빛(sunshine)

1432 **supper** [sʌ́pər] 만찬, 저녁식사

1433 **suppose** [səpóuz] 가정하다, 생각하다

1434 **sure** [ʃuər] 확실한

1435 **surf** [səːrf] 파도타기를 하다, 검색하다

1436 **surprise** [sərpráiz] 놀라게 하다, 놀람,
surprised 놀란, surprising 놀라게 하는

1437 **swallow** [swálou, swɔ́lou] 삼키다, 제비

1438 **sweet** [swiːt] 달콤한, 친절한, sweets 사탕류

1439 **swim** [swim] 수영하다

1440 **switch** [switʃ] 바꾸다, 스위치, 전환(하다)

1441 **symbol** [símbəl] 상징

1442 **system** [sístəm] 시스템, 제도, 체계

T

1443 **table** [téibəl] 식탁, 테이블

1444 **tail** [teil] 꼬리

1445 **take** [teik] 가져가다, 데려가다, 먹다,
시간이 걸리다, 잡다

1446 **talk** [tɔːk] 말하다

1447 **tall** [tɔːl] 키가 큰

1448 **tank** [tæŋk] 탱크

1449 **tap** [tæp] 가볍게 툭 치다, 가볍게 두드리기

1450 **tape** [teip] 테이프

1451 **task** [tæsk, tɑːsk] 일

1452 **taste** [teist] 맛, 맛을 보다, 취향,
tasty 맛있는, 맛이 좋은

1453 **tea** [tiː] 마시는 차

1454 **teach** [tiːtʃ] 가르치다,
teacher 교사, 선생님

1455 **team** [tiːm] 팀, 조, 그룹, 반

1456 **tear** [tiəːr] 눈물, [tɛər] 찢다

1457 **teenager** [tíːnèidʒəːr] 십대(teen)

1458 **telescope** [téləskòup] 망원경

1459 **television** [téləvìʒən] 텔레비전

1460 **tell** [tel] 말하다, 구별하다

1461 **temple** [témpəl] 사원, 절

1462 **tennis** [ténis] 테니스

1463 **tent** [tent] 천막, 텐트

1464 **terrible** [térəbəl] 끔찍한, 무서운(fearful,
dreadful)

1465 **test** [test] 시험(하다), 테스트

1466 **textbook** [tékstbùk] 교과서

1467 **than** [ðæn] ~보다

1468 **that** [ðæt, ðət] 저것

1469 **theater** [θíːətər] 극장

1470 **then** [ðen] 그 다음에, 그때, 그러고 나서

1471 **there** [ðɛəːr] 거기에, 그곳에

1472 **therefore** [ðέə:rfɔ̀:r] 그러므로, 그 결과(consequently)

1473 **they** [ðei] 그(것)들은

1474 **thick** [θik] 두꺼운, 짙은

1475 **thief** [θi:f] 도둑(burglar, robber)

1476 **thin** [θin] 얇은

1477 **thing** [θiŋ] 물건, 일

1478 **think** [θiŋk] 생각하다

1479 **thirsty** [θə́:rsti] 목마른

1480 **thread** [θred] 실

1481 **throat** [θrout] 목구멍

1482 **through** [θru:] ～을 관통하여, 통해서, ～내내

1483 **throw** [θrou] 던지다

1484 **thumb** [θʌm] 엄지손가락

1485 **thunder** [θʌ́ndə:r] 천둥

1486 **ticket** [tíkit] 표

1487 **tidy** [táidi] 깔끔한, 정돈된

1488 **tie** [tai] 매다, 묶다, 넥타이(necktie)

1489 **tiger** [táigə:r] 호랑이

1490 **time** [taim] 시간, ～배, ～번

1491 **timetable** [táimtèibl] 시간표

1492 **tiny** [táini] 아주 작은

1493 **tip** [tip] 끝 부분, 조언, 팁

1494 **tire** [taiə:r] 타이어, 피곤하게 하다

1495 **tired** [taiə:rd] 피곤한, tiring 피곤하게 만드는

1496 **tissue** [tíʃu:] (생물의) 조직, 휴지

1497 **title** [táitl] 제목, 직함, 타이틀

1498 **toast** [toust] 토스트, 건배하다

1499 **today** [tədéi, tu-] 오늘

1500 **together** [təgéðə:r] 함께

1501 **toilet** [tɔ́ilit] 화장실

1502 **tomato** [təméitou] 토마토

1503 **tomorrow** [təmárou, tumɔ́:rou] 내일

1504 **ton** [tʌn] 1톤

1505 **tonight** [tənáit, tunáit] 오늘밤

1506 **too** [tu:] 너무나, 또한

1507 **tool** [tu:l] 도구, 연장

1508 **tooth** [tu:θ] 이, 치아, 복수형은 teeth

1509 **toothache** [tú:θèik] 치통

1510 **top** [tɑp, tɔp] 꼭대기, 정상, 팽이

1511 **topic** [tápik, tɔ́pik] 주제, 화제

1512 **total** [tóutl] 전체(의)

1513 **touch** [tʌtʃ] 만지다, 감동시키다

1514 **tough** [tʌf] 강한, 거친, 질긴, 힘든

1515 **tour** [tuə:r] 여행(하다)

1516 **tourist** [túərist] 관광객, 여행자

1517 **toward** [təwɔ́ːrd] ～쪽으로, ～향해

1518 **towel** [táuəl] 수건, 타월

1519 **tower** [táuəːr] 탑

1520 **town** [taun] 소도시, 시내

1521 **toy** [tɔi] 장난감

1522 **traffic** [trǽfik] 교통

1523 **train** [trein] 기차, 훈련시키다

1524 **trap** [træp] 덫(에 가두다)

1525 **trash** [træʃ] 쓰레기(garbage, rubbish)

1526 **travel** [trǽvəl] 여행, 여행하다, 이동하다

1527 **tray** [trei] 쟁반

1528 **treasure** [tréʒəːr] 보물

1529 **treat** [triːt] 다루다, 대우하다, 취급하다, 치료하다

1530 **tree** [triː] 나무

1531 **tremble** [trémbəl] 떨다

1532 **trial** [tráiəl] 시도, 재판

1533 **triangle** [tráiæ̀ŋgəl] 삼각형

1534 **trick** [trik] 마술 기술, 속임수, 장난, 속이다

1535 **trip** [trip] 여행

1536 **trouble** [trʌ́bəl] 걱정, 문제

1537 **true** [truː] 사실인, 진짜의

1538 **trumpet** [trʌ́mpit] 나팔, 트럼펫

1539 **trunk** [trʌŋk] 나무 줄기, 코끼리 코, (자동차 또는 큰 가방의) 트렁크

1540 **trust** [trʌst] 신뢰, 신뢰하다

1541 **truth** [truːθ] 사실, 진리, 진실

1542 **try** [trai] 노력하다, 시도하다(attempt), 애쓰다, 시도

1543 **tulip** [tjúːlip] 튤립

1544 **turkey** [tə́ːrki] 칠면조, 터키(국가)

1545 **turn** [təːrn] 돌다, 변화하다, 차례

1546 **turtle** [tə́ːrtl] 거북

1547 **twin** [twin] 쌍둥이의, 쌍둥이 중 한 사람

1548 **twinkle** [twíŋkəl] 반짝이다

1549 **twist** [twist] 구부리다, 비틀다, 휘다

1550 **type** [taip] 유형, 활자, 타이핑을 치다

U

1551 **ugly** [ʌ́gli] 못생긴

1552 **umbrella** [ʌmbrélə] 우산

1553 **uncle** [ʌ́ŋkəl] 삼촌

1554 **under** [ʌ́ndər] ～아래의

1555 **underground** [ʌ́ndərgràund] 지하, 지하도, 지하철

1556 **underline** [ʌ̀ndərláin] 강조하다, 밑줄을 치다

1557 **understand** [ʌndərstǽnd] 이해하다

1558 **uniform** [júːnəfɔ̀ːrm] 제복, 획일적인

1559 **university** [jùːnəvə́ːrsəti] 대학교

1560 **unless** [ənlés] ~하지 않으면(if ~ not)

1561 **until** [əntíl] ~까지(till)

1562 **up** [ʌp] 위로, 완전히

1563 **upset** [ʌpsét] 속상한, 화가 난, 뒤엎다, 속상하게 만들다

1564 **upstair** [ʌ́pstéər] 위층으로

1565 **use** [juːs] 사용, 쓸모, 이용, [juːz] 사용하다, 이용하다, user 사용자

1566 **useful** [júːsfəl] 쓸모 있는, 유용한

1567 **useless** [júːslis] 쓸모없는

1568 **usual** [júːʒuəl] 보통의(ordinary), 평상시의

1569 **usually** [júːʒluəli] 보통

V

1570 **vacation** [veikéiʃən] 방학, 휴가

1571 **valley** [vǽli] 계곡, 골짜기

1572 **various** [véəriəs] 다양한(diverse)

1573 **vase** [veis] 꽃병

1574 **vegetable** [védʒətəbəl] 야채, 채소

1575 **very** [véri] 매우, 바로 그

1576 **vet** [vet] 수의사(veterinarian)

1577 **victory** [víktəri] 승리(triumph)

1578 **village** [vílidʒ] 마을

1579 **violet** [váiəlit] 보라색

1580 **visit** [vízit] 방문하다, visitor 방문객

1581 **vitamin** [váitəmin] 비타민

1582 **voice** [vɔis] 목소리

1583 **volcano** [vɔlkéinou] 화산

1584 **volume** [váljuːm, vɔ́ljuːm] 볼륨, 양, 책의 권

W

1585 **wait** [weit] 기다리다(for + 사람)

1586 **waiter** [wéitər] 웨이터, waitress 웨이트리스

1587 **wake** [weik] 깨다, 깨우다

1588 **walk** [wɔːk] 걷다, 산책시키다

1589 **wall** [wɔːl] 벽

1590 **wallet** [wálit, wɔ́lit] 지갑

1591 **want** [wɔ(ː)nt, wɑnt] 원하다

1592 **war** [wɔːr] 전쟁

1593 **warm** [wɔːrm] 따뜻한

1594 **warm-up** [wɔ́ːrmʌ̀p] 준비운동

1595 **warn** [wɔːrn] 경고하다

1596 **wash** [wɑʃ, wɔ(ː)ʃ] 씻다

1597 **waste** [weist] 낭비(하다), 쓰레기

1598 **watch** [wɑtʃ, wɔːtʃ] 손목시계, (주의해서) 보다

1599 **water** [wɔ́ːtər, wɑ́təːr] 물(을 주다)

1600 **wave** [weiv] 파도, 파장, 흔들다

1601 **way** [wei] 방법, 방식(method), 길

1602 **weak** [wiːk] 약한

1603 **wear** [wɛəːr] 입다, 착용하다

1604 **weather** [wéðəːr] 날씨

1605 **web** [web] 거미줄, 인터넷

1606 **website** [websait] 웹사이트

1607 **wedding** [wédiŋ] 결혼(식)

1608 **week** [wiːk] 주, weekly 매주의

1609 **weekend** [wíːkènd] 주말, weekday 주일, 평일

1610 **weigh** [wei] 무게를 달다, 무게가 ~이다

1611 **weight** [weit] 무게

1612 **welcome** [wélkəm] 환영하다, 환영받는

1613 **well** [wel] 잘, 건강한, 우물

1614 **west** [west] 서쪽

1615 **western** [wéstərn] 서부의, 서양의, 서쪽의

1616 **wet** [wet] 젖은

1617 **whale** [hweil] 고래

1618 **what** [hwɑt] 무엇, 어떤

1619 **whatever** [hwɑtévəːr] 무엇이든지

1620 **wheat** [hwiːt] 밀(곡식)

1621 **wheel** [hwiːl] 바퀴

1622 **wheelchair** [hwíːltʃ̀ɛ̀əːr] 휠체어

1623 **when** [hwen] 언제, ~할 때

1624 **whenever** [hwenévər] ~할 때마다

1625 **where** [hwɛəːr] 어디(에)

1626 **which** [hwitʃ] 어느 것

1627 **while** [hwail] ~하는 동안, ~하면서, 반면에

1628 **whisper** [hwíspəːr] 속삭이다

1629 **white** [hwait] 흰(색)

1630 **who** [huː, hu] 누가, 누구

1631 **whole** [houl] 전부의, 전체의

1632 **why** [hwai] 왜

1633 **wide** [waid] 넓은

1634 **wife** [waif] 부인

1635 **wild** [waild] 야생의, wildlife 야생 생물

1636 **will** [wil] ~할 것이다, 의지

1637 **win** [win] 이기다, 얻다

1638 **wind** [wind] 바람, windy 바람이 부는

1639 **window** [wíndou] 창문

1640 **wing** [wiŋ] 날개

1641 **winter** [wíntəːr] 겨울

1642 **wisdom** [wízdəm] 지혜, 현명함

1643 **wise** [waiz] 현명한

1644 **wish** [wiʃ] 소원, 바라다, 원하다

1645 **with** [wið, wiθ] ~와 함께, ~을 가지고

1646 **within** [wiðîn] ~이내에

1647 **without** [wiðáut] ~없이

1648 **wolf** [wulf] 늑대

1649 **woman** [wúmən] 여자, 복수형은 women

1650 **wonder** [wʌ́ndəːr] 궁금해하다, 놀라워하다,
놀라운 것

1651 **wonderful** [wʌ́ndəːrfəl] 놀라운, 훌륭한

1652 **wood** [wud] 나무, 숲(forest),
wooden [wúdn] 나무로 만든

1653 **word** [wəːrd] 단어, words 말

1654 **work** [wəːrk] 일하다, 작동하다, 작품

1655 **world** [wəːrld] 세계, 세상

1656 **worm** [wəːrm] 벌레

1657 **worry** [wə́ːri, wʌ́ri] 걱정하다(concern),
worried 걱정하는

1658 **wrap** [ræp] 싸다, 포장하다

1659 **write** [rait] 쓰다, writer 작가

1660 **wrong** [rɔːŋ, rɑŋ] 잘못된, 틀린

Y

1661 **yard** [jɑːrd] 마당

1662 **year** [jiəːr] 1년

1663 **yell** [jel] 소리치다(cry out, scream)

1664 **yellow** [jélou] 노란색

1665 **yes** [jes] 네, 예스

1666 **yesterday** [jéstəːrdèi] 어제

1667 **yet** [jet] 아직, 그러나

1668 **young** [jʌŋ] 어린, 젊은

1669 **youth** [juː] 젊음, 청년

Z

1670 **zebra** [zíːbrə] 얼룩말

1671 **zero** [zíərou] 영, 제로

1672 **zoo** [zuː] 동물원

02 숙어

● 필수 숙어가 어떤 것인지 살펴보고 숙어 기출문제 유형을 파악한다.

A

1673 **a lot of** 많은

1674 **according to** ~에 따르면, 의하면

1675 **all the time** 항상(always)

1676 **and so on** 기타 등등(and so forth, and what not, etc)

1677 **appeal to** ~의 마음에 들다, 호소하다

1678 **apply for** 신청하다, 지원하다, apply to ~에 적용되다

1679 **arrive at(in)** ~에 도착하다

1680 **as a result** 결과적으로

1681 **as if** 마치 ~인 것처럼(as though)

1682 **as soon as** ~하자마자

1683 **as usual** 평소처럼

1684 **as well as** ~뿐만 아니라

1685 **at a time** 한 번에

1686 **at any time** 언제라도

1687 **at first** 처음에

1688 **at last** 드디어, 마침내

1689 **at least** 적어도

1690 **at once** 즉시(immediately), 동시에(at the same time)

1691 **at that time** 그 당시에, 그때에

1692 **at the same time** 동시에

B

1693 **be able to** ~를 할 수 있다

1694 **be about to** 막 ~하려고 하다

1695 **be absent from** ~에 결석하다

1696 **be accustomed to** ~에 익숙하다

1697 **be afraid of** ~를 두려워하다, 무서워하다

1698 **be anxious about** ~를 걱정하다

1699 **be anxious for** ~를 갈망하다, 열망하다

1700 **be ashamed of** ~를 부끄러워하다

1701 **be based on** ~에 기초를 두다, 근거를 두다

1702 **be busy ~ing** ~하느라 바쁘다

1703 **be covered with** ~로 덮여 있다

1704 **be curious about** ~에 호기심이 있다

1705 **be different from** ~와 다르다

1706 **be divided into** ~로 나누어지다

1707 be famous for ~로 유명하다

1708 be filled with ~로 가득 차다

1709 be fond of ~를 좋아하다

1710 be full of ~로 가득 차다, 가득 하다

1711 be going to ~할 예정이다

1712 be good at ~를 잘하다

1713 be good for ~에 좋다

1714 be held 개최되다, 열리다

1715 be interested in ~에 관심이 있다

1716 be late for ~에 지각하다

1717 be likely to ~할 것 같다

1718 be made from(of) (+재료)
~로 만들어지다

1719 be made up of ~로 구성되다,
이루어져 있다

1720 be planning to ~할 계획이다

1721 be proud of ~을 자랑스러워하다

1722 be ready for ~할 준비가 되다

1723 be responsible for ~에 책임이 있다

1724 be satisfied with ~에 만족하다

1725 be short of ~가 부족하다

1726 be similar to ~와 비슷하다

1727 be sorry for ~에 대해 미안해하다

1728 be supposed to ~하기로 되어 있다,
해야 한다

1729 be sure of ~를 확신하다

1730 be surprised at ~에 놀라다

1731 be tired from ~로 지치다

1732 be tired of ~에 싫증나다

1733 be used to ~에 익숙해져 있다

1734 be willing to 기꺼이 ~하다

1735 be worried about ~에 대해 걱정하다

1736 be worth ~ing ~할 가치가 있다

1737 before long 곧, 머지않아

1738 belong to ~에 속하다, ~의 소유이다

1739 both A and B A와 B 둘 다

1740 break down 고장 나다, 잘게 쪼개다

1741 break into ~에 침입하다

1742 break out (전쟁, 화재 등이) 일어나다,
발생하다

1743 bring about ~을 일으키다, 초래하다

1744 bring up 기르다

1745 brush one's teeth 이를 닦다

1746 burst into 갑자기 ~하다

1747 by accident 우연히(by chance)

1748 by mistake 실수로

PART 01

1749 **by oneself** 혼자서(alone)

1750 **by the time** ～할 때 쯤

1751 **by the way** 그런데

1752 **by way of** ～를 수단으로, ～를 경유해서

C

1753 **call off** 취소하다

1754 **can afford to** ～할 여유가 있다

1755 **can't help ~ing** ～할 수밖에 없다
(can't but + 동사원형)

1756 **carry on** 계속해 나가다

1757 **carry out** 실행하다, 성취하다

1758 **catch up with** ～를 따라잡다

1759 **check in** 수속을 밟다, 체크인하다,
check out 체크아웃하다, 대출하다

1760 **come about** 발생하다, 일어나다

1761 **come across** 우연히 만나다

1762 **come by** 얻다, 들르다

1763 **come true** 실현되다

1764 **come up with** ～을 생각해내다

1765 **contribute to** ～에 기여하다, 공헌하다

1766 **cut in** 끼어들다, 새치기하다

D

1767 **deal in** ～를 거래하다, 취급하다

1768 **deal with** ～를 다루다, 처리하다

1769 **depend on** ～에 의존하다

1770 **devote A to B** A를 B에 바치다

1771 **die out** 멸종하다, 소멸하다

1772 **do(try) one's best** 최선을 다하다

1773 **do(wash) the dishes** 설거지하다

1774 **don't have(need) to** ～할 필요가 없다
(need not)

1775 **due to** ～때문에

E

1776 **each other** 서로 서로

1777 **either A or B** A 또는 B 중에 하나

1778 **even if(though)** 비록 ～일지라도

1779 **every time** ～할 때마다

F

1780 **fall asleep** 잠들다

1781 **fall in love with** ～와 사랑에 빠지다

1782 **feel like** ～하고 싶다

1783 **figure out** 계산하다, 이해하다, 풀다, 해결하다

1784 **focus on** ~에 집중하다, 초점을 맞추다

1785 **for a moment** 잠시 동안(for a minute, for a while)

1786 **for example** 예를 들면(for instance)

1787 **for free** 무료로, 공짜로(for nothing)

1788 **for fun** 재미로

1789 **for oneself** 혼자 힘으로

1790 **for sale** 판매용인

1791 **for the first time** 처음으로

1792 **for the sake of** ~를 위하여

1793 **frankly speaking** 솔직히 말하면

1794 **from time to time** 때때로

G ————————————

1795 **generally speaking** 일반적으로 말해서

1796 **get along with** ~와 잘 지내다

1797 **get married to** ~와 결혼하다

1798 **get off** 내리다

1799 **get on** 타다

1800 **get over** 극복하다(overcome)

1801 **get rid of** ~를 없애다, 제거하다

1802 **get to** ~에 도착하다

1803 **give off** 내뿜다, 방출하다

1804 **give up** 포기하다

1805 **go ahead** 어서 하세요, 하려던 일 계속 하세요

1806 **go away** 가버리다, 떠나다, 사라지다

1807 **go bad** 상하다

1808 **go off** 폭발하다

1809 **go on** 계속하다

1810 **go on a diet** 다이어트하다, go on a picnic 소풍가다

1811 **go through** ~를 겪다, 경험하다, 통과하다

1812 **go wrong** 잘못되다

H ————————————

1813 **had better** ~하는 게 낫다

1814 **hand in** 제출하다

1815 **hang out with** ~와 어울려 다니다

1816 **hang up** 전화를 끊다

1817 **have ~ in common** ~를 공통점으로 가지다

1818 **have a runny nose** 콧물이 나다

1819 **have difficulty(trouble) ~ing** ~하는 데 어려움이 있다

PART 01

1820 **have no idea** 모르다

1821 **have to do with** ~와 관계가 있다

1822 **help A with B** A가 B하는 것을 돕다

1823 **help yourself to** ~를 마음껏 드세요

1824 **hold good** 효력이 있다

1825 **hold on** (끊지 않고) 기다리다

I

1826 **in a hurry** 서두르는

1827 **in addition** 게다가(besides, moreover)

1828 **in advance** 미리

1829 **in case of** ~하는 경우에

1830 **in charge of** ~를 책임지고 있는

1831 **in contrast** 대조적으로

1832 **in danger** 위험에 처한

1833 **in fact** 사실, 사실은

1834 **in favor of** ~에 찬성하는

1835 **in front of** ~앞에

1836 **in general** 일반적으로

1837 **in honor of** ~를 기념하여

1838 **in need** 어려움에 처한

1839 **in one's opinion** ~의 의견으로는

1840 **in order to** ~하기 위해서(so as to, in order that S+V)

1841 **in other words** 다시 말해서

1842 **in person** 몸소, 친히

1843 **in public** 공공연히, 대중들 앞에서

1844 **in search of** ~를 찾아서

1845 **in the distance** 멀리서

1846 **in the end** 결국, 드디어, 마침내(at last, finally)

1847 **in the future** 미래에, 장래에

1848 **in the middle of** ~의 가운데에, 중앙에

1849 **in the past** 과거에

1850 **in time** 늦지 않게, 제시간에

1851 **in turn** 교대로 (번갈아), 차례차례 (하나씩)

1852 **inform A of B** A에게 B를 알리다

1853 **It is no use ~ing** ~해도 소용없다

K

1854 **keep (on) ~ing** 계속 ~하다

1855 **keep a diary** 일기를 쓰다

1856 **keep in mind** 명심하다

1857 **keep in touch with** ~와 연락하다

1858 **keep one's promise** 약속을 지키다

1859 know(learn) ~ by heart ~를 외우다

L ————————————

1860 lead to ~로 이어지다, 야기하다, 초래하다

1861 leave behind ~를 남겨두다

1862 leave for ~를 향해 떠나다

1863 leave out 빼다, 생략하다

1864 less than ~보다 적은

1865 live in ~에 살다

1866 live on ~를 (주식으로) 먹고 살다

1867 look after 돌보다(care for, take care of)

1868 look down on 깔보다, 얕보다

1869 look for ~를 찾다

1870 look forward to ~를 고대하다, 기대하다

1871 look into ~를 조사하다

1872 look like ~처럼 보이다, 닮다

1873 look up ~를 사전에서 찾아보다

1874 look up to ~를 존경하다

M ————————————

1875 major in ~를 전공하다

1876 make a difference 차이를 만들다, 중요하다

1877 make a fool of ~를 놀리다

1878 make a mistake 실수하다

1879 make a noise 시끄럽게 하다

1880 make a reservation 예약하다

1881 make a speech 연설하다

1882 make an effort 노력하다

1883 make an impact on ~에 영향을 주다

1884 make friends with ~와 친구가 되다

1885 make fun of ~를 놀리다

1886 make sense 말이 되다, 이해되다

1887 make sure 반드시 ~하다, 확인하다

1888 make the most of ~를 최대한 활용하다

1889 make up one's mind 결심하다, 결정하다

1890 make up with ~와 화해하다

1891 make up 구성하다, 꾸며내다, 화장하다

1892 make use of ~를 이용하다

1893 most of all 무엇보다도

N ————————————

1894 no longer 더 이상 ~가 아니다

1895 not ~ at all 전혀 ~가 아닌

1896 not A but B A가 아니라 B다

1897 **not only A but also B** A뿐만 아니라 B도(B as well as A)

1898 **nothing but** 단지 ~인

1899 **now that** ~이니까

O

1900 **of use** 쓸모 있는, of no use 쓸모없는(useless)

1901 **on business** 사업상

1902 **on display** 전시되어, 진열되어

1903 **on fire** 불난

1904 **on foot** 걸어서

1905 **on sale** 할인 판매중인

1906 **on the other hand** 반면에

1907 **on time** 정각에

1908 **once in a while** 때때로

1909 **one another** 서로

1910 **one day** 어느 날

1911 **out of breath** 숨이 찬

1912 **out of order** 고장 난

1913 **out of sight** 보이지 않는

P

1914 **participate in** ~에 참가하다

1915 **pass away** 돌아가시다, 죽다

1916 **pass out** 기절하다

1917 **pay attention to** ~에 주의를 기울이다

1918 **pick on** ~를 괴롭히다

1919 **play a role** 역할을 하다(play a part)

1920 **play a trick on** ~를 놀리다, 속이다

1921 **plenty of** 많은(a lot of, lots of)

1922 **point of view** 관점

1923 **prefer A to B** A를 B보다 더 좋아하다, 선호하다

1924 **prevent(keep, stop) A from B** A가 B를 못하게 막다

1925 **provide A with B** A에게 B를 제공하다

1926 **put off** 연기하다, 미루다

1927 **put on** 입다, 쓰다, 신다

1928 **put out** 불을 끄다

1929 **put together** ~를 조립하다

R

1930 **rather than** ~라기 보다는 오히려

1931 **regard A as B** A를 B라고 간주하다, 여기다

1932 **remind A of B** A에게 B를 생각나게 하다

1933 **rob A of B** A에게서 B를 빼앗다

1934 **run across** ~와 우연히 마주치다, 우연히 만나다

1935 **run after** 뒤쫓다

1936 **run away** 도망가다

1937 **run for** ~에 입후보하다

1938 **run into** ~와 우연히 만나다, 충돌하다

1939 **run out of** ~를 다 써버리다

S

1940 **see off** ~를 배웅하다

1941 **set free** ~를 풀어주다

1942 **set up** 설치하다, 세우다

1943 **shake hands with** ~와 악수하다

1944 **show off** 자랑하다

1945 **show up** 나타나다

1946 **side by side** 나란히

1947 **so A that B** 너무 A해서 B하다

1948 **so far** 지금까지

1949 **so that** ~하기 위해서

1950 **so to speak** 말하자면

1951 **sold out** 매진된

1952 **speak ill of** ~를 욕하다

1953 **speak well of** ~를 칭찬하다

1954 **stand for** ~를 나타내다, 상징하다

1955 **stand in line** 줄을 서다

1956 **stare at** ~를 쳐다보다

1957 **stay in good shape** 좋은 몸매를 유지하다

1958 **stay up** 자지 않고 깨어 있다

1959 **step by step** 단계적으로

1960 **stop by** 잠시 들르다

1961 **such as** ~와 같은

1962 **suffer from** ~로 고생하다, 시달리다

T

1963 **take ~ for granted** ~를 당연하게 여기다

1964 **take ~ into account** ~를 고려하다

1965 **take a bath** 목욕하다

1966 **take a break** 쉬는 시간을 가지다

1967 **take a lesson** 레슨을 듣다, 수업을 듣다

1968 **take a picture** 사진을 찍다

1969 **take a rest** 쉬다

1970 **take a trip** 여행하다

1971 **take a walk** 산책하다

1972 **take apart** ~를 분해하다

1973 **take care of** ~를 돌보다, 처리하다

1974 **take off** 벗다, 이륙하다

1975 **take part in** ~에 참가하다

1976 **take place** 발생하다, 개최되다

1977 **take pride in** ~를 자랑스러워하다

1978 **take up** 차지하다, 시작하다

1979 **thank A for B** A에게 B에 대해 감사하다

1980 **thanks to** ~덕분에

1981 **that is (to say)** 즉, 말하자면

1982 **the number of** ~의 수

1983 **these days** 요즘

1984 **think of A as B** A를 B라고 생각하다, 여기다

1985 **throw away** 버리다

1986 **to be honest** 솔직히 말해서

1987 **to begin with** 우선

1988 **to tell the truth** 사실대로 말하면

1989 **too A to B** 너무 A해서 B할 수 없다

1990 **try on** 입어 보다

1991 **turn off** 끄다

1992 **turn on** 켜다

1993 **turn out** 판명되다

U

1994 **up to** ~까지, ~에 달려있는

1995 **used to** ~하곤 했다(지금은 안한다)

W

1996 **watch out for** ~를 조심하다

1997 **within reach** 손닿는 곳에

1998 **would like to** ~하고 싶다

1999 **would rather A than B** B보다 차라리 A를 하겠다

2000 **write down** 적다, 기록하다

PART **01**

기출문제 체크

정답 및 해설 2p

유형 **1** 모두 포함하는 단어

다음을 모두 포함할 수 있는 단어로 가장 적절한 것을 찾으라는 문제다. 거의 매년 출제되는 간단하고 쉬운 문제지만 제시된 단어와 보기의 단어 뜻을 알아야 풀 수 있는 문제다. Solution에 제시한 단어와 숙어를 모두 포함한 필수 어휘 2000개를 암기해야 한다.

01 다음을 모두 포함할 수 있는 단어로 가장 적절한 것은?

| red | yellow | blue | green |

① color
② shape
③ hobby
④ country

02 다음을 모두 포함할 수 있는 단어로 가장 적절한 것은?

| bear | cow | elephant | fox |

① color
② fruit
③ animal
④ country

03 다음을 모두 포함할 수 있는 단어로 가장 적절한 것은?

| bread | hamburger | salad | soup |

① food
② flower
③ season
④ country

04 다음을 모두 포함할 수 있는 가장 알맞은 단어는?

| spring | summer | fall | winter |

① animal
② family
③ season
④ number

05 다음 단어들을 모두 포함할 수 있는 것은?

| pants | skirts | blouses | T-shirts |

① sports
② family
③ clothes
④ countries

06 다음 단어들을 모두 포함할 수 있는 것은?

| father | mother | son | daughter |

① hobby
② family
③ flower
④ season

07 다음을 모두 포함할 수 있는 단어로 가장 적절한 것은?

> golf badminton swimming football

① food
② music
③ sports
④ flowers

08 다음 단어들을 모두 포함할 수 있는 것은?

> farmer   teacher   artist   doctor

① job
② food
③ color
④ month

09 다음 단어들을 모두 포함할 수 있는 것은?

> head   shoulder   foot   leg

① body
② food
③ flower
④ country

10 다음 단어들을 모두 포함할 수 있는 것은?

> cook   doctor   pilot   singer

① job
② food
③ place
④ country

11 다음 단어들을 모두 포함하는 것은?

> angry   excited   glad   happy   sad

① color
② hobby
③ animal
④ feeling

12 다음 단어들을 모두 포함하는 것은?

> cat   dog   pig   monkey

① fruit
② sport
③ animal
④ weather

13 주어진 그림들을 모두 포함하는 것은?

① fruit
② flower
③ sport
④ job

14 다음 단어들이 나타내는 것은?

> rainy sunny foggy windy snowy

① color
② animal
③ season
④ weather

두 단어의 의미 관계가 나머지 셋과 다른 것을 찾으라는 문제다. 거의 매년 출제되는 문제로 대부분이 동의어 또는 반의어 관계를 구분하는 문제와 전체와 일부분 관계를 나타내는 문제다. 가끔 형용사와 부사를 구분하는 문제를 출제 하기도 한다. 명사에 ly가 붙은 것은 형용사, 형용사에 ly가 붙은 것은 부사로 구분할 수 있다.

01 두 단어의 의미 관계가 나머지 셋과 <u>다른</u> 것은?

① win－lose   ② pull－push

③ answer－reply   ④ arrive－leave

02 두 단어의 의미 관계가 나머지 셋과 <u>다른</u> 것은?

① wet－dry   ② noisy－quiet

③ true－false   ④ smart－clever

03 두 단어의 관계가 나머지 셋과 <u>다른</u> 것은?

① body－hand   ② color－blue

③ animal－pig   ④ winter－summer

04 두 단어의 관계가 나머지 셋과 <u>다른</u> 것은?

① tiger－lion   ② fruit－apple

③ color－yellow   ④ job－teacher

05 두 단어의 관계가 나머지 셋과 <u>다른</u> 것은?

① hand－foot   ② dog－animal

③ rose－flower   ④ summer－season

06 두 단어의 관계가 나머지 셋과 <u>다른</u> 것은?

① fruit－apple   ② color－red

③ animal－cat   ④ mountain－sea

07 두 단어의 의미 관계가 나머지 셋과 <u>다른</u> 것은?

① buy－sell   ② push－pull

③ start－begin   ④ open－close

08 두 단어의 의미 관계가 나머지 셋과 <u>다른</u> 것은?

① hot－cold   ② far－near

③ slow－fast   ④ all－every

09 두 단어의 관계가 나머지 셋과 <u>다른</u> 것은?

① clean – dirty ② old – young
③ tall – short ④ wise – smart

10 두 단어의 의미 관계가 나머지 셋과 <u>다른</u>
것은?

① low – high ② big – large
③ slow – fast ④ easy – difficult

11 두 단어의 관계가 나머지 셋과 <u>다른</u> 것은?

① big – large ② high – low
③ old – young ④ strong – weak

12 두 단어의 의미 관계가 나머지 셋과 <u>다른</u>
것은?

① buy – sell ② start – finish
③ speak – talk ④ ask – answer

13 두 단어의 의미 관계가 나머지 셋과 <u>다른</u>
것은?

① young – old ② rich – poor
③ long – short ④ strong – heavy

14 두 단어의 의미 관계가 나머지 셋과 <u>다른</u>
것은?

① glad – happy ② big – small
③ long – short ④ heavy – light

15 두 단어의 관계가 나머지 셋과 <u>다른</u> 것은?

① sad – sadly ② love – lovely
③ lucky – luckily ④ happy – happily

매년 출제되지는 않지만 자주 출제되는 문제 유형이다. 숙어에서 전치사 부분을 빈칸으로 만드는 문제가 대부분이고 동사 부분을 빈칸으로 만들기도 한다. 필수 어휘 2000개 뒷부분에 제시된 숙어만 암기하면 쉽게 풀 수 있는 유형이다.

01 다음 빈칸에 공통으로 들어갈 말로 가장 적절한 것을 고르시오.

> A: What will you do this afternoon?
> B: I will _____ a piano lesson.
> A: Will you? I will _____ a rest.

① take   ② come
③ play   ④ raise

03 빈칸에 공통으로 들어갈 말로 가장 적절한 것은?

> • I need to get _____ the bus at the next stop.
> • When you enter the room, take _____ your shoes.

① at   ② off
③ from   ④ with

02 다음 빈칸에 공통으로 들어갈 말로 가장 적절한 것을 고르시오.

> • We should be ready _____ final exams.
> • Korea is famous _____ kimchi and K-pop.

① to   ② of
③ for   ④ from

04 다음 빈칸에 공통으로 들어갈 말로 가장 적절한 것은?

> • Please turn _____ the radio.
> • You'd better put _____ your coat. It's cold outside.

① by   ② on
③ from   ④ with

05 밑줄 친 부분의 뜻으로 가장 알맞은 것을 고르시오.

> My brother <u>is good at</u> science.

① ~을/를 잘하다.
② ~을/를 나누다.
③ ~을/를 걱정하다.
④ ~와/과 화해하다.

06 빈칸에 공통으로 들어갈 말로 가장 알맞은 것은?

> • I am interested _____ math.
> • There is a computer _____ my room.

① in   ② of
③ to   ④ with

07 빈칸에 공통으로 들어갈 말로 알맞은 것은?

> • I'm so proud _____ my father.
> • The room is full _____ people.

① of   ② in
③ at   ④ under

08 빈칸에 공통으로 들어갈 말로 알맞은 것은?

> • I am good _____ cooking.
> • I go to bed _____ 10 o'clock.

① of   ② up
③ at   ④ to

09 빈칸에 공통으로 들어갈 말로 알맞은 것은?

> • Thank you _____ your help.
> • Regular exercise will be good _____ your health.

① of   ② in
③ on   ④ for

10 빈칸에 공통으로 들어갈 알맞은 말은?

> • Don't be afraid _____ the dog.
> • The sky is full _____ stars.

① at   ② of
③ in   ④ by

11 빈칸에 공통으로 들어갈 말로 알맞은 것은?

> • I was born _____ 1998.
> • I am interested _____ animals.

① by　　　② in
③ on　　　④ to

12 빈칸에 공통으로 들어갈 알맞은 말은?

> • What are you looking _____?
> • Korea is famous _____ taekwondo*.
> *taekwondo: 태권도

① at　　　② to
③ for　　　④ from

13 빈칸에 들어갈 말로 알맞은 것을 고르시오.

> A: You look sick. What's the problem?
> B: I _____ a headache.

① like　　　② play
③ make　　　④ have

14 빈칸에 공통으로 들어갈 단어로 알맞은 것은?

> • I live _____ New York.
> • My brother is interested _____ cooking.

① to　　　② on
③ in　　　④ for

15 빈칸에 공통으로 들어갈 것은?

> A: What are you _____ to do next vacation?
> B: I'm _____ to Europe.

① doing　　　② going
③ taking　　　④ having

유형 4 기타

자주 출제되지 않으므로 참고만 하면 되는 문제다. 명사의 불규칙 복수형은 문법편에 잘 정리되어 있다. 그 부분만 정리하면 쉽게 풀 수 있는 유형이다. 한 단어가 여러 개의 의미를 가지는 다의어는 필수 어휘 2000개에 잘 정리되어 있다. 어휘 공부를 할 때, well "잘" 이렇게 한 가지 뜻만 정리하지 말고 well "잘, 건강한, 우물"처럼 여러 가지 의미를 함께 외워두는 습관이 필요하다.

01 밑줄 친 부분의 뜻으로 가장 알맞은 것을 고르시오.

> He is a <u>famous</u> singer in Korea.

① 겸손한　　② 유명한
③ 정직한　　④ 부지런한

03 밑줄 친 단어의 의미가 나머지 셋과 <u>다른</u> 것은?

① How <u>kind</u> he is!
② It is very <u>kind</u> of you.
③ He is gentle and <u>kind</u>.
④ What <u>kind</u> of movie do you like?

02 다음 단어 중 복수형은?

① man　　② wife
③ tooth　　④ children

EBS 교육방송교재

중졸 검정고시 영어

문법 솔루션

✪ 현행 중졸 검정고시 영어 완벽 정복에 필요한 문법 개념을 이해하고 정리한 후 그것들이 문제에 어떻게 적용되는지 최신 기출문제를 풀어 마무리해서 어떻게 출제되더라도 충분히 풀어낼 수 있는 능력을 갖춘다.

01 기초편

• 부정문, 의문문, 의문사 의문문을 반드시 알아둔다.

01 모음과 자음

알파벳	모음	a, e, i, o, u
	자음	b, c, d, f, g, h, j, k, l, m, n, p, q, r, s, t, v, w, x, y, z

알파벳 중에서 "A, E, I, O, U"를 "모음"이라고 한다. 모음을 제외한 나머지 알파벳인 "B, C, D, F, G, H, J, K, L, M, N, P, Q, R, S, T, V, W, X, Y, Z"를 "자음"이라고 한다.

02 품사

	동사	am, are, is, come, do	"~다" 의미의 단어
	명사	apple, cat, dog, Julie, Korea	이름을 나타내는 단어
	대명사	I, my, me, mine, you	명사를 대신 사용하는 단어
	형용사	angry, beautiful, big, easy, good	명사를 수식하는 단어
품사	부사	again, also, always, happily, here	명사를 제외한 나머지를 수식하는 단어
	전치사	about, at, by, from, for	(대)명사 앞 주로 장소, 방법, 시간을 구체적으로 나타내는 단어
	접속사	and, but, or, so, as	연결하는 단어
	감탄사	Aha, Alas, Bravo, Hello, Hi	감탄하는 말과 인사말 단어

모음과 자음 알파벳이 모여 단어가 된다. 단어는 "동사, 명사, 대명사, 형용사, 부사, 전치사, 접속사, 감탄사"의 "품사" 8개로 나눌 수 있다. 간단한 정의와 함께 품사별로 10개 정도의 단어를 암기해두면 품사를 구분하는 데 큰 도움이 된다.

(1) 동사

동사는 동작과 상태를 나타내는 "~다"의 단어다.

> **예** am, are, is 이다, come 오다, do 하다, go 가다, have 가지다, make 만들다, run 달리다, will 할 것이다.

(2) 명사

명사는 사람과 비사람(동물, 식물, 사물)의 이름을 나타내는 단어다.

> **예** apple 사과, cat 고양이, dog 개, Julie 줄리, Korea 한국, pen 펜, rose 장미, student 학생, Tom 톰, tree 나무

(3) 대명사

대명사는 명사를 대신해서 사용하는 단어다.

> **예** I 나는, my 나의, me 나를, mine 나의 것, you 당신은, he 그는, she 그녀는, it 그것은, they 그들은, this 이것은

(4) 형용사

명사를 꾸며주는 단어다.

> **예** angry 화난, beautiful 아름다운, big 큰, easy 쉬운, good 좋은, happy 행복한, hungry 배고픈, old 낡은, 늙은, tall 키가 큰, warm 따뜻한. good은 "좋다"가 아닌 "좋은", happy는 "행복하다"가 아닌 "행복한"으로 정리해 두는 것이 좋다. 그래야 형용사와 동사를 혼동하지 않고 구분하는 데 도움이 된다.

(5) 부사

형용사, 부사, 동사를 꾸며주는 단어다. 즉, 명사를 제외한 나머지를 수식한다.

> **예** again 다시, also 또한, 역시, always 항상, happily 행복하게, here 여기에, then 그때, there 저기에, too 너무나, 또한, very 매우, well 잘

(6) 전치사

명사 또는 대명사 앞에 사용하여 장소, 방법, 시간 등을 구체적으로 표시해주는 단어다.

> **예** about ~에 관해, at ~에, by ~옆에, ~에 의해, ~까지, from ~로부터, for ~를 위해, ~동안, ~ 때문에, in ~ 안에, on ~ 위에, to ~로, under ~ 아래에, with ~와 함께, ~을 가지고

(7) 접속사

단어와 단어 또는 문장과 문장을 연결해 주는 단어다.

예 and 그리고, but 그러나, or 또는, so 그래서, as ~할수록, ~할 때, ~ 때문에, because ~ 때문에, if 만약 ~한다면, though 비록 ~일지라도, when ~할 때, while ~하는 동안

(8) 감탄사

감탄하는 말과 주로 인사말을 표현하는 단어다.

예 Aha! 아하!, Alas! 아, 슬퍼!, Bravo! 브라보!, Hello! 안녕!, Hey! 헤이!, Hi! 안녕!, Hurrah! 만세!, Hurray! 만세!, Oh! 오!, Ouch! 아야!, Wow! 와우!

03 문장성분

문장성분	주어	동사 왼쪽 명사와 대명사	My father <u>is</u> a farmer. (동사 is 왼쪽 My father 주어)
	목적어	동사 오른쪽 주어와 다른 명사와 대명사	He <u>grows</u> vegetables. (He≠vegetables 목적어)
	보어	동사 오른쪽 주어와 같은 명사. 대명사. 형용사	He <u>is</u> happy. (He=happy 보어)

단어가 모여 문장성분이 된다. 문장성분인 주어, 목적어, 보어를 구분할 수 있어야 한다.

(1) 주어(Subject)

주어는 주로 동사 왼쪽에 사용하며, 동사의 주체가 되는 명사, 대명사다. 우리말에서 "누가, 무엇이"에 해당되는 단어다.

① My father is a farmer. (동사 is 왼쪽 My father 주어)
　나의 아버지는 농부다.

② He grows vegetables. (동사 grows 왼쪽 He 주어)
　그는 채소를 기른다.

③ He is happy. (동사 is 왼쪽 He 주어)
　그는 행복하다.

(2) 목적어(Object)

목적어는 주로 동사 오른쪽에 나온다. 목적어는 주어와 다른 대상이다. 우리말에서 "누구를, 무엇을"에 해당되는 명사, 대명사다. 주어를 A, 목적어를 B라고 보면 A≠B의 관계가 된다.

① My brother has a cute dog. (My brother≠a cute dog이므로 a cute dog은 목적어)
　내 남동생은 귀여운 개를 가지고 있어.

② I like the dog. (I≠the dog이므로 the dog은 목적어)
　나는 그 개를 좋아한다.

(3) 보어(Complement)

보어는 주로 동사 오른쪽에 나온다. 보어는 주어나 목적어와 같은 대상, 같은 상태를 나타내는 명사, 대명사, 형용사다. 주어를 A, 보어를 B라고 보면 A=B의 관계가 된다.

① My mother is a doctor. (My mother=a doctor이므로 a doctor는 보어)
　우리 엄마는 의사야.

② She is nice to sick people. (She=nice이므로 nice는 보어)
　그녀는 아픈 사람들에게 친절하다.

04 구와 절

구	He is good at cooking. 　　　　　구(밑줄 친 부분에 주어＋동사가 없음)
절	I know he is good at cooking. 　　　　　절(밑줄 친 부분에 주어＋동사가 있음)

문장의 일부로 2단어 이상이 모인 표현에서 "주어＋동사"가 없으면 "구", "주어＋동사"가 있으면 "절"이라고 한다.

① He is good at cooking. (at cooking에는 주어＋동사가 없으므로 구)
　그는 요리를 잘한다.

② I know he is good at cooking. [주어(he)＋동사(is)가 있으므로 절]
　나는 그가 요리를 잘한다는 것을 알고 있다.

05 동사의 종류

동사	be동사	am, are, is, was, were
	조동사	can, may, must, should, will
	일반동사	be동사와 조동사를 제외한 나머지 동사

am, is, are, was, were를 "be동사"라고 한다. can, may, must, should, will 등을 "조동사"라고 한다. come, go, play처럼 be동사와 조동사를 제외한 나머지를 "일반동사"라고 한다. be동사는 주로 "이다, 있다"란 의미를 나타낸다. "이었다, 있었다" 과거의 의미로는 "was, were"를 사용한다. 현재시제에서 주어가 "I"면 "am"을 사용한다. 주어가 "You"면 "are"를 사용한다. 줄여서 "I'm, You're"로 쓴다.

① I'm 10 years old.
나는 10살이다.

② You're 10, too.
너도 또한 10살이다.

06 단수와 복수

단수	1개, 1명	My best friend, Tom is tall. (Tom 1명이므로 단수)
복수	2개 이상, 2명 이상	My best friends, Tom and Jack are tall. (Tom and Jack은 2명이므로 복수)

단수는 1개 또는 1명을 의미한다. 복수는 2개 이상 또는 2명 이상을 의미한다. be동사를 사용할 때, 주어가 단수면 is를, 복수면 are를 사용한다.

① My best friend, Tom is tall.
나의 가장 친한 친구, 톰은 키가 크다.

② My best friends, Tom and Jack are tall.
나의 가장 친한 친구들, 톰과 잭은 키가 크다.

✏️ Check! Check

빈칸에 들어갈 말로 가장 적절한 것을 고르시오.

> My father _____ a cook.

① am   ② are   ③ be   ④ is

[해석] 나의 아버지는 요리사다.

[해설] 주어 My father는 단수이므로 be동사 is를 사용하는 것이 적절하다.

[답] ④

---

07 인칭과 수

인칭과 수	1인칭	단수	I
		복수	We
	2인칭	단수	You (너, 당신)
		복수	You (너희들, 당신들)
	3인칭	단수	I, We, You를 제외한 단수명사와 대명사
		복수	I, We, You를 제외한 복수명사와 대명사

I(나는), We(우리들은)를 "1인칭"이라고 한다. You(너, 당신)를 "2인칭"이라고 한다. I, We, You를 제외한 나머지 모든 명사와 대명사를 "3인칭"이라고 한다. 예를 들어, She는 I, We, You가 아니므로 3인칭이다. Tom은 I, We, You가 아니므로 3인칭이다. My brother는 I, We, You가 아니므로 3인칭이다.

단수와 복수의 의미까지 추가하면, I는 1명이므로 "1인칭 단수"라고 한다. We는 2명 이상이므로 "1인칭 복수"라고 한다. You는 1명(당신, 너)이면 "2인칭 단수", 2명 이상(당신들, 너희들)이면 "2인칭 복수"라고 한다. He는 I, We, You가 아니고, 1명을 나타내므로 "3인칭 단수"라고 한다. He and Tom은 I, We, You가 아니고, 2명을 나타내므로 "3인칭 복수"라고 한다. Her sisters도 I, We, You가 아니고 복수를 나타내므로 "3인칭 복수"가 된다.

08 3인칭 단수 주어와 일반동사 현재형

I like coffee.
You like coffee.
He likes coffee. (주어 He는 3인칭 단수)
We like coffee.
They like coffee.

일반동사	+s	love ➡ loves, play ➡ plays, run ➡ runs
	o, s, x, ch, sh+es	go ➡ goes, miss ➡ misses, fix ➡ fixes, catch ➡ catches, wash ➡ washes
	자음+y ➡ ies	cry ➡ cries, study ➡ studies, try ➡ tries
	have ➡ has	

주어가 3인칭 단수일 때 일반동사 현재형에 (e)s를 붙인다.

① I like coffee.

　나는 커피를 좋아한다.

② You like coffee.

　당신은 커피를 좋아한다.

③ He likes coffee.

　그는 커피를 좋아한다.

④ We like coffee.

　우리는 커피를 좋아한다.

⑤ They like coffee.

　그들은 커피를 좋아한다.

⑥ Ann likes coffee.

　앤은 커피를 좋아한다.

⑦ Sam and Julie like coffee.

　샘과 줄리는 커피를 좋아한다.

그녀는 매일 8시에 학교에 간다.

EBS 중졸 검정고시 영어

✏️ Check! Check

빈칸에 들어갈 말로 가장 적절한 것을 고르시오.

> She _____ to school at 8 every day.

① go ② gos ③ goes ④ going

[해석] 그녀는 매일 8시에 학교에 간다.

[해설] She가 3인칭 단수이므로 goes가 적절하다.

답 ③

---

09 부정문

부정문 (not)	be동사	be동사 + not I am not hungry now.
	조동사	조동사 + not I can not play the piano.
	일반동사	do(es)n't + 일반동사 동사원형(like, liked, likes 중 like가 동사원형) I don't like spiders. She doesn't like spiders.

not이 있는 문장을 부정문이라고 한다. be동사와 조동사 뒤에 not을 써서 부정문을 만든다. 현재형 일반동사 앞에 don't를 사용해 부정문을 만든다. 주어가 3인칭 단수일 때 일반동사 현재형의 부정문엔 doesn't를 사용한다.

① I'm hungry now.

→ I'm not hungry now.

나는 지금 배고프지 않다.

② I can play the piano.

→ I can't play the piano.

나는 피아노를 칠 수 없다.

③ I like spiders.

→ I don't like spiders.

나는 거미를 좋아하지 않는다.

④ She likes spiders.

→ She doesn't like spiders.

그녀는 거미를 좋아하지 않는다.

✎ Check! Check

빈칸에 들어갈 말로 가장 적절한 것을 고르시오.

Tom has a brother, but he _____ sisters.

① has　　　　② have　　　　③ don't have　　　　④ doesn't have

해석　톰은 남동생이 한 명 있다, 하지만 여동생은 없다.

해설　내용상 "여동생은 없다"가 자연스럽고 he가 3인칭 단수이므로 doesn't have로 부정문을 만든다.

답 ④

---

10 의문문

의문문 (?)	be동사	주어+be동사 → be동사+주어 You are hungry. → Are you hungry?
	조동사	주어+조동사 → 조동사+주어 You can play the piano. → Can you play the piano?
	일반동사	주어+일반동사 → Do(es)+주어+동사원형 You like dogs. → Do you like dogs? He likes dogs. → Does he like dogs?

물음표(?)가 있는 문장을 의문문이라고 한다. be동사와 조동사를 주어 앞으로 옮겨 의문문을 만든다. 현재형 일반동사가 있는 문장은 주어 앞에 do를 사용해서 의문문을 만든다. 주어가 3인칭 단수일 때 일반동사 현재형의 의문문엔 does를 사용한다.

① You are hungry.

→ Are you hungry? → Yes, I am. / No, I'm not.

넌 배가 고프니? 응, 배고파. / 아니, 배고프지 않아.

② You can play the piano.

→ Can you play the piano? → Yes, I can. / No, I can't.
넌 피아노를 칠 수 있니? 응, 칠 수 있어. / 아니, 칠 수 없어.

③ You like dogs.

→ Do you like dogs? → Yes, I do. / No, I don't.
넌 개를 좋아하니? 응, 좋아해. / 아니, 좋아하지 않아.

④ He likes dogs.

→ Does he like dogs? → Yes, he does. / No, he doesn't.
그는 개를 좋아하니? 응, 좋아해. / 아니, 좋아하지 않아.

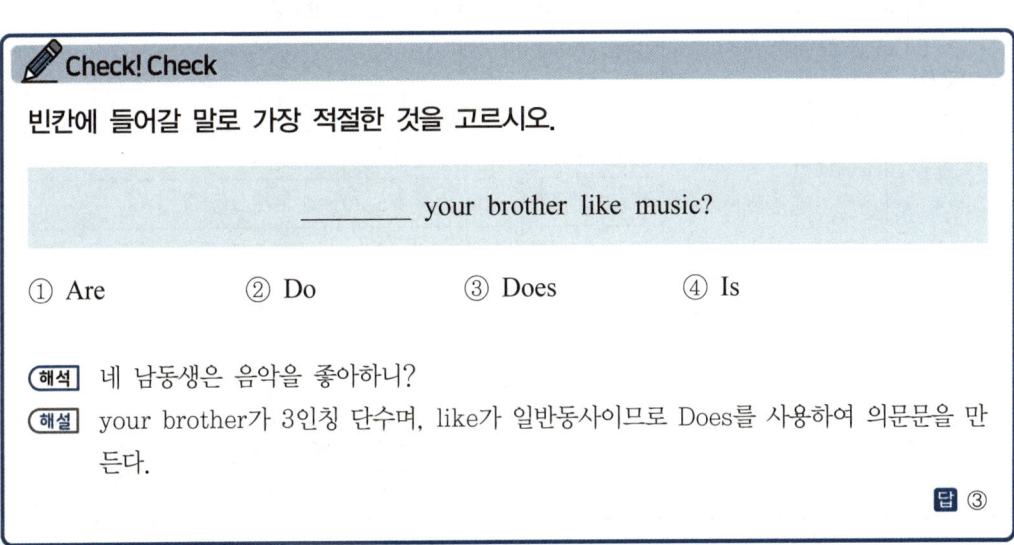

✏️ Check! Check

빈칸에 들어갈 말로 가장 적절한 것을 고르시오.

_____ your brother like music?

① Are   ② Do   ③ Does   ④ Is

해석 네 남동생은 음악을 좋아하니?

해설 your brother가 3인칭 단수며, like가 일반동사이므로 Does를 사용하여 의문문을 만든다.

답 ③

의문사	의문대명사	who 누가, 누구 Who are you?
		whose 누구의 것 Whose is this book?
		whom 누구를, 누구에게 Whom do you like?
		what 무엇이, 무엇을 What is this?
		which 어느 것 Which do you like better, coffee or tea?
	의문형용사＋명사	what＋명사 What time is it now?
		which＋명사 Which color do you like better, blue or red?
		whose＋명사 Whose book is this?
	의문부사	when 언제 When does Ann go to school?
		where 어디 Where are you from?
		why 왜 Why are you late for school?
		how 어떻게 How does Sam go to school?
		how far 얼마나 먼(거리) How far is it from here?
		how long 얼마나 긴(시간, 길이) How long does it take?
		how many 얼마나 많은(개수) How many apples do you want?
		how much 얼마나 많은(가격, 양) How much is it?
		how often 얼마나 자주(횟수) How often do you eat out?
		how old 몇 살(나이) How old is Jack?

who, whose, whom, what, which, when, where, why, how를 의문사라고 한다. 의문사는 의문대명사, 의문형용사, 의문부사로 나눌 수 있다. 그리고 **의문사로 물으면 "Yes, No"로 답할 수 없다.**

(1) 의문대명사: who, whose, whom, what, which

① A: Who are you?

B: I am Hong Gildong.

A: 너는 누구니?

B: 나는 홍길동이야.

② A: Whose is this book?

B: It's Tom's.

A: 이 책은 누구의 것이니?

B: 그것은 톰의 것이야.

③ A: Whom do you like?

B: I like Jack.

A: 넌 누구를 좋아하니?

B: 난 잭이 좋아.

④ A: What is this?

B: It's a new smart phone.

A: 이것은 무엇이니?

B: 그것은 새로운 스마트폰이야.

⑤ A: What's the date today?

B: It's October (the) seventh.

A: 오늘 며칠이니?

B: 10월 7일이야.

⑥ A: What's wrong?

B: I have a cold.

A: 무슨 일이야?

B: 나 감기야.

⑦ A: What do you do (for a living)?

B: I am a cook.

A: 무슨 일을 하시나요?

B: 요리사입니다.

⑧ A: Which do you like better, coffee or tea?

B: I like coffee better.

A: 넌 커피와 차 중에 어느 것이 더 좋으니?

B: 난 커피가 더 좋아.

(2) 의문형용사: what, which, whose + 명사

① A: What time is it now?

   B: It's seven thirty.

   A: 지금 몇 시야?

   B: 7시 30분이야.

② A: What day is it today?

   B: Today is Saturday.

   A: 오늘 무슨 요일이야?

   B: 오늘은 토요일이야.

③ A: Which color do you like better, blue or red?

   B: I like blue better.

   A: 넌 파란색과 빨간색 중에 어느 색이 더 좋아?

   B: 난 파란색이 더 좋아.

④ A: Whose book is this?

   B: It's mine.

   A: 이것은 누구의 책이니?

   B: 내 거야.

(3) 의문부사: when, where, why, how

① A: When does Ann go to school?

   B: She goes to school at 8 o'clock.

   A: 앤은 언제 학교에 가니?

   B: 그녀는 8시에 학교에 가.

② A: Where are you from?

   B: I'm from China.

   A: 어디에서 왔어?

   B: 난 중국에서 왔어.

③ A: Why are you late for school?

   B: Because I missed the bus.

   A: 넌 학교에 왜 지각이니?

   B: 전 버스를 놓쳤어요.

④ A: How does Sam go to school?

B: He goes to school by bus.

A: 샘은 학교에 어떻게 가니?

B: 그는 버스를 타고 가.

⑤ A: How's the weather today?

B: It's sunny.

A: 오늘 날씨가 어때?

B: 화창해.

⑥ A: How far is it from here?

B: It's about 2km from here.

A: 여기서 얼마나 머니?

B: 여기서 대략 2km야.

⑦ A: How long does it take?

B: It takes about 10 minutes.

A: 시간이 얼마나 걸리니?

B: 대략 10분 걸려.

⑧ A: How many apples do you want?

B: Four, please.

A: 사과 몇 개를 원하시나요?

B: 4개 주세요.

⑨ A: How much is it?

B: It's two thousand won.

A: 그것은 얼마인가요?

B: 2,000원입니다.

⑩ A: How often do you eat out?

B: Twice a week.

A: 얼마나 자주 외식을 하나요?

B: 1주일에 2번이요.

⑪ A: How old is Jack?

B: He is 11 years old.

A: 잭은 몇 살이니?

B: 그는 11살이야.

빈칸에 들어갈 말이 순서대로 가장 적절하게 짝지어진 것을 고르시오.

> A: _____ do you live?
> B: I live in Seoul.
> A: _____ do you go to school?
> B: I go to school at 8.

① When – When   ② When – Where

③ Where – When   ④ Where – Where

해석   A: 넌 어디에 사니?
        B: 난 서울에 살아.
        A: 넌 언제 학교에 가니?
        B: 난 8시에 학교에 가.

해설   장소에 대한 질문은 Where, 시간에 대한 질문은 When으로 묻는 것이 적절하다.

답 ③

12 부가의문문

부가의문문 (동사＋주어)	be동사가 있을 때	He is very smart, <u>isn't he</u>?
	조동사가 있을 때	She can play the guitar, <u>can't she</u>?
	일반동사가 있을 때	You like cats, <u>don't you</u>?
	부정문일 때	You don't like cats, <u>do you</u>?
	주어가 명사일 때	Sam likes cats, <u>doesn't he</u>?
	Let's로 시작될 때	Let's go fishing, <u>shall we</u>?
	명령문으로 시작될 때	Open the door, <u>will you</u>?
	This, That 주어일 때	This is your brother, <u>isn't he</u>?
	These, Those 주어일 때	These are your brothers, <u>aren't they</u>?

말을 한 뒤 확인이나 동의를 구하기 위해 되물어 보는 의문문이다. 대부분 "동사＋주어" 2단어로 부가의문문을 만든다. 긍정문은 부정문으로, 부정문은 긍정문으로 부가의문문을 만든다. be동사는 be동사로, 조동사는 조동사로, 일반동사는 do(es)를 사용하여 만든다. 주어가

명사인 경우는 대명사로 바꾼다. This, That 주어는 He, She, It으로, These, Those는 They로 바꾸어 만든다. Let's로 시작되는 문장은 shall we, 명령문은 will you를 사용한다.

① He is very smart, isn't he?

　그는 매우 똑똑해, 그렇지 않니?

② She can play the guitar, can't she?

　그녀는 기타를 연주할 수 있어, 그렇지 않니?

③ You like cats, don't you?

　넌 고양이를 좋아하지, 그렇지 않니?

④ You don't like cats, do you?

　넌 고양이를 좋아하지 않아, 그렇지?

⑤ Sam likes cats, doesn't he?

　샘은 고양이를 좋아해, 그렇지 않니?

⑥ Let's go fishing, shall we?

　낚시 가자, 그럴래?

⑦ Open the door, will you?

　문을 열어, 그럴 거지?

⑧ This is your brother, isn't he?

　얘가 네 남동생이지, 그렇지 않니?

⑨ That is your book, isn't it?

　저것은 네 책이지, 그렇지 않니?

⑩ These are your brothers, aren't they?

　얘들은 네 남동생들이지, 그렇지 않니?

13 감탄문

감탄문 만들기	What + (a/an) + 형용사 + 명사 + 주어 + 동사! He is a very tall boy. → What a tall boy he is! They are very sweet apples. → What sweet apples they are!
	How + 부사/형용사 + 주어 + 동사! He runs very fast. → How fast he runs! She is very kind. → How kind she is!

감탄문을 만드는 공식은 크게 2가지다. "What+a(n)+형용사+명사+주어+동사!"와 "How+부사/형용사+주어+동사!"를 사용하여 감탄문을 만들고 주어+동사는 생략이 가능하다.

① He is a very tall boy.
- → What a tall boy (he is)!
  그는 정말 키가 큰 소년이구나!

② They are very sweet apples.
- → What sweet apples (they are)!
  그것들은 정말 달콤한 사과구나!

③ He runs very fast.
- → How fast (he runs)!
  그는 정말 빨리 달리는구나!

④ She is very kind.

→ How kind (she is)!

그녀는 정말 친절하구나!

✏️ Check! Check

빈칸에 공통으로 들어갈 말로 가장 적절한 것을 고르시오.

- _____ fast you run!
- _____ often do you brush your teeth?

① How   ② When   ③ Where   ④ Why

[해석] 넌 정말 빨리 달린다! 얼마나 자주 양치질을 하니?

[해설] How+부사/형용사+주어+동사! 감탄문이고, how often은 빈도(횟수)를 묻는 표현이다.

답 ①

---

14 명령문과 청유문

평서문(~다) You are quiet.	
명령문 (~해라)	동사원형 Be quiet.
부정명령문 (~하지 마라)	Don't(Never) + 동사원형 Don't be quiet. Never be quiet.
청유문 (~하자)	Let's + 동사원형 Let's be quiet.
부정청유문 (~하지 말자)	Let's not + 동사원형 Let's not be quiet.
간접명령문 (~할게요)	Let me + 동사원형 Let me open the door.
명령문, and (~해라, 그러면)	동사원형 ~, and Hurry up, and you won't be late.
명령문, or (~해라, 그렇지 않으면)	동사원형 ~, or Hurry up, or you will be late.

대부분 명령은 상대방 You에게 하므로 주어 You를 지우고 동사원형을 이용하여 명령문을 만든다. 동사원형이란 be동사는 be가 동사원형이고, 나머지 일반동사는 ~ed, ~ing, ~s가 붙지 않은 모양을 말한다. 즉, play, played, playing, plays 중에 play가 동사원형이다.

① You are quiet.

   당신은 조용하다.

② Be quiet.

   조용히 해라.

③ Don't be quiet.

   조용히 하지 마라.

④ Let's be quiet.

   조용히 하자.

⑤ Let's not be quiet.

   조용히 하지 말자.

⑥ Let me open the door.

   내가 문을 열게요.

⑦ Hurry up, and you won't be late.

   서둘러, 그러면 늦지 않을 거야.

⑧ Hurry up, or you will be late.

   서둘러, 그렇지 않으면 늦을 거야.

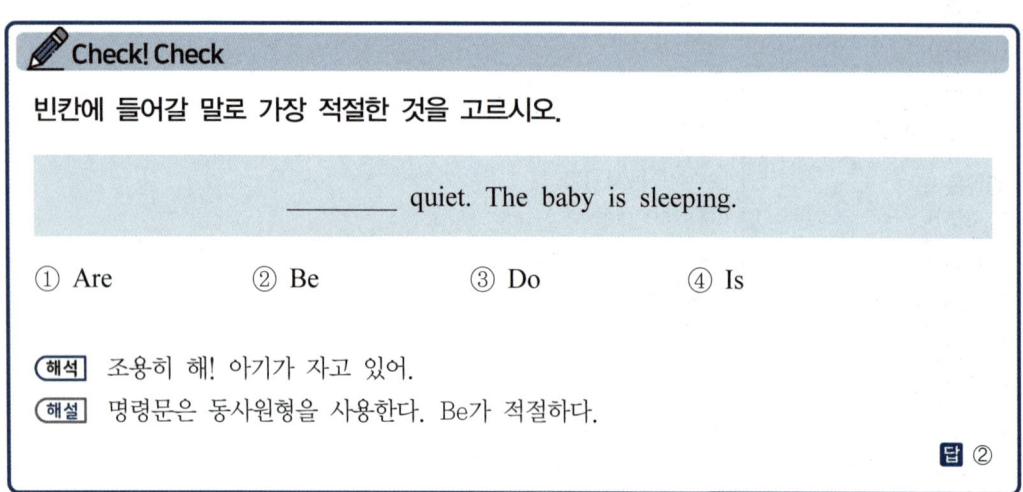

✏ Check! Check

빈칸에 들어갈 말로 가장 적절한 것을 고르시오.

_____ quiet. The baby is sleeping.

① Are   ② Be   ③ Do   ④ Is

해석 조용히 해! 아기가 자고 있어.

해설 명령문은 동사원형을 사용한다. Be가 적절하다.

답 ②

15 There 구문

There 구문 (~이 있다)	There is + 단수 주어 There is a book on the desk.
	There are + 복수 주어 There are two books on the desk.

There is+단수 주어, There are+복수 주어는 "~있다"란 의미를 가지는 문장이다.

① There is a book on the desk.
  책상 위에 책이 한 권 있다.

② There are two books on the desk.
  책상 위에 책이 두 권 있다.

③ There aren't any flowers in the vase.＝There are no flowers in the vase.
  꽃병에 꽃이 조금도 없다.

④ A: Is there a map on the wall?
  B: Yes, there is. / No, there isn't.
  A: 벽에 지도가 있니?
  B: 응, 있어. / 아니, 없어.

⑤ A: Are there many cars on the street?
  B: Yes, there are. / No, there aren't.
  A: 길에 차가 많니?
  B: 응, 많이 있어. / 아니, 많이 없어.

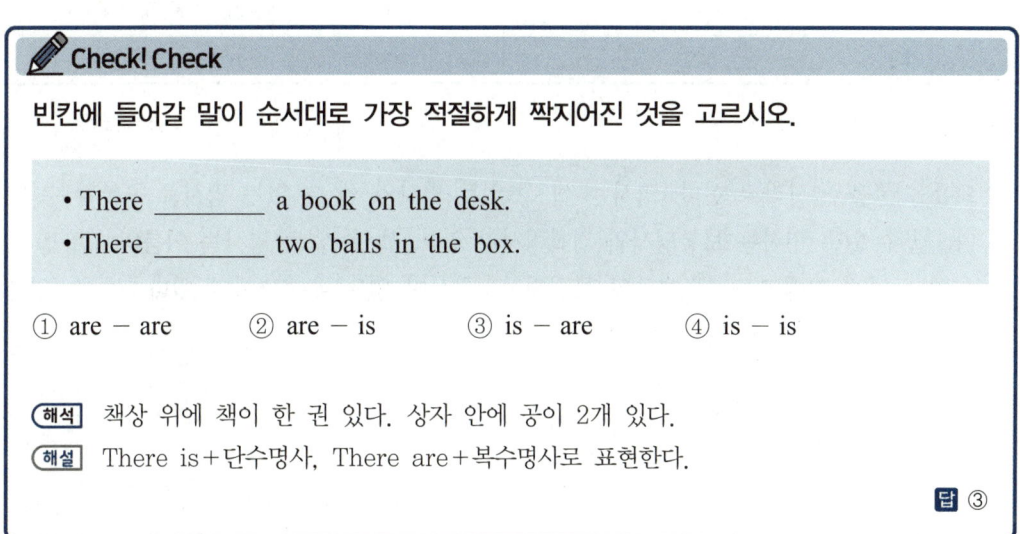

✏️ **Check! Check**

빈칸에 들어갈 말이 순서대로 가장 적절하게 짝지어진 것을 고르시오.

> • There _____ a book on the desk.
> • There _____ two balls in the box.

① are － are   ② are － is   ③ is － are   ④ is － is

[해석] 책상 위에 책이 한 권 있다. 상자 안에 공이 2개 있다.
[해설] There is+단수명사, There are+복수명사로 표현한다.

답 ③

02 품사편

● 인칭대명사, 전치사, 비교를 반드시 알아둔다.

01 명사

명사	셀 수 있는 명사	보통명사	apple, dog, farmer, girl, pen
		집합명사	army, audience, class, crowd, family
	셀 수 없는 명사	고유명사	London, Korea, Seoul, Sunday, Tom
		물질명사	air, coffee, milk, sugar, water
		추상명사	belief, honesty, hope, love, peace

명사 복수형 만들기	명사+s	pen → pens
	s, x, ch, sh로 끝나는 명사+es	buses, boxes, watches, dishes
	모음+o로 끝나는 명사+s	kangaroos, radios, zoos
	자음+o로 끝나는 명사+es	heroes, potatoes, tomatoes
	모음+y로 끝나는 명사+s	boys, keys, toys
	자음+y면 y를 i로 바꾸고+es	baby → babies, city → cities, story → stories
	f(e)로 끝나면 f(e)를 v로 바꾸고+es	half → halves, knife → knives, leaf → leaves
	단수와 복수 모양이 같은 명사	Chinese, deer, fish, Japanese, sheep
	불규칙 복수형	child → children, foot → feet, goose → geese, mouse → mice, man → men, tooth → teeth, woman → women, person → people
	예외	autos, memos, pianos, roofs

(1) 명사

모든 이름을 명사라고 한다. 명사는 셀 수 있는 명사와 셀 수 없는 명사로 구분할 수 있다. 셀 수 있는 명사는 보통명사와 집합명사가 있다. 셀 수 없는 명사는 이름의 고유명사, 기체나 액체 그리고 고체 재료의 물질명사, 형상이 없는 추상명사가 있다. 셀 수 있는 명사의 복수형에는 (e)s를 붙인다.

(2) 명사의 소유격

① This is my <u>friend's</u> book. (생물's 소유격)
   이것은 내 친구의 책이다.

② These are my <u>friends'</u> books. [복수의 s로 끝나면 apostrophe(')만 사용]
   이것들은 내 친구들의 책이다.

③ Do you know the writer <u>of the book</u>? (무생물은 주로 of+무생물)
   그 책의 작가를 아니?

✏ Check! Check

짝지어진 두 단어의 관계가 적절하지 <u>못한</u> 것을 고르시오.

① boy – boys   ② box – boxes   ③ city – cities   ④ child – childs

[해석] 소년, 상자, 도시, 아이
[해설] child의 복수형은 children으로 표현한다.

답 ④

---

02 관사

관사	부정관사	a+자음발음 an+모음발음	one 하나	I am a doctor. I have a dog.
			certain, some 약간, 어떤	A Mr. Kim came to see you.
			per ~당, ~마다	I visit my parents once a month.
			the same 같은	We are of an age.
	정관사	the	뒤에 반복되는 명사 앞에	I have a dog. The dog is very cute.
			범위가 한정될 때	The milk on the table went bad.
			서로 알고 있거나 유일한 것	Pass me the salt, please. The moon is bright tonight.
			서수와 최상급 앞에	She is the first student to solve the problem.
			the+형용사	The rich should help the poor.
	a, the		종족 대표	Dogs have four legs. A dog has four legs. The dog has four legs.

무관사	사람을 부를 때	Mom, where are you?
	고유명사 앞에	a London (✕) ➜ London the Korea (✕) ➜ Korea
	과목, 식사, 언어, 운동 이름 앞에	a math (✕) ➜ math a lunch (✕) ➜ lunch an English (✕) ➜ English the soccer (✕) ➜ soccer
	by+교통수단	I go to school by bus.
	go to bed, church, school 본래 목적	I go to bed at 10.
	watch TV	I watch TV every day.

명사 앞에 사용하는 a, an, the를 관사라고 한다. 부정관사 a, an은 정해지지 않은 아무거나 한 개라는 의미가 강하다. 정관사 the는 정해진 그것이란 의미가 강하고, 단수와 복수 둘 다 사용한다. 관사의 쓰임은 너무 복잡해서 짧은 설명이나 강의로는 마스터하는 것이 쉽지 않다. 따라서 가장 기본적인 관사의 쓰임만이라도 알아두자.

(1) 부정관사 a, an (a + 자음발음, an + 모음발음)

　① I am a doctor. I have a dog. (one의 의미, 해석할 필요 없음)
　　 나는 의사다. 나는 개 한 마리를 가지고 있다(개가 있다).

　② A Mr. Kim came to see you. (certain의 의미)
　　 어떤 김씨라는 사람이 너를 보러 왔다.

　③ I visit my parents once a month. (per의 의미)
　　 난 부모님댁을 한 달에 한 번 방문한다.

　④ We are of an age. (the same의 의미)
　　 우리는 동갑이다(나이가 같다).

(2) 정관사 the

　① I have a dog. The dog is very cute. (반복되는 명사 앞)
　　 나는 개가 한 마리 있다. 그 개는 매우 귀엽다.

　② The milk on the table went bad. (범위가 한정되는 수식받는 명사 앞)
　　 테이블 위의 그 우유는 상했다.

　③ Pass me the salt, please. (서로 알고 있는 것)
　　 그 소금 좀 건네주세요.

④ The moon is bright tonight. (세상에서 유일한 것, the ground, the moon, the sea, the sky, the sun)

오늘 밤 달이 밝다.

⑤ She is the first student to solve the problem. (서수 앞에)

그녀가 그 문제를 푼 첫 번째 학생이다.

⑥ She is the smartest student in my class. (최상급 앞에)

그녀는 나의 반에서 가장 똑똑하다.

⑦ The rich should help the poor. (the+형용사=복수명사, rich people, poor people)

= Rich people should help poor people.

부자는 가난한 사람들을 도와야 한다.

(3) 종족 대표 표현

Dogs have four legs. (관사 없이 복수명사로 종족 표현)

= A dog has four legs. (a+단수명사로 종족 표현)

= The dog has four legs. (the+단수명사로 종족 표현)

개는 다리를 4개 가지고 있다.

(4) 무(無)관사

① Mom, where are you? (사람을 부를 때)

엄마, 어디 있어?

② I went to London last year. (고유명사나 추상명사 앞엔 기본적으로 관사 사용 안함)

나는 작년에 런던에 갔다.

③ I'm good at math and English. I like soccer. (과목, 언어, 운동 이름 앞에)

나는 수학과 영어를 잘해. 난 축구가 좋아.

④ I have lunch at 12. (식사 이름 앞에)

난 12시에 점심을 먹는다.

⑤ I go to school by bus. (by+교통수단 표현에)

= I go to school on the bus.

나는 버스를 타고 학교에 간다.

⑥ I go to bed at 10. (bed 잠, church 예배, school 공부, 수업의 본래 목적의 의미일 때)
　　나는 10시에 자러 간다.

⑦ I watch TV every day. (watch TV 표현에)
　　난 TV를 매일 본다.

(5) 주의할 표현

① an uniform, an university, an used car (✕)

　　➡ a uniform, a university, a used car ([ju 유] 발음조심, 발음기호 ju에서 j는 자음이므로 부정관사 a 사용)

② a hour (✕)

　　➡ an hour (h가 발음되지 않아 [áuər]처럼 발음되어 모음발음으로 시작되는 단어)

③ a milk, milks (✕)

　　➡ milk (셀 수 없는 액체는 부정관사를 쓰지 않고 복수의 s도 쓸 수 없음)

④ glass 유리, a glass 유리잔, glasses 안경, 유리잔들

⑤ iron 쇠, an iron 다리미

⑥ paper 종이, a paper 신문, papers 신문들, 서류

⑦ work 일, works 작품들

⑧ time 시간, two times 2번, 2배

03 대명사

대명사	인칭대명사	I, my, me
	소유대명사	mine
	재귀대명사	myself
	부정대명사	one, some, another, others, the other, the others, ~body, ~one, ~thing
	의문대명사	what, which, who, whose, whom
	지시대명사	this, these, that, those

수와 인칭		인칭대명사			소유대명사
		주격	소유격	목적격	
1인칭	단수	I 나는	my 나의	me 나를	mine 나의 것
	복수	We 우리는	our 우리의	us 우리를	ours 우리의 것
2인칭	단수	You 당신은	your 당신의	you 당신을	yours 당신의 것
	복수	You 당신들은	your 당신들의	you 당신들을	yours 당신들의 것
3인칭	단수	He 그는	his 그의	him 그를	his 그의 것
		She 그녀는	her 그녀의	her 그녀를	hers 그녀의 것
		It 그것은	its 그것의	it 그것을	(×)
	복수	They 그(것)들은	their 그(것)들의	them 그(것)들을	theirs 그(것)들의 것

명사를 대신해 사용하는 단어를 대명사라고 한다. 예를 들어, Tom은 He로, Julia는 She로, a bike는 It으로, My brothers는 They로 바꾸어 사용할 때 He, She, It, They를 대명사라고 한다. 대명사는 인칭, 소유, 재귀, 부정, 의문, 지시대명사가 있다.

(1) 인칭대명사와 소유대명사

인칭대명사 주격은 주어에, 소유격은 명사 앞에, 목적격은 목적어에 사용한다.
소유대명사는 "~의 것"이란 뜻으로 "소유격＋명사"를 줄여 사용한 것이다.

① He gave me a book. It's my book. It's mine.
　　그는 나에게 책 한 권을 줬어. 그것은 나의 책이다. 그것은 나의 것이다.

② I gave her a ring. It's her ring. It's hers.
　　나는 그녀에게 반지 하나를 줬어. 그것은 그녀의 반지다. 그것은 그녀의 것이다.

(2) 재귀대명사

-self, -selves가 붙은 재귀대명사는 누가 했는지 강조하기 위해 강조용법으로 사용한다. 또한, 주어와 목적어가 같은 사람인 경우 동사나 전치사 바로 다음에 사용하게 되는 재귀용법이 있다.

① I myself washed the dishes.
　= I washed the dishes myself. (강조용법)
　　　내 자신이 직접 설거지를 했다.

② He looked at himself in the mirror. (전치사 뒤 재귀용법)
　　그는 거울로 자신을 봤다.

③ He cut himself shaving. (동사나 전치사 바로 뒤 재귀용법)
　　그는 면도하다가 베었다.

④ cut oneself 베다, hurt oneself 다치다, enjoy oneself 즐거운 시간을 보내다, help oneself 마음껏 먹다, make oneself at home 편하게 있다, talk to oneself 혼잣말하다, by oneself 혼자서, for oneself 혼자 힘으로, of itself 저절로

(3) 부정대명사

정해지지 않은 대상을 표현하는 대명사란 의미로 부정대명사라고 한다.

① I have two sons. One is a doctor. The other is a cook. (2개 중에 아무거나 하나는 one, 나머지 하나는 the other)
나는 아들이 둘 있다. 하나는 의사다. 나머지 하나는 요리사다.

② I have three sons. One is a doctor. Another is a cook. The other is a soccer player. (3개 중에 아무거나 하나는 one, 아무거나 다른 하나는 another, 나머지 하나는 the other)
나는 아들이 셋 있다. 하나는 의사다. 다른 하나는 요리사다. 나머지 하나는 축구 선수다.

③ I don't like this. Show me another/others. (another 다른 하나, others 다른 것들)
난 이것이 마음에 안 들어요. 다른 것 하나/다른 것들 좀 저에게 보여주세요.

④ Some of them are playing computer games. The others are sleeping in the room. (몇몇은 some, 그것을 제외한 나머지 전체는 the others)
그들 중 몇몇은 게임을 하고 있다. 나머지는 방에서 자고 있다.

⑤ Some people took a walk slowly. Others jogged in the park. (몇몇은 some, 다른 몇몇은 others)
몇몇 사람들은 천천히 산책을 했다. 다른 사람들은 공원에서 조깅을 했다.

⑥ I met somebody. I bought something yesterday. (부정대명사 ~body, ~one, ~thing)
나는 누군가 만났다. 나는 어제 뭔가를 샀다.

⑦ I bought nothing yesterday. (부정대명사 nothing=not+anything)
= I didn't buy anything yesterday.
나는 어제 아무것도 사지 않았다.

⑧ I met no one yesterday. (부정대명사 no one=nobody=not+anybody/anyone)
= I met nobody yesterday.
= I didn't meet anyone(anybody) yesterday.
나는 어제 어느 누구도 만나지 않았다.

(4) 의문대명사

의문문에 사용하는 대명사로 what 무엇, which 어느 것, who 누가, 누구, whose 누구의
것, whom 누구를, 누구에게가 있다.

① What did you do yesterday?

넌 어제 무엇을 했니?

② Who are you?

넌 누구니?

(5) 지시대명사

① This is my friend, Tom. (This 이것, 이 사람, 가까운 위치)

얘는 내 친구 톰이야.

② These are my friends. (These는 This의 복수)

얘들은 내 친구들이야.

③ That's my book. (That 저것, 저 사람)

저것은 내 책이다.

④ Those are my books. (Those는 That의 복수)

저것들은 내 책이다.

⑤ The climate of Seoul is colder than that of Hong Kong. (that=the climate)

서울의 기후는 홍콩의 기후보다 더 춥다.

⑥ The buildings of New York is higher than those of Seoul. (those=the buildings)

뉴욕의 건물은 서울의 건물보다 더 높다.

(6) 대명사의 복수

① I am a nurse. ➔ We are nurses.

나는 간호사다. ➔ 우리는 간호사이다.

② You are a student. ➔ You are students.

넌 학생이다. ➔ 너희들은 학생이다.

③ He is a doctor. ➔ They are doctors.

그는 의사이다. ➔ 그들은 의사이다.

④ This is an orange. ➔ These are oranges.

이것은 오렌지다. ➔ 이것들은 오렌지이다.

⑤ That is an lemon. ➔ Those are lemons.

저것은 레몬이다. ➔ 저것들은 레몬이다.

04 비인칭주어

인칭대명사 it	그것	It's my bike.
비인칭주어 it	거리	It's about 10km.
	날씨	It's raining now.
	명암	It's dark outside.
	시간	It's ten twenty. It's Sunday.

거리, 날씨, 명암, 시간 등을 표현할 때 사용하는 It을 비인칭주어라고 한다. 비인칭주어 It은 해석을 하지 않는다. "그것은"이란 뜻으로 해석되는 It은 인칭대명사다.

(1) 비인칭주어 it

① It's about 10km. (거리)
대략 10km이다.

② It's raining now. (날씨)
지금 비가 오는 중이다.

③ It's dark outside. (명암)
밖이 어둡다.

④ It's ten twenty. (시간−시간)
10시 20분이다.

⑤ It's Sunday. (시간−요일)
일요일이다.

⑥ It's October 7th. (시간-날짜)
10월 7일이다.

(2) 다양한 시간표현

① It's two thirty. (2:30)

= It's thirty (minutes) past two.

= It's half past two.

= It's half after two.
2시 30분이다.

② It's four forty-five. (4:45)

= It's fifteen (minutes) to five.

= It's a quarter to five.

= It's a quarter before five.
4시 45분이다.

(3) 기수

개수를 나타낸다.

one, two, three, four, five, six, seven, eight, nine, ten, eleven, twelve, thirteen, fourteen, fifteen, sixteen, seventeen, eighteen, nineteen, twenty, twenty-one, thirty, forty, fifty, sixty, seventy, eighty, ninety, one hundred

(4) 서수

순서를 나타낸다.

first, second, third, fourth, fifth, sixth, seventh, eighth, ninth, tenth, eleventh, twelfth, thirteenth, fourteenth, fifteenth, sixteenth, seventeenth, eighteenth, nineteenth, twentieth, twenty-first, thirtieth, fortieth, fiftieth, sixtieth, seventieth, eightieth, ninetieth, one hundredth

(5) 요일

Sunday, Monday, Tuesday, Wednesday, Thursday, Friday, Saturday

(6) 월

January, February, March, April, May, June, July, August, September, October, November, December

빈칸에 공통으로 들어갈 말로 가장 적절한 것을 고르시오.

- _____ is ten fifteen.
- _____ rains a lot in summer.

① He ② It ③ She ④ This

해석 10시 15분이야. 여름에 비가 많이 내려.

해설 시간과 날씨를 표현하는 비인칭주어 It이 공통으로 적절하다.

답 ②

05 형용사

형용사	서술적 용법	보어로 사용	She looks kind. (주격 보어, 수식할 명사 없음)
	한정적 용법	명사 수식	I saw a very kind girl yesterday. (girl 수식)
		후위(후치) 수식	Please give me something cold. (something + 형용사)
		a few	I have a few books.
		few	I have few books.
		a little	I drink a little milk every day.
		little	I drink little milk.
		a lot of = lots of	I don't have a lot of books. I don't drink a lot of water.
		many	I don't have many books.
		much	I don't drink much water.
		any	I don't have any money. Do you have any money?
		some	I have some money. Would you like some coffee?
		each	Each student has a computer.
		every	Every student has a computer.

(1) 한정적 용법과 서술적 용법

형용사는 명사를 수식하는 한정적 용법과, 수식하지 않고 보어로 쓰이는 서술적 용법이 있다. 명사를 꾸밀 때는 주로 명사 앞에서 수식한다.

① I saw a very kind girl yesterday. (명사 girl을 수식하는 한정적 용법의 형용사 kind)

나는 어제 매우 친절한 소녀를 봤어.

② She looks kind. (명사를 수식하지 않고 주격보어로 사용된 서술적 용법의 형용사 kind)

그녀는 친절해 보여.

(2) 형용사의 후치 수식

~body, ~one, ~thing＋형용사 순서로 사용하여 명사 뒤에서 수식한다.

① Please give me something cold. (something＋형용사)

시원한(차가운) 것 좀 주세요.

② What is that blue thing on the couch? (형용사＋thing)

소파 위에 저 파란 것은 뭐니?

(3) a few, few, a little, little

a few 약간 있는, few 거의 없는＋셀 수 있는 명사, a little 약간 있는, little 거의 없는＋셀 수 없는 명사

① I have a few books. (몇 권의 책들, a few＋셀 수 있는 명사)

나는 몇 권의 책을 가지고 있다.

② I have few books. (책이 거의 없는, few＋셀 수 있는 명사)

나는 책을 거의 가지고 있지 않다.

③ I drink a little milk every day. (약간의 우유, 조금의 우유, a little＋셀 수 없는 명사)

나는 매일 우유를 조금 마신다.

④ I drink little milk. (우유를 거의 마시지 않는, little＋셀 수 없는 명사)

나는 우유를 거의 마시지 않는다.

(4) a lot of, lots of, many, much

"많은"이란 의미를 가진 표현들로 a lot of, lots of는 셀 수 있는 명사와 셀 수 없는 명사 둘 다 사용하지만, many는 셀 수 있는 명사에, much는 셀 수 없는 명사에 사용한다.

① I don't have a lot of books.

= I don't have many books.

나는 책을 많이 가지고 있지 않다.

② I don't drink a lot of water.

= I don't drink much water.

나는 물을 많이 마시지 않는다.

(5) any, some

any와 some은 "약간, 어떤, 조금(도)" 의미로 any는 주로 부정문과 의문문에, some은 긍정문에 사용한다.

① I don't have any money. (부정문 any)

나는 돈이 조금도 없다.

② Do you have any money? (의문문 any)

넌 돈이 좀 있니?

③ I have some money. (긍정문 some)

나는 약간의 돈이 있다.

④ Would you like some coffee? (의문문이어도 음식을 권하는 표현에는 some)

커피 좀 드실래요?

(6) each, every

each는 "각각", every는 "모든"이란 의미이며 뒤에 단수명사를 사용하는 것이 특징이다.

① Each student has a computer. (each+단수명사, each students는 안됨, 학생 각각 이란 의미)

학생들 각각 컴퓨터를 가지고 있다.

② Every student has a computer. (every+단수명사, every students는 안됨, 모든 학 생이란 의미)

모든 학생이 컴퓨터를 가지고 있다.

(7) 분수 표현

분수를 읽을 땐 분자를 기수로 먼저 쓰고, 분모를 서수로 쓴다. 분자가 복수일 땐 분모에 s를 붙인다. 1/2은 a half 또는 one half를 사용한다.

① 1/3: one-third, a third

② 2/3: two-thirds

③ 1/4: one-fourth, a quarter

④ 3/4: three-fourths, three quarters

(8) 잘 쓰이는 수량 단위

① a bar of chocolate, soap 한 조각

② a bottle of beer 한 병

③ a cup of tea, coffee, cocoa 한 컵

④ a glass of juice, water, coke, milk 한 잔

⑤ a pair of pants, socks, sneakers, jeans, shoes, gloves 한 벌

⑥ a piece of cake, paper, pizza, chalk, furniture, advice 한 장, 한 조각

⑦ a sheet of paper 한 장

⑧ a slice of cheese, toast 한 조각

⑨ a spoonful of sugar 한 숟가락

⑩ Two cups of coffees, please. (×) 커피 두 잔

→ Two cups of coffee, please. (coffee는 셀 수 없으므로 coffees가 안됨)

✏️ **Check! Check**

빈칸에 들어갈 수 <u>없는</u> 것을 고르시오.

I have many _____.

① bags　　　② books　　　③ coins　　　④ milk

해석 나는 많은 가방을/책을/동전을 가지고 있다.

해설 우유는 셀 수 없는 명사이므로 many 뒤에 쓸 수 없다.

답 ④

---

06 부사

부사 만들기	형용사+ly	beautiful ➔ beautifully, kind ➔ kindly
	자음+y는 y를 i로 바꾸고 ly	happy ➔ happily, pretty ➔ prettily
형용사와 부사 모양이 같은 단어		early, fast, hard, high, late, long
명사+ly는 형용사		costly 비싼, friendly 우호적인, lovely 사랑스러운

부사	거의, 대부분, 가장	almost	거의 Almost everyone likes movies.
		most	가장 It is the most important thing. (형용사일 때 "대부분")
	또한, 역시	also	주로 문장 안에 사용 The book is also very boring.
		either	부정문 문장 끝에 사용 I don't like the book, either.
		too	긍정문 문장 끝에 사용 I like the book, too.
	충분한, 충분히	enough	형용사, 부사 뒤에서 수식 You are rich enough to buy it.
	빈도부사 always, usually, often, sometimes, hardly, never		be동사와 조동사 뒤, 일반동사 앞에 주로 사용 You are always happy. He will never clean his room. I usually go to church on Sunday.
	연결부사		for example 예를 들면, however 하지만, moreover 게다가, therefore 그러므로

(1) 부사
주로 명사를 제외한 나머지를 수식한다.

① This baby is very cute. (부사 very는 형용사 cute 수식)

② He walks very fast. (부사 very는 부사 fast 수식, 부사 fast는 동사 walks 수식)

(2) 부사 만들기
① 형용사+ly: beautiful ➔ beautifully, kind ➔ kindly, wise ➔ wisely

② 자음+y는 y를 i로 바꾸고 ly: happy ➔ happily, pretty ➔ prettily

(3) 형용사-부사 모양이 같은 단어
① early 이른-일찍

② fast 빠른-빠르게

③ hard 힘든-열심히

④ high 높은-높게

⑤ late 늦은-늦게

⑥ long 긴-길게

⑦ pretty 예쁜-매우

⑧ well 건강한-잘

⑨ He has a fast car. (fast는 명사 car를 수식하므로 형용사)

그는 빠른 차를 가지고 있다.

⑩ He always drives too fast. (fast는 동사 drives를 수식하므로 부사)

그는 항상 매우 빠르게 운전을 한다.

⑪ She is very pretty. (pretty는 형용사로 "예쁜"의 의미)

그녀는 매우 예쁘다.

⑫ She is pretty good at math. (형용사 good을 꾸미는 부사 pretty는 "꽤, 매우"의 의미)

그녀는 수학을 꽤 잘한다.

⑬ You don't look well. (well이 형용사일 땐 "건강한"의 의미)

그녀는 몸이 안 좋아 보인다(건강해 보이지 않는다).

⑭ You speak Chinese well. (well이 부사일 땐 "잘, 충분히"의 의미)

넌 중국어를 잘 한다.

(4) 명사 + ly

명사+ly는 형용사다.

① costly 비싼

② friendly 우호적인, 친절한

③ lovely 사랑스러운

(5) 구분해야 할 부사

① Almost everyone likes movies. (거의, almost+all, every)

거의 모든 사람이 영화를 좋아한다.

② It is the most important thing. (가장, 부사 most)

그것은 가장 중요한 것이다.

③ The book is also very boring. (또한, 역시, 주로 문장 안에 사용)

그 책도 역시 매우 따분하다.

④ I don't like the book, either. (또한, 역시, 부정문 문장 끝에 사용)

나도 역시 그 책을 좋아하지 않는다.

⑤ I like the book, too. (또한, 역시, 긍정문 문장 끝에 사용)
　　나도 역시 그 책을 좋아한다.

⑥ You are rich enough to buy it. (형용사/부사+enough, 형용사와 부사 뒤에서 수식)
　　당신은 그것을 살만큼 충분히 부자이다.

⑦ You are always happy. (빈도부사는 be동사 뒤에 사용)
　　넌 항상 행복하다.

⑧ He will never clean his room. (빈도부사는 조동사 뒤에 사용)
　　그는 절대로 그의 방 청소를 하지 않을 것이다.

⑨ I usually go to church on Sunday. (빈도부사는 일반동사 앞에 사용)
　　난 보통 일요일에 교회에 간다.

(6) ~ly가 붙으면 의미가 많이 바뀌는 부사들
　　① hard 열심히 ➜ hardly 거의 않는
　　② high 높게 ➜ highly 대단히, 매우
　　③ late 늦게 ➜ lately 최근에

✏️ **Check! Check**

다음 중 두 단어의 관계가 <u>다른</u> 하나는?

① beautiful－beautifully　　　② happy－happily
③ kind－kindly　　　　　　　④ love－lovely

해석　① 아름다운－아름답게, ② 행복한－행복하게, ③ 친절한－친절하게, ④ 사랑－사랑스
　　　러운
해설　형용사+ly는 부사, 명사+ly는 형용사다. ④번은 명사에 ly를 붙여 명사－형용사 관계
　　　다. 나머지는 모두 형용사－부사의 관계다.

답 ④

---

07 비교

비교	원급	비교급	최상급
규칙변화	old	older	oldest
	cute	cuter	cutest
	busy	busier	busiest
	big	bigger	biggest
	beautiful	more beautiful	most beautiful
불규칙변화	bad, ill	worse	worst
	good, well	better	best
	little	less	least
	many, much	more	most

비교 구문	
as 원급 as	Tom is as tall as me.
비교급 than	Ann is taller than I am.
the 최상급 (in+단수 / of+복수)	Sam is the tallest student in his class / (of the five students).
비교급 than any other 단수명사	Sam is taller than any other student in his class.
비교급 than all the other 복수명사	Sam is taller than all the other students in his class.
No ~ as 원급 as	No (other) student in his class is as tall as Sam.
No ~ 비교급 than	No (other) student in his class is taller than Sam.
as 원급 as possible 가능한 ~하게 → as 원급 as+S+can	Leave here as soon as possible. ＝Leave here as soon as you can.
비교급 and 비교급	It was getting colder and colder.
비교급 강조 a lot, even, far, much, still+비교급	Julia is much taller than he is.
the 비교급 SV~, the 비교급 SV~	The higher we go up, the colder we feel.
one of the 최상급+복수명사	Seoul is one of the biggest cities in the world.

(1) 형용사와 부사의 규칙변화 원급, 비교급, 최상급

① old, older, oldest 오래된, 더 오래된, 가장 오래된

② cute, cuter, cutest 귀여운, 더 귀여운, 가장 귀여운

③ busy, busier, busiest 바쁜, 더 바쁜, 가장 바쁜

④ big, bigger, biggest 큰, 더 큰, 가장 큰

⑤ beautiful, more beautiful, most beautiful 아름다운, 더 아름다운, 가장 아름다운

(2) 형용사와 부사의 불규칙변화 원급, 비교급, 최상급

① bad, worse, worst 나쁜, 더 나쁜, 가장 나쁜

② good, better, best 좋은, 더 좋은, 가장 좋은

③ little, less, least 적은, 더 적은, 가장 적은

④ many, more, most 많은, 더 많은, 가장 많은

⑤ much, more, most 많은, 더 많은, 가장 많은

(3) 비교 구문

① Tom is as tall as me. (나만큼 키가 큰)
톰은 나만큼 키가 크다.

② Ann is taller than I am. (나보다 더 키가 큰)
앤은 나보다 키가 더 크다.

③ Sam is the tallest student in his class. (가장 키가 큰 학생)

= Sam is taller than any other student in his class. (비교급 than any other 단수명사)

= Sam is taller than all the other students in his class. (비교급 than all the other 복수명사)

= No (other) student in his class is as tall as Sam. (No ~ as 원급 as)

= No (other) student in his class is taller than Sam. (No ~ 비교급 than)
샘이 그의 반에서 가장 크다.

④ Leave here as soon as possible. (as 원급 as possible, 가능한 ~하게)

= Leave here as soon as you can. (as 원급 as 주어 can=as 원급 as possible)
가능한 빨리 이곳을 떠나라.

⑤ It was getting colder and colder. (비교급 and 비교급, 점점 더 ~한)
점점 더 추워지고 있었다.

⑥ Julia is much taller than he is. (비교급을 강조하는 a lot, even, far, much, still＋비교급)

줄리아가 그보다 훨씬 키가 더 크다.

⑦ The higher we go up, the colder we feel. (The 비교급 S1＋V1~, the 비교급 S2＋V2~)

우리는 위로 더 높이 올라갈수록, 우리는 더 춥게 느낀다.

⑧ Seoul is one of the biggest cities in the world. (one of the 최상급＋복수명사, 가장 ~한 것들 중에 하나)

서울은 세상에서 가장 큰 도시들 중 하나다.

✏ Check! Check

빈칸에 들어갈 말이 순서대로 가장 적절하게 짝지어진 것을 고르시오.

- I am as _____ as Tom.
- Tom is _____ than Jack.

① tall－tall ② tall－taller
③ taller－tall ④ taller－taller

[해석] 나는 톰만큼 키가 크다. 톰은 잭보다 키가 더 크다.
[해설] as 원급 as, 비교급 than으로 표현한다.

답 ②

---

08 전치사

전치사	at	시간	at 7, at night, at noon
		건물, 주소, 지점	at the building, at 12 Fifth Street
	on	날짜, 요일	on August 9th, on Friday
		도로명	on Fifth Street
		～위에 (접촉해 있는)	on the desk, on the second floor, on the wall
	in	계절, 연도, 월	in summer, in 2020, in October, in the morning
		국가, 도시	in Korea, in Seoul
		～안에	in the room
	by	곁에, ～까지, 교통수단	by me (by I ✕) , by tomorrow, by bus
	for	～동안, ～을 위해, ～향해	for 3 days, for you, for Seoul
	from	～로부터	from Monday
	of	～의, ～중에서	legs of the desk, of her friends
	to	～로, ～에게	to me, to Seoul
	under	～아래에	under the desk
	with	～와 함께, ～을 가지고	with you, with a knife
	without	～없이	without you

구분해야 할 전치사		
by	+ 시간	그 시간까지 끝내기
until		그 시간까지 지속하기
during	+ 숫자 없는 시간	～동안
for	+ 숫자 있는 시간	～동안

(1) 전치사

명사나 대명사 앞에 사용하여 주로 장소, 방법, 시간을 표시하는 단어다. by bus에서 명사 bus 앞에 있는 by가 전치사다. by bus를 함께 묶어서(전치사＋명사나 대명사) 전명구 또는 전치사구라고 부른다. 전치사 뒤를 전치사의 목적어라고 한다. 따라서 **전치사 뒤에 대명사는 목적격을 써야 한다.**

① about ~에 관하여, 대략

② at ~에, ~지점에

③ behind ~뒤에

④ beside ~옆에

⑤ between ~사이에

⑥ by ~옆에, ~의해, ~까지

⑦ for ~을 위하여, ~동안, ~때문에, ~를 향해

⑧ from ~로부터

⑨ in ~안에

⑩ in front of ~앞에

⑪ into ~안으로

⑫ next to ~옆에

⑬ near ~근처에, 가까이에

⑭ of ~의, ~중에서

⑮ on ~위에

⑯ through ~관통해서, ~내내

⑰ to ~에게, ~로

⑱ under ~아래에

⑲ with ~와 함께, ~을 가지고

⑳ without ~없이, ~이 없다면

(2) at, on, in + 시간

① at 7 o'clock, at night, at noon (at+시간, at night 밤에)

② on August 9th, on Friday (on+날짜, 요일)

③ in summer, in 2020, in October, (in+계절, 연도, 월)

④ in the morning, in the afternoon, in the evening (in+아침, 점심, 저녁)

⑤ on Friday evening (on+특정 요일 아침, 점심, 저녁)

(3) at, on, in + 장소

① at the building, at 12 Fifth Street (at+건물, 주소, 지점)

② on Fifth Street, on the second floor, on the wall (on+거리, 도로, ~위에 접촉해 있는)

③ in Seoul, in Korea, in the sea, in the sky (in+국가, 도시)

④ in the room (~안에)

(4) 구분해야 하는 전치사

① I'll finish the work by 4 o'clock. (by+시간, 그 시간까지 끝내기)
나는 4시까지 그 일을 끝낼 것이다.

② I'll wait for Jane until 4 o'clock. (until+시간, 그 시간까지 지속하기)
나는 4시까지 제인을 기다릴 것이다.

③ I fell asleep during the movie. (during+숫자가 없는 시간, 그 시간 동안)
나는 영화를 상영하는 동안 잠들었다.

④ I watched the movie for two hours. (for+숫자 있는 시간, 그 시간 동안)
나는 2시간 동안 그 영화를 봤다.

(5) 전치사가 사용되는 표현들

① above the horizon 수평선 위로

② according to today's newspaper 오늘 신문에 의하면

③ across the river 강을 가로질러

④ against your idea 네 생각과 반대로

⑤ agree with you 너에게 동의하다

⑥ along the river 강을 따라

⑦ around the fire 불 주변에

⑧ ask for 부탁하다, 요청하다

⑨ at last 마침내

⑩ at least 적어도

⑪ be absent from ~에 결석하다

⑫ be afraid of ~을 두려워하다

⑬ be different from ~와 다르다

⑭ be famous for ~로 유명하다

⑮ be filled with=be full of ~로 가득 차다

⑯ be fond of ~을 좋아하다

⑰ be good at ~을 잘하다

⑱ be good for ~에 좋다

⑲ be interested in ~에 관심 있다

⑳ be late for school ~(학교)에 지각하다

㉑ be made from(of) ~로 만들어지다

㉒ be satisfied with ~에 만족하다

㉓ be tired from ~로 피곤하다

㉔ be tired of ~이 지긋지긋하다

㉕ be used to ~에 익숙해지다

㉖ because of ~때문에

㉗ behind the church 교회 뒤에

㉘ below the horizon 수평선 아래로

㉙ between the store and the gas station 그 가게와 주유소 사이에

㉚ by means of ~을 수단으로

㉛ care for ~을 돌보다, 좋아하다

㉜ depend on ~에 의존하다, 달려있다

㉝ except ~를 제외하고

㉞ feel like ~하고 싶다

㉟ first of all 우선, 먼저

㊱ for ever＝for good 영원히

㊲ for Seoul 서울을 향해서

㊳ graduate from ~을 졸업하다

㊴ in danger 위험에 처한

㊵ in fact 사실은

㊶ in front of the church 교회 앞에

㊷ in turn 차례로, 교대로

㊸ look after ~를 돌보다

㊹ look for ~을 찾다

㊺ of no use 쓸모 없는

㊻ on business 사업차

㊼ on the Internet 인터넷에서

㊽ succeed in ~에 성공하다

㊾ take care of ~를 돌보다

㊿ without saying a word 한마디 말도 없이

Check! Check

빈칸에 들어갈 말이 순서대로 가장 적절하게 짝지어진 것을 고르시오.

> • I get up _____ 6 a.m.
> • I go to church _____ Sundays.

① at─at   ② at─on   ③ on─at   ④ on─on

(해석) 나는 오전 6시에 일어난다. 나는 일요일마다 교회에 간다.

(해설) at＋시간, on＋요일로 표현한다.

(답) ②

09 접속사

접속사	등위접속사		and	그리고
			but	그러나, 하지만
			or	또는
			so	그래서
	종속접속사	명사절	that	~라고, ~라는 것
			whether	~인지 아닌지
		부사절	as	~대로, ~하기 때문에, ~할 때, ~할수록
			because	~하기 때문에
			if	~한다면
			since	~이후로 (지금까지), ~하기 때문에
			though	~일지라도
			unless	~하지 않는다면
			when	~할 때
	상관접속사		both A and B	A와 B 둘 다
			either A or B	A와 B 중에 하나
			neither A nor B	A와 B 둘 다 아닌
			not A but B	A가 아니라 B
			not only A but also B	A뿐만 아니라 B도

(1) 등위접속사 and, but, or, so

① She is pretty and nice. (그리고)

그녀는 예쁘고 그리고 친절해.

② I am sorry, but I can't help you. (그러나, 하지만)

미안해, 하지만 널 도울 수 없어.

③ Will you go by bus or by train? (또는)

넌 버스로 갈거니 또는 기차로 갈거니?

④ The box was very heavy, so I couldn't carry it. (그래서)

그 상자는 매우 무거웠다, 그래서 난 옮길 수 없었다.

⑤ Hurry up, and you will catch the bus. (명령문, and ~해라, 그러면)

서둘러, 그러면 그 버스를 탈 거야.

⑥ Hurry up, or you will miss the bus. (명령문, or ~해라, 그렇지 않으면)

서둘러, 그렇지 않으면 그 버스를 놓칠 거야.

(2) 명사절 종속접속사 that, whether

① I think that he loves Kate. (that, ~라고, ~라는 것)

난 그가 케이트를 사랑한다고 생각해.

② I wonder whether he loves Kate. (whether, ~인지 아닌지)

난 그가 케이트를 사랑하는지 아닌지 궁금해.

(3) 부사절 종속접속사

① Let's have dinner after Daddy is home. (~이후에)

아빠가 집에 온 후에 저녁을 먹자.

② Do as I tell you. (as ~하는 대로)

내 말대로 해라.

③ I didn't go as it rained hard. (~하기 때문에＝because)

비가 심하게 왔기 때문에 나는 가지 않았다.

④ He came up as she was speaking. (~할 때＝when)

그녀가 이야기 하고 있을 때 그가 왔다.

⑤ As soon as he saw a police officer, he ran away. (as soon as ~하자마자)

그는 경찰을 보자마자, 그는 도망갔다.

⑥ Because I'm busy, I can't go. (~하기 때문에)

나는 바쁘기 때문에, 난 갈 수 없다.

⑦ Turn off the light before you go to bed. (~하기 전에)
자러 가기 전에 불을 꺼라.

⑧ If it doesn't rain tomorrow, I'll go for a walk. (만약 ~한다면)
＝Unless it rains tomorrow, I'll go for a walk. (If+not=unless, ~하지 않는다면)
내일 비가 오지 않는다면, 나는 산책을 갈 거야.

⑨ I have lived here since I came here in 2002. (~한 이후로 지금까지)
내가 2002년 이곳에 온 이후로 난 이곳에서 계속 살았다.

⑩ Though she is young, she is wise. (~일지라도)
비록 그녀가 어릴지라도, 그녀는 현명하다.

⑪ I waited for him until he came back. (~할 때까지)
그가 돌아올 때까지 난 그를 기다렸다.

⑫ When we are busy, time goes very fast. (~할 때)
우리가 바쁠 때, 시간은 빨리 간다.

⑬ While I was having dinner, someone knocked on the door. (~하는 동안)
내가 저녁을 먹는 동안, 누군가 문에 노크를 했다.

(4) 상관접속사

① Both he and I are right. (both A and B A와 B 둘 다)
그와 나 둘 다 맞다.

② Either he or I am right. (either A or B A와 B 중에 하나)
그와 나 둘 중에 하나가 맞다.

③ Neither he nor I am right. (neither A nor B A와 B 둘 다 아닌)
그도 나도 둘 다 맞지 않다.

④ Not he but I am right. (not A but B A가 아니라 B)
그가 아니라 내가 맞다.

⑤ Not only he but also I am right. (not only A but also B＝B as well as A A뿐만 아니라 B도)
＝I as well as he am right.
그뿐만 아니라 나도 맞다.

Check! Check

빈칸에 들어갈 말이 순서대로 가장 적절하게 짝지어진 것을 고르시오.

- I think _____ she is very kind.
- I'm sorry, _____ I can't help you.

① but – but   ② but – that   ③ that – but   ④ that – that

해석 난 그녀가 친절하다고 생각해. 미안하지만, 그러나 난 널 도울 수 없어.

해설 첫 번째는 명사절 종속접속사 that, 두 번째는 그러나, 하지만의 접속사 but으로 표현하는 것이 적절하다.

답 ③

10 관계대명사

사람	선행사	who(that)	동사	This is the girl. + She likes Sam. ➜ This is the girl who likes Sam.
		whose(that ✕)	명사	This is the girl. + Her father is my teacher. ➜ This is the girl whose father is my teacher.
		whom(that)	주어+동사	This is the girl. + Sam likes her. ➜ This is the girl who(m) Sam likes.
비사람	선행사	which(that)	동사	This is the book. + It is famous for creative stories. ➜ This is the book which is famous for creative stories.
		whose(that ✕)	명사	This is the book. + Its stories are creative. ➜ This is the book whose stories are creative.
		which(that)	주어+동사	This is the book. + Sam likes it. ➜ This is the book which Sam likes.
	the thing which(that) =what ~것			This is the thing. + Sam wants to have it. ➜ This is the thing which Sam wants to have. ➜ This is what Sam wants to have.

(1) 관계대명사 who, whose, whom

① This is the girl. + She likes Sam.

➔ This is the girl who likes Sam.

➔ This is the girl that likes Sam.
얘가 샘을 좋아하는 그 소녀야.

② This is the girl. + Her father is my teacher.

➔ This is the girl whose father is my teacher.
얘가 아버지가 내 선생님인 그 소녀야.

③ This is the girl. + Sam likes her.

➔ This is the girl who(m) Sam likes.

➔ This is the girl that Sam likes.
얘가 샘이 좋아하는 그 소녀야.

(2) 관계대명사 which, whose, which

① This is the book. + It is famous for creative stories.

➔ This is the book which is famous for creative stories.

➔ This is the book that is famous for creative stories.
이 책은 창의적인 이야기들로 유명한 그 책이다.

② This is the book. + Its stories are creative.

➔ This is the book whose stories are creative.
이 책이 이야기들이 창의적인 그 책이다.

③ This is the book. + Sam likes it.

➔ This is the book which Sam likes.

➔ This is the book that Sam likes.
이 책이 샘이 좋아하는 그 책이다.

(3) 주로 관계대명사 that만 사용하는 경우

① This is all the money that she has. (선행사에 all, every, no가 있으면 주로 관계대명사 that 사용)
이것이 그녀가 가진 모든 돈이다.

② This is the best car that I have ever seen. (선행사에 최상급이 있는 경우 주로 관계대명사 that 사용)
이것이 내가 본 가장 좋은 차다.

③ Sam is the first student that solved this problem. (선행사에 서수가 있는 경우 주로 관계대명사 that 사용)

샘이 이 문제를 푼 첫 번째 학생이다.

④ I use the same book that my sister used. (선행사에 the same이 있는 경우 주로 관계대명사 that 사용)

나는 내 누나가 사용했던 똑같은 책을 사용한다.

⑤ They are the girl and the cat that I helped yesterday. (선행사에 사람＋비사람이 있는 경우 관계대명사 that 사용)

그들이 내가 어제 도왔던 소녀와 고양이다.

(4) 관계대명사 what

This is the thing.＋Sam wants to have it.

→ This is the thing which Sam wants to have.

→ This is what Sam wants to have.

이것은 샘이 가지고 싶어 하는 것이다.

(5) 복합 관계대명사

① Anyone who loves movies will be welcome.

= Whoever loves movies welcome. (Anyone who＝Whoever 누구나)

영화를 사랑하는 사람은 누구나 환영한다.

② Do anything that you like.

= Do whatever you like. (anything that＝whatever 무엇이나)

네 마음에 드는 것은 무엇이든 해라(좋을 대로 해라).

③ No matter who says so, I don't believe it.

= Whoever says so, I don't believe it. (No matter who＝Whoever 누구일지라도)

누가 그렇게 말하든 간에, 나는 그것을 믿지 않는다.

④ No matter what happens, I will help you.

= Whatever happens, I will help you. (No matter what＝Whatever 무엇일지라도)

무슨 일이 있어도, 난 너를 도울 거야.

11 관계부사

관계대명사와 관계부사		
when	시간 선행사	This is the day. I met you first on the day.
	which	This is the day which I met you first on.
	전치사 which	This is the day on which I met you first.
	when	This is the day when I met you first.
where	장소 선행사	This is the place. I met you first at the place.
	which	This is the place which I met you first at.
	전치사 which	This is the place at which I met you first.
	where	This is the place where I met you first.
why	이유 선행사	This is the reason. I like you for the reason.
	which	This is the reason which I like you for.
	전치사 which	This is the reason for which I like you.
	why	This is the reason why I like you.
how	방법 선행사	This is the way. I solved it in that way.
	which	This is the way which I solved it in.
	전치사 which	This is the way in which I solved it.
	how	This is the way I solved it. This is how I solved it.

(1) 관계부사

관계부사는 when, where, why, how 4가지가 있다. 시간 선행사에 when, 장소 선행사에 where, 이유 선행사에 why, 방법 선행사에 how를 사용한다. 관계대명사에서 관계부사로 변화되는 과정은 아래와 같다.

(2) when

This is the day. I met you first on the day.

→ This is the day which I met you first on.

→ This is the day on which I met you first.

→ This is the day when I met you first.
이 날이 내가 널 처음 만난 날이야.

(3) where

This is the place. I met you first at the place.

→ This is the place which I met you first at.

→ This is the place at which I met you first.

→ This is the place where I met you first.
이곳이 내가 널 처음 만났던 장소야.

(4) why

This is the reason. I like you for the reason.

→ This is the reason which I like you for.

→ This is the reason for which I like you.

→ This is the reason why I like you.
이것이 내가 널 좋아하는 이유야.

(5) how

This is the way. I solved it in that way.

→ This is the way which I solved it in.

→ This is the way in which I solved it.

→ This is the way I solved it. (how는 선행사와 함께 사용할 수 없다.)

→ This is how I solved it.
이것이 내가 그것을 해결했던 방법이야.

빈칸에 들어갈 말이 순서대로 가장 적절하게 짝지어진 것을 고르시오.

- This is the place _____ I live.
- This is the day _____ I was born.

① when − when

② when − where

③ where − when

④ where − where

해석 이곳이 내가 사는 곳이야. 이 날이 내가 태어난 날이야.

해설 장소 선행사 the place + where, 시간 선행사 the day + when

답 ③

03 동사편

• 시제, to부정사, 동명사, 분사를 반드시 알아둔다.

01 자동사와 타동사

자동사	1형식 동사	S+V	I can't fly.
	2형식 동사	S+V+C	I am a cook.
타동사	3형식 동사	S+V+O	I love movies and books.
	4형식 동사	S+V+O+O	I read my son a book everyday.
	5형식 동사	S+V+O+OC	Books make me wise.

(1) 자동사와 타동사

목적어가 있는 동사를 타동사, 목적어가 없는 동사를 자동사라고 한다.

① I can't fly. (fly 자동사)

    나는 날 수 없다.

② I am a cook. (am 자동사)

    나는 요리사다.

③ I love movies and books. (movies and books가 목적어이므로 love는 타동사)

    나는 영화와 책을 좋아한다.

④ I read my son a book everyday. (my son과 a book이 목적어이므로 read는 타동사)

    나는 내 아들에게 매일 책 한 권을 읽어준다.

⑤ Books make me wise. (me가 목적어이므로 make는 타동사)

    책은 나를 현명하게 만든다.

(2) 수식어(Modifier)

수식어는 보어로 쓰이지 않는 전명구(전치사구)다. 1형식부터 5형식까지 구분할 때 수식어는 빼고 나머지로 형식을 구분한다.

① My sister plays the piano in the morning. (in the morning은 전명구이므로 수식어)

    내 여동생은 아침에 피아노를 연주한다.

② She plays it well. (well은 부사이므로 수식어)

    그녀는 그것을 잘 연주한다.

1형식	S+V	I can't fly.
2형식	S+V+C(보어) S=C	be동사: am, are, is, was, were I am a cook.
		become형 동사: come true, fall asleep, get angry, go bad, grow old, run dry My dreams will come true.
		오감동사: feel, look, smell, sound, taste I feel good. You look happy. It sounds great.

(1) 1형식과 2형식

1형식은 S+V로 구성된 문장이다. 2형식은 S+V+C로 구성된 문장이다. 2형식에 사용되는 동사는 주로 be동사, become형 동사, 오감동사다. 참고로, 수식어인 부사와 전명구는 문장의 형식에 영향을 주지 않는다.

① I can't fly. (S+V, 1형식)

나는 날 수 없다.

② I am a cook. (S+V+C, I=a cook, 2형식)

나는 요리사다.

(2) become형 동사

come true 실현되다, fall asleep 잠들다, get angry 화를 내다, go bad 상하다, grow old 늙다, run dry 마르다처럼 "come, fall, get, go, grow, run+형용사 보어"로 이때 사용된 동사는 모두 "become 되다"라는 의미를 가진다.

① Dreams will come true. (come true 실현되다, S+V+C, Dreams=true)

꿈은 실현될 것이다.

② Sam fell asleep. (fall asleep 잠들다, S+V+C, Sam=asleep)

샘은 잠들었다.

③ Sam got angry. (get angry 화를 내다, S+V+C, Sam=angry)

샘은 화를 냈다.

④ This food went bad. (go bad 상하다, S+V+C, This food=bad)

이 음식은 상했다.

⑤ Everyone grows old. (grow old 늙다, S+V+C, Everyone=old)

누구나 늙는다.

⑥ This well will run dry soon. (run dry 마르다, S+V+C, This well=dry)

이 우물은 곧 마를 것이다.

(3) 오감동사 = 감각동사

feel, look, smell, sound, taste의 5개 감각동사를 오감동사라고 한다. 오감동사+형용사 보어로 사용한다.

① I feel good. (오감동사+good 형용사 보어, I=good, S+V+C)

난 기분이 좋다.

② You look happy today. (오감동사+happy 형용사 보어, You=happy, S+V+C)

넌 오늘 행복해 보여.

03 3형식

3형식	S+V+O(목적어)	조심해야 할 타동사	I love you.
			approach to (×) ➡ approach ~에 다가가다
			attend at (×) ➡ attend ~에 참석하다
			discuss about (×) ➡ discuss ~관해 토론하다
			enter into (×) ➡ enter ~로 들어가다
			explain about (×) ➡ explain ~관해 설명하다
			marry with (×) ➡ marry ~와 결혼하다
			reach at (×) ➡ reach ~에 도착하다

(1) 3형식

3형식은 S+V+O로 구성된 문장이다. 목적어와 보어를 구분하는 방법은 S≠O, S=C 공식을 이용한다.

I love you. (I≠you이므로 you는 목적어, S+V+O, 3형식)

(2) 조심해야 할 타동사

① They discussed about the matter yesterday. (×)

➡ They discussed the matter yesterday. (They≠the matter이므로 the matter는 목적어, S+V+O)

② approach ~에 다가가다 (approach at, approach to ×)

③ attend ~에 참석하다, 다니다 (attend at, attend to ×)

④ enter ~로 들어가다 (enter into ✕)

⑤ explain ~관해 설명하다 (explain about ✕)

⑥ marry ~와 결혼하다 (marry with ✕)

⑦ reach ~에 도착하다 (reach at, reach to ✕)

04 4형식

4형식 동사(수여동사)	4형식 ➡ 3형식	예문
buy, cook, find, get, make	S+V+IO+DO ➡ S+V+DO+for+IO	Mom bought me a bike. ➡ Mom bought a bike for me.
ask	S+V+IO+DO ➡ S+V+DO+of+IO	Mom asked me a question. ➡ Mom asked a question of me.
give, lend, offer, send, show, write	S+V+IO+DO ➡ S+V+DO+to+IO	She gave Sam the bike. ➡ She gave the bike to Sam.

(1) 4형식

4형식은 S+V+IO(간접목적어)+DO(직접목적어)로 구성된 문장이다. IO 간접목적어는 주로 사람, DO 직접목적어는 주로 사물이 오는 경우가 많다. '~에게 ~을 주다'라는 의미 구조를 가진다. 4형식 문장은 간접목적어와 직접목적어의 순서를 바꿔서 3형식 문장으로 만들 수 있다. 이때, 3형식 문장 뒤로 간 간접목적어 앞에 전치사 to, for, of 중 하나가 생긴다.

(2) for를 사용하는 4형식 동사

buy, cook, find 찾아주다, get 가져다주다, 사주다, make

Mom bought me a bike. (S+V+IO+DO 4형식, Mom≠me, me≠a bike)

➡ Mom bought a bike for me. (for her는 전명구로 수식어, 3형식)
　엄마가 나에게 자전거를 사줬다.

(3) of를 사용하는 4형식 동사

ask 묻다, 질문하다

Mom asked me a question. (S+V+IO+DO 4형식, Mom≠me, me≠a question)

➡ Mom asked a question of me. (of me는 전명구로 수식어, 3형식)
　엄마는 나에게 질문 하나를 했다.

(4) to를 사용하는 4형식 동사

give, lend, offer, pay, send, show, sing, teach, write

She gave Sam the bike. (S+V+IO+DO 4형식)

→ She gave the bike to Sam. (to Sam은 전명구로 수식어, 3형식)

그녀는 그 자전거를 샘에게 줬다.

Check! Check

빈칸에 들어갈 말로 가장 적절한 것을 고르시오.

Mom gave me a book.
→ Mom gave a book _____ me.

① at　　　　　② for　　　　　③ of　　　　　④ to

해석 │ 엄마가 나에게 책 한 권을 주셨다.
해설 │ give+직접목적어+to+간접목적어로 to를 사용하는 수여동사다.

답 ④

---

05 5형식

5형식 동사	목적보어 형태	예문
call, find, keep, leave, make ~	S+V+O+명사나 형용사 목적보어	Books make us wise.
사역동사 have, let, make	S+V+O+동사원형 목적보어	Books make us think deeply.
준사역동사 help	S+V+O+(to) 동사원형 목적보어	Books help us (to) think deeply.
유발동사 ask, cause, want ~	S+V+O+to부정사 목적보어	Books enable us to think deeply.
지각동사 hear, see, watch ~	S+V+O+동사원형(ing) 목적보어	I saw my son read(ing) a book.

5형식 동사	목적어와 목적보어가 수동의 관계일 때 목적보어에 과거분사 사용
사역동사 have, let, make	I had the mechanic fix my car. I had my car fixed.
유발동사 ask, cause, want ~	I got the mechanic to fix my car. I got my car fixed.
지각동사 hear, see, watch ~	I saw the mechanic fix(ing) my car. I saw my car fixed.

(1) 5형식

5형식은 S+V+O+OC로 구성된 문장이다. call, find, keep, leave, make는 5형식 구조로 잘 쓰이는 동사들이다.

① We call them "Books". (We≠her, them=Books)
우리는 그것들을 "Books"라고 부른다.

② Books keep us wise. (Books≠us, us=wise)
책은 우리를 현명하게 유지해준다.

③ Books make us wise. (Books≠us, us=wise)
책은 우리를 현명하게 만들어준다.

④ Books leave our mind open. (Books≠our mind, our mind=open)
책은 우리 마음을 열어두게 한다.

(2) 사역동사, 준사역동사, 유발동사

사역동사 have, let, make+O+동사원형 목적보어

준사역동사 help+O+동사원형 또는 to부정사 목적보어

유발동사 advise, allow, ask, cause, enable, encourage, expect, force, get, order, tell, want+O+to부정사 목적보어

① Books make us think deeply.
책은 우리를 깊게 생각하게 만든다.

② Books help us (to) think deeply.
책은 우리가 깊게 생각하게 도와준다.

③ Books enable us to think deeply.
책은 우리가 깊게 생각할 수 있게 해준다.

(3) 지각동사

feel, hear, listen to, look at, notice, observe, see, smell, watch+O+동사원형 또는
현재분사(~ing) 목적보어

I saw my son read(ing) a book.
난 아들이 책을 읽고 있는 것을 봤다.

(4) 목적어와 목적보어가 수동의 관계일 때

목적보어에 과거분사를 사용한다.

① I had the mechanic fix my car.
나는 그 정비사가 내 차를 수리하게 했다.

② I had my car fixed. (fix ×)
내 차가 수리되게 했다.

③ I got the mechanic to fix my car.
나는 그 정비사가 내 차를 수리하게 했다.

④ I got my car fixed. (to fix ×)
내 차가 수리되게 했다.

⑤ I saw the mechanic fix(ing) my car.
나는 그 정비사가 내 차를 수리하는 것을 봤다.

⑥ I saw my car fixed. (fix, fixing ×)
나는 내 차가 수리되는 것을 봤다.

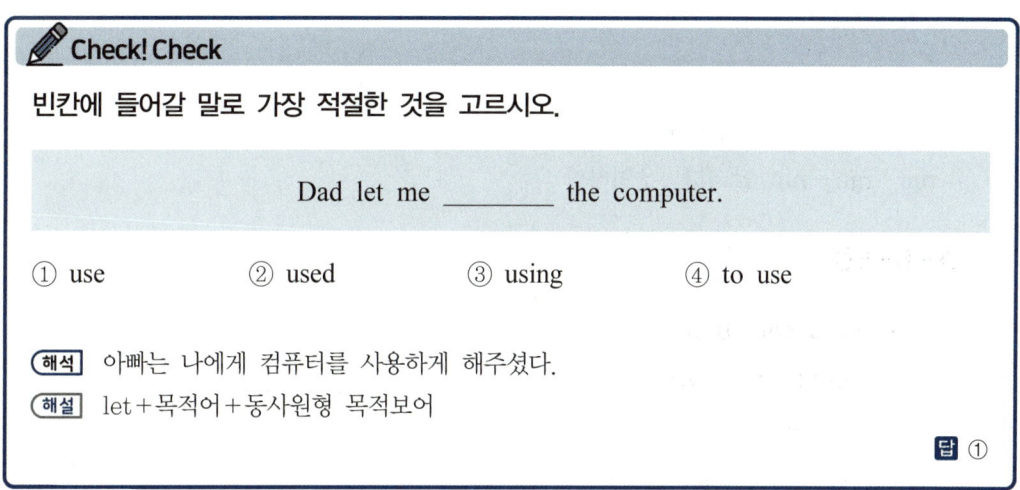

> ✏️ **Check! Check**
>
> 빈칸에 들어갈 말로 가장 적절한 것을 고르시오.
>
> | Dad let me _____ the computer. |
>
> ① use   ② used   ③ using   ④ to use
>
> 해석 아빠는 나에게 컴퓨터를 사용하게 해주셨다.
> 해설 let+목적어+동사원형 목적보어
>
> 답 ①

06 동사의 변화

(1) 동사의 규칙변화

규칙변화	동사원형+ed	open ➜ opened
	e로 끝나는 동사+d	like ➜ liked
	모음+y+ed	play ➜ played
	자음+y는 y를 i로 바꾸고 ed	study ➜ studied
	단모음+단자음은 마지막 자음 한번 더 쓰고 ed	stop ➜ stopped

(2) 동사의 불규칙변화

동사원형 – 과거형 – 과거분사형

A-A-B형

① cut – cut – cut 자르다
② hit – hit – hit 때리다, 치다
③ hurt – hurt – hurt 상처주다
④ put – put – put 두다
⑤ read – read – read 읽다
⑥ set – set – set 놓다, 두다, 설정하다

A-B-A형

⑦ become – became – become 되다
⑧ come – came – come 오다
⑨ run – ran – run 달리다, 운영하다

A-B-B형

⑩ bring – brought – brought 가져오다
⑪ build – built – built 만들다, 짓다
⑫ buy – bought – bought 사다
⑬ catch – caught – caught 잡다
⑭ feel – felt – felt 느끼다
⑮ find – found – found 발견하다, 알아내다

⑯ have − had − had 가지고 있다, 먹다, 시키다

⑰ hear − heard − heard 듣다

⑱ keep − kept − kept 막다, 유지하다

⑲ leave − left − left 남겨놓다, 떠나다

⑳ lose − lost − lost 잃어버리다, 지다

㉑ make − made − made 만들다, 시키다, 하다

㉒ meet − met − met 만나다, 만족시키다

㉓ pay − paid − paid 지불하다

㉔ say − said − said 말하다

㉕ sell − sold − sold 팔다

㉖ sit − sat − sat 앉다

㉗ sleep − slept − slept 자다

㉘ spend − spent − spent 소비하다, 쓰다

㉙ stand − stood − stood 일어서다, 참다

㉚ teach − taught − taught 가르치다

㉛ tell − told − told 말하다, 알다, 구별하다

㉜ think − thought − thought 생각하다

A−B−C형

㉝ be − was/were − been 이다, 있다

㉞ begin − began − begun 시작하다

㉟ break − broke − broken 부수다

㊱ choose − chose − chosen 선택하다

㊲ do − did − done 하다

㊳ drink − drank − drunk 마시다

㊴ eat − ate − eaten 먹다

㊵ fall − fell − fallen 넘어지다, 떨어지다, 빠지다

㊶ forget − forgot − forgotten 잊다

㊷ get − got − got(ten) 받다, 얻다, 하게 하다

㊸ give − gave − given 주다

㊹ go − went − gone 가다

㊺ know − knew − known 알다, 분간하다

㊻ see−saw−seen 보다

㊼ speak−spoke−spoken 말하다

㊽ take−took−taken 가져가다, 먹다, 잡다

㊾ wear−wore−worn 입다

㊿ write−wrote−written 쓰다

✏ Check! Check

두 단어의 관계가 <u>잘못된</u> 것을 고르시오.

① like−liked

② open−opened

③ play−plaied

④ do−did

해석 like 좋아하다, open 열다, play 경기하다, 연주하다, do 하다

해설 play의 과거형은 played로 표현한다.

답 ③

---

07 시제

시제	예문	사용
현재	I eat breakfast.	상시적(속담, 진리, 현재 상태, 현재 습관, 확신)
현재 진행	I am eating breakfast now.	일시적
과거	I ate breakfast then.	과거 시점, 역사적 사건
과거 진행	I was eating breakfast then.	과거 시점＋일시적 진행
미래	I will eat breakfast tomorrow.	미래 추측
현재완료	I have eaten breakfast since then.	과거＋현재

(1) 시제 비교

① I eat breakfast.

　　난 (늘, 상시적으로) 아침을 먹는다.

② I am eating breakfast now.

　　난 지금 (이 순간, 일시적으로) 아침을 먹는 중이야.

③ I ate breakfast then.

　　난 그때(과거 시점) 아침을 먹었어.

④ I was eating breakfast then.

난 그때 아침을 먹는 중이었어. (과거 시점에서 일시적 진행)

⑤ I will eat breakfast tomorrow.

난 내일 (확실하지는 않지만, 아마도) 아침을 먹을 거야.

⑥ I have eaten breakfast since then.

난 그때 이후로 (지금까지) 아침을 먹고 있어.

(2) 현재

① Honesty is the best policy. 정직이 최선의 방책이다. (격언, 속담)

② The Earth moves around the sun. 지구는 태양 둘레를 돈다. (진리)

③ I'm sad now. 나는 지금 슬퍼. (현재 상태)

④ I brush my teeth every day. 나는 매일 양치질을 한다. (현재 습관)

(3) 과거

① She watched TV last night.

그녀는 어젯밤에 TV를 시청하였다.

② She didn't watch TV last night.

그녀는 어젯밤에 TV를 시청하지 않았다.

③ Did she watch TV last night? Yes, she did. / No, she didn't.

그녀는 어젯밤에 TV를 시청하였나요? 예, 시청하였습니다. / 아니오, 시청하지 않았습니다.

(4) 과거시제에 잘 나오는 표현들

① a few days ago 며칠 전

② last month 지난 달

③ last Sunday 지난 주 일요일

④ last week 지난 주

⑤ then 그때

⑥ yesterday 어제

(5) 미래

will과 be going to를 사용하여 미래를 표현한다. 그리고 시간 조건 부사절에는 미래시제 대신 현재시제를 사용한다. 시간 조건 부사절은 주로 after, before, until, when, if, unless+S+V를 말한다.

① It will rain tomorrow.

= It is going to rain tomorrow.

내일 비가 올 거야.

② If it will rain a lot tomorrow, we won't go to the movies. (×)

→ If it rains a lot tomorrow, we won't go to the movies.

내일 비가 온다면, 우리는 영화를 보러 가지 않을 거야.

🖊 Check! Check

빈칸에 들어갈 말로 가장 적절한 것을 고르시오.

Tom _____ a window yesterday.

① break   ② breaks   ③ broke   ④ will break

해석 | 톰은 어제 창문을 깼다.

해설 | yesterday는 과거시제 표시이므로 break의 과거형 broke가 적절하다.

답 ③

---

08 진행

	동사원형+ing	watch → watching
현재분사 만들기	e로 끝나면 e를 지우고 ing	live → living
	단모음+단자음은 마지막 자음 한 번 더 쓰고 ing	swim → swimming
	ie로 끝나면 ie를 y로 바꾸고 ing	lie → lying
진행형 만들기	be동사+현재분사	I watch TV. → I am watching TV.
		I watched TV. → I was watching TV.

(1) 진행형

be동사+현재분사=진행형

① I watch TV. → I am watching TV.

나는 TV를 본다. → 나는 TV를 보는 중이다.

② I watched TV yesterday. → I was watching TV yesterday.

나는 어제 TV를 봤다. → 나는 어제 TV를 보는 중이었다.

(2) 진행형이 안 되는 동사들

hate, have(소유하다), know, like, love, resemble

① I am having a brother. (×) ➜ I have a brother.
나는 남동생이 한 명 있다.

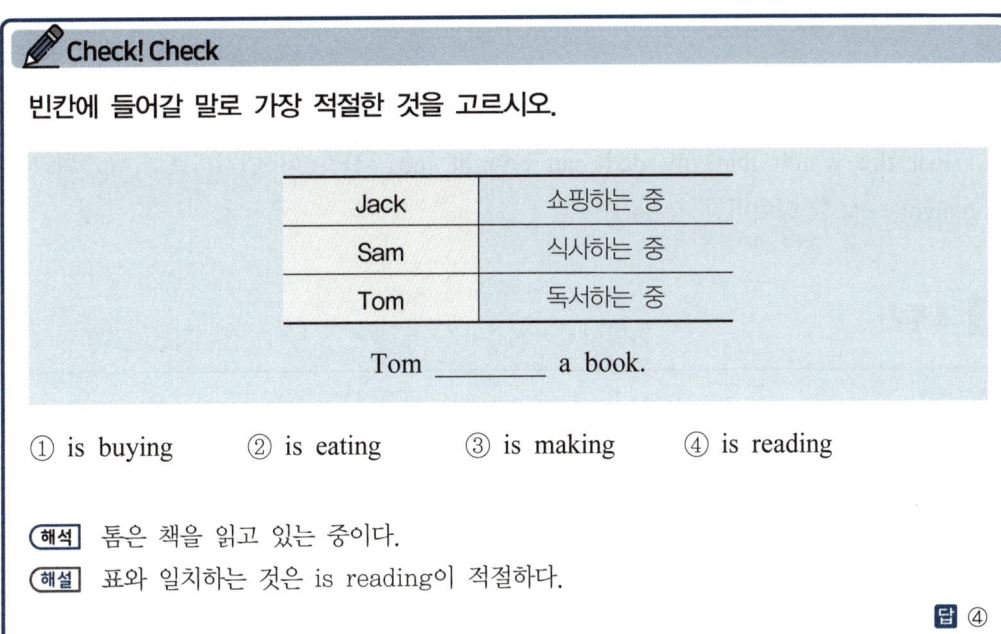

✏️ **Check! Check**

빈칸에 들어갈 말로 가장 적절한 것을 고르시오.

Jack	쇼핑하는 중
Sam	식사하는 중
Tom	독서하는 중

Tom _____ a book.

① is buying　　② is eating　　③ is making　　④ is reading

[해석] 톰은 책을 읽고 있는 중이다.
[해설] 표와 일치하는 것은 is reading이 적절하다.

답 ④

09 현재완료

(1) has/have + 과거분사

주로 "과거＋현재"를 합친 의미를 나타낸다.

① Have you ever seen the Mona Lisa? Yes, I have. / No, I haven't.
모나리자를 본 적 있나요? (현재 기억하고 있나요?) 예, 본적 있어요. / 아니요, 본적 없어요.

② I have already eaten lunch.
나는 이미 점심을 먹었다. (현재 배가 부르다)

③ It has rained for 3 days.
3일 동안 비가 내렸다. (현재 비 온 흔적이 남아 있다)

④ He has gone to Rome.
그는 로마에 갔다. (현재 이곳에 없다)

(2) 현재완료 진행형

has/have been ~ing 형태로 과거＋현재＋진행을 합친 의미를 나타낸다.

It started to rain two days ago.＋It's still raining.

➜ It's been raining for two days.

이틀 동안 비가 내리고 있다.

(3) 대과거

과거 이전을 대과거라고 한다. "had＋과거분사"로 표현한다.

I lost the watch that my dad had bought me. (산 것이 먼저이므로 대과거 had bought, 그 후 잃어버린 것 lost)

10 조동사

조동사	do	부정문 조동사	I don't help you.
		의문문 조동사	Do you help me?
	can	능력	I can help you.
		허가(Can I)	Can I help you?
		부정적 추측(can't)	It can't be true.
	may	약한 추측	It may be true.
		공손한 허가	May I help you?
	must	의무	I must help you.
		강한 추측	It must be true.
	should	당연한 기대	You should help me.
		부드러운 충고	You should help me. (had better 강한 충고)
	used to	과거 습관	I used to help you.
	will	미래 추측	I will help you next week.
		의지	I will help you.
		요청(Will you, 부탁)	Will you help me?
		바람(would like to＋동사원형)	I would like to help you. (＝want to)

(1) do

① I don't help you. (부정문을 만드는 조동사)

나는 당신을 돕지 않는다.

② Do you help me? (의문문을 만드는 조동사)

당신은 나를 돕나요?

③ I do the dishes every day. (설거지하다, do는 일반동사)

나는 매일 설거지를 한다.

(2) can

① I can help you. (능력, ~할 수 있다=be able to)

난 당신을 도울 수 있다.

② Can I help you? (허가, 해도 되니?)

내가 당신을 도울 수 있을까요?

③ It can't be true. (부정적 추측, ~일 리가 없다)

그것은 사실일 리가 없다.

(3) may

① It may be true. (약한 추측, ~일 거야, 일지 몰라)

그것은 사실일지 모른다.

② May I help you? (공손한 허가, 해도 될까요?)

제가 도와드릴까요?

(4) must

① I must help you. (의무, ~해야 한다)

= I have to help you.

난 당신을 도와야만 한다.

② It must be true. (강한 추측, ~임에 틀림없다)

그것은 사실임에 틀림없다.

③ You don't have to help me. (불필요, ~할 필요없다)

= You need not help me.

당신이 날 도울 필요는 없다.

(5) should

① You should help me. (당연한 기대나 의무, ~해야 한다)

(당연히) 당신은 나를 도와야 한다.

② I think you should help me. (가벼운 충고, ~해야 한다)

(가볍게) 난 당신이 날 도와야 한다고 생각해.

③ You had better help me. (강한 충고, ~하는 게 낫겠다)

(강하게) 당신은 날 돕는 게 낫겠어.

(6) used to

I used to help you. (과거 습관, ~하곤 했다)
내가 당신을 돕곤 했었지. (지금은 아니지만)

(7) will

① I will help you next week. (미래 추측, ~할 것이다)
내가 당신을 다음 주에 도울 거야.

② I will help you. (의지, ~할 것이다)
난 당신을 도울 거야.

③ Will you help me? (요청, ~해 줄래요?)
당신이 나를 좀 도와줄래요?

④ I would like to help you. (바람, ~하고 싶다)
= I want to help you.
난 당신을 돕고 싶다.

(8) 조동사의 기본 성질

① Sam must goes home now. (✕)

→ Sam must go home now. (조동사 + 동사원형, go, goes, going 중에 go가 동사원형)
샘은 지금 집에 가야만 한다.

② Sam will can drive a car next year. (✕)

→ Sam will be able to drive a car next year. (조동사 2개는 연속 사용 불가)
샘은 내년에 차를 운전할 수 있을 것이다.

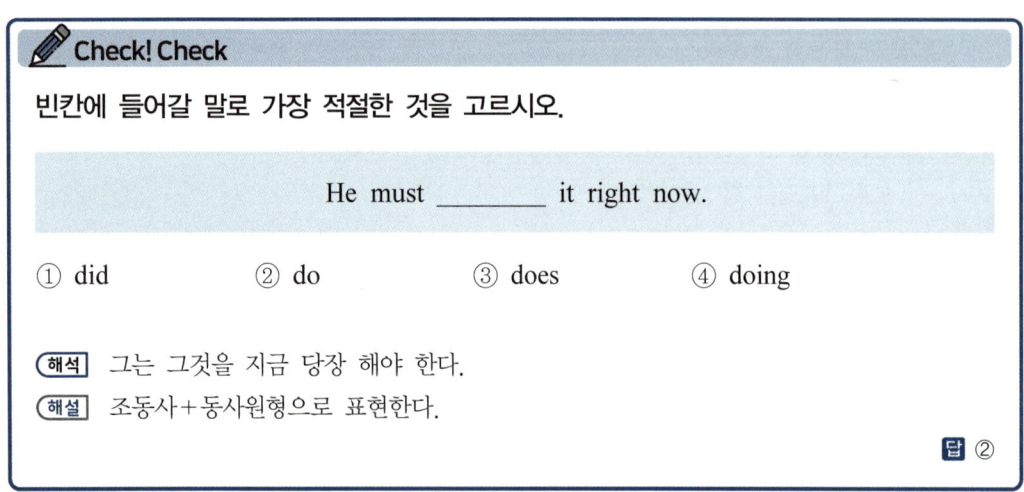

✎ Check! Check

빈칸에 들어갈 말로 가장 적절한 것을 고르시오.

He must _____ it right now.

① did　　　　② do　　　　③ does　　　　④ doing

[해석] 그는 그것을 지금 당장 해야 한다.
[해설] 조동사+동사원형으로 표현한다.

[답] ②

11 to부정사의 용법

to부정사	명사적 용법	주어	To master English is difficult. =It is difficult to master English.
		목적어	I want to master English. decide, hope, need, plan, promise, want, wish+to부정사 목적어
		주격 보어	My goal is to master English.
		목적격 보어	I want you to master English. advise, allow, ask, expect, get, tell, want+O+to부정사 목적보어
	형용사적 용법	명사수식	Give me something to drink.
	부사적 용법	목적	I study every day to master English.
		원인	I'm happy to master English.
		판단	You must be smart to master English.

"to+동사원형"을 to부정사라고 한다. to부정사는 주어, 목적어, 보어로 사용하는 "명사적 용법", 명사를 수식하는 "형용사적 용법", 명사적 용법과 형용사적 용법을 제외한 나머지가 "부사적 용법"이다.

(1) 명사적 용법

주어, 목적어, 보어로 사용한다.

① To master English is difficult. (동사 is 왼쪽 주어 To master)

= It is difficult to master English. (It 가주어, to master 진주어)

영어를 마스터하는 것은 어렵다.

② I want to master English. (decide, hope, need, plan, promise, want, wish+to부정사 목적어)

나는 영어를 마스터하기를 원한다.

③ My goal is to master English. (주로 be동사 뒤에 주격보어 사용)

내 목표는 영어를 마스터하는 것이다.

④ I want you to master English. (advise, allow, ask, expect, get, tell, want+O+to부정사 목적보어)

난 네가 영어를 마스터하기를 원한다.

(2) 형용사적 용법

명사를 수식한다.

① Give me something to drink.

마실 것 좀 주세요.

② It's time to go to bed.

자러 갈 시간이다.

(3) 부사적 용법

목적(~하기 위해서), 원인(~하기 때문에), 판단(~으로 판단해 보니) 등으로 다양하게 사용된다.

① I study every day to master English. (목적)

나는 영어를 마스터하기 위해서 매일 공부한다.

② I'm happy to master English. (원인)

난 영어를 마스터했기 때문에 행복하다.

③ You must be smart to master English. (판단)

영어를 마스터한 것을 보니 넌 똑똑함에 틀림없다.

✏️ Check! Check

빈칸에 들어갈 말로 가장 적절한 것을 고르시오.

> I want _____ a cook.

① am   ② be   ③ being   ④ to be

[해석] 나는 요리사 되기를 원한다.

[해설] want+to부정사로 표현한다.

답 ④

---

12 to부정사 의미상 주어

문장의 주어와 같으면	생략	I want to solve this math problem.
다르고 목적어 자리에	목적격	I want you to solve this math problem.
목적어 자리가 아니면	for 목적격	It's difficult for you to solve this math problem.
사람 판단 형용사 +	of 목적격	It's smart of you to solve this math problem.

준동사(to부정사, 동명사, 분사) 바로 왼쪽의 주어를 의미상 주어라고 한다. 문장의 주어와 to부정사의 주어가 같으면 "생략"한다. 다르고 목적어 자리면 "목적격"을 사용한다. 목적어 자리가 아니면 "for+목적격"을 사용한다. 사람 판단 형용사 다음에는 "of+목적격"을 사용한다.

① I want to solve this math problem. (문장의 주어 I = to solve 하는 사람이 같아서 me 생략됨)
나는 이 수학문제를 풀기를 원한다.

② I want you to solve this math problem. (I≠you, want+목적어이므로 목적격 you 사용)
나는 네가 이 수학문제를 풀기를 원한다.

③ It's difficult for you to solve this math problem. (목적어 자리가 아니므로 for you 사용)
네가 이 수학문제를 풀기는 어렵다.

④ It's smart of you to solve this math problem. (사람 판단 형용사 smart 뒤에 of you 사용)
이 수학문제를 풀다니 넌 똑똑하구나.

> **참고** 사람 판단 형용사는 주로 똑똑하거나 멍청한, 예의 바르거나 그렇지 않은 의미의 단어들이 많다. 예를 들어, kind, nice, polite, impolite, rude, foolish, silly, smart, stupid, wise 같은 형용사를 말한다.

✏ Check! Check

빈칸에 들어갈 말로 가장 적절한 것을 고르시오.

It's difficult _____ to pass the exam.

① you   ② your   ③ for you   ④ of you

[해석] 네가 그 시험에 합격하는 것은 어렵다.

[해설] to pass의 의미상 주어로 for you가 적절하다.

답 ③

13 to부정사 문장 전환

의문사 + to부정사 → 의문사 + S + should + V	I don't know how to drive a car. → I don't know how I should drive a car.
too A to B → so A that S + can't + B	I'm too young to drive a car. → I'm so young that I can't drive a car.
A enough to B → so A that S + can + B	I'm old enough to drive a car. → I'm so old that I can drive a car.

(1) 의문사 + to부정사

→ 의문사＋주어＋should＋동사원형

I don't know how to drive a car.

→ I don't know how I should drive a car.
　나는 차를 어떻게 운전하는지 모른다.

(2) too + 부사/형용사 + to 동사원형

→ so＋부사/형용사＋that＋주어＋can't＋동사원형

I'm too young to drive a car.

→ I'm so young that I can't drive a car.
　나는 너무 어려서 차를 운전할 수 없다.

(3) 부사/형용사 + enough to 동사원형

→ so+부사/형용사+that+주어+can+동사원형

I'm old enough to drive a car.

→ I'm so old that I can drive a car.

나는 차를 운전할 만큼 충분한 나이다.

Check! Check

빈칸에 들어갈 말로 가장 적절한 것을 고르시오.

You're _____ young to read this book.
=You're so young that you can't read this book.

① enough   ② so   ③ to   ④ too

해석 넌 너무 어려서 그 책을 읽을 수가 없어.

해설 too A to B=so A that 주어 can't B로 바꿀 수 있다.

답 ④

---

14 동명사

동명사	주어	문장 앞	Taking pictures is interesting.
	보어	주로 be동사 뒤	My hobby is taking pictures.
	목적어	enjoy, finish, give up, mind, stop +동명사 목적어	I enjoy taking pictures.

(1) 동명사

동사원형에 ing를 붙여 "~하는 것, ~하기"라는 의미로 주어, 보어, 목적어에 사용한다.

① Taking pictures is interesting. (동사 is 왼쪽 주어 Taking pictures)

사진을 찍는 것은 재미있다.

② My hobby is taking pictures. (My hobby=taking pictures, 주로 be동사 오른쪽에 보어)

내 취미는 사진을 찍는 것이다.

③ I enjoy taking pictures. (enjoy 즐기다, finish 끝마치다, give up 포기하다, mind 꺼리다, stop 멈추다+동명사 목적어)

나는 사진 찍는 것을 즐긴다.

✏️ Check! Check

빈칸에 들어갈 말로 가장 적절한 것을 고르시오.

_____ a book isn't easy.

① Write   ② Writes   ③ Writing   ④ Wrote

[해석] 책을 쓰는 것은 쉬운 일이 아니다.
[해설] 주어는 동명사 Writing 사용이 적절하다.

답 ③

---

15 구분해야 할 동명사와 to부정사

decide, hope, need, plan, promise, want	+ to부정사 목적어	I want to read this book.
enjoy, finish, give up, mind, stop	+ 동명사 목적어	I enjoy reading this book.
begin, start, hate, like, love, continue	+ 동명사 = to부정사	I started reading this book. =I started to read this book.
forget, remember	동명사(한 일)	I remember reading this book.
	to부정사(할 일)	I remember to read this book.

(1) decide, hope, need, plan, promise, want + to부정사 목적어

I want to read this book.

나는 이 책을 읽고 싶다.

(2) enjoy, finish, give up, mind, stop + 동명사 목적어

I enjoy reading this book.

나는 이 책을 읽는 것을 즐긴다.

(3) begin, start, hate, like, love, continue + 동명사 = to부정사

I started reading this book.

= I started to read this book.

나는 이 책을 읽기 시작했다.

(4) forget, remember + 동명사(한 일) / to부정사(할 일)

① I remember reading this book.

나는 이 책을 읽은 것이 기억난다.

② I remember to read this book.

나는 이 책을 읽어야 하는 것을 기억하고 있다.

📝 **Check! Check**

빈칸에 들어갈 수 <u>없는</u> 것을 고르시오.

She _____ reading books.

① enjoyed　　　② finished　　　③ gave up　　　④ wanted

[해석] 그녀는 책 읽는 것을 즐겼다/끝마쳤다/포기했다.

[해설] want+to부정사이므로 reading 동명사가 아닌 to read로 표현한다.

답 ④

---

16 동명사 구문

be afraid of ~ing ~하는 것이 두렵다	I'm afraid of playing games.
be ashamed of ~ing ~하는 것이 부끄럽다	I'm ashamed of playing games.
be busy ~ing ~하느라 바쁘다	I'm busy playing games.
be sure of ~ing ~할 것을 확신한다	I'm sure of playing games.
be used to ~ing ~하는 데 익숙해져 있다	I'm used to playing games.
be worth ~ing ~할 가치가 있다	This game is worth playing.
by ~ing ~함으로써, ~해서	By playing games, I take a rest.
can't help ~ing ~할 수밖에 없다	I can't help playing games.
feel like ~ing ~하고 싶은 마음이 들다	I feel like playing games.

have a hard time ~ing ~하는 데 어려움이 있다	I have a hard time playing games.
how about ~ing ~하는 게 어때?	How about playing games?
It is no use ~ing ~해도 소용없다	It is no use playing games.
keep (on) ~ing 계속 ~하다	I keep (on) playing games.
look forward to ~ing ~하기를 기대하다	I'm looking forward to playing games.
on ~ing ~하자마자	On playing games, I felt good.
spend 시간 ~ing ~하는 데 시간을 쓰다	I spent an hour playing games.

(1) be afraid of ~ing ~하는 것이 두렵다

I'm afraid of playing games.

나는 게임하는 것이 두렵다.

(2) be ashamed of ~ing ~하는 것이 부끄럽다

I'm ashamed of playing games.

나는 게임하는 것이 부끄럽다.

(3) be busy ~ing ~하느라 바쁘다

I'm busy playing games.

나는 게임하느라 바쁘다.

(4) be sure of ~ing ~할 것을 확신한다

I'm sure of playing games.

나는 게임할 것을 확신한다.

(5) be used to ~ing ~하는 데 익숙해져 있다

I'm used to playing games.

나는 게임하는 데 익숙해져 있다.

(6) be worth ~ing ~할 가치가 있다

This game is worth playing.

이 게임을 할 가치가 있다.

(7) by ~ing ~함으로써, ~해서

By playing games, I take a rest.
게임을 함으로써, 나는 휴식을 취한다.

(8) can't help ~ing ~할 수밖에 없다

I can't help playing games.
나는 게임을 할 수밖에 없다.

(9) feel like ~ing ~하고 싶은 마음이 들다

I feel like playing games.
나는 게임을 하고 싶은 마음이 든다.

(10) have a hard time ~ing ~하는 데 어려움이 있다

I have a hard time playing games.
나는 게임하는 데 어려움을 겪고 있다.

(11) how about ~ing ~하는 게 어때?

How about playing games?
게임하는 게 어때?

(12) It is no use ~ing ~해도 소용없다

It is no use playing games.
게임해도 소용없다.

(13) keep (on) ~ing 계속 ~하다

I keep playing games.
나는 계속 게임을 한다.

(14) look forward to ~ing ~하기를 기대하다

I'm looking forward to playing games.
나는 게임하는· 것을 기대하고 있다.

(15) on ~ing ~하자마자

On playing games, I felt good.
게임을 하자마자, 나는 기분이 좋아졌다.

(16) spend 시간 ~ing ~하는 데 시간을 쓰다

I spent an hour playing games.

나는 게임하는 데 1시간을 썼다.

Check! Check

빈칸에 들어갈 말로 가장 적절한 것을 고르시오.

She was busy _____ her homework.

① did   ② do   ③ doing   ④ to do

[해석] 그녀는 숙제를 하느라 바빴다.

[해설] be busy ~ing로 표현하므로 was busy doing이 적절하다.

답 ③

---

17 분사

과거분사: 수동, 완료	현재분사: 능동, 진행
The novel was <u>written</u> by Tom.	Tom was <u>writing</u> the novel.

(1) 과거분사와 현재분사

분사는 과거분사와 현재분사가 있다. 과거분사는 수동과 완료의 의미를 나타낸다. 현재분사는 능동과 진행의 의미를 나타낸다. 분사는 형용사에 가까워 명사를 꾸미거나 보어로 잘 사용한다.

① The novel was written by Tom. (소설은 쓰여지는 수동이므로 written)

그 소설은 톰에 의해 쓰여졌다.

② Tom was writing the novel. (톰은 소설을 쓰는 능동이므로 writing)

톰은 그 소설을 쓰는 중이었다.

③ The game was exciting. (게임은 흥분을 시키는 능동이므로 exciting)

그 게임은 흥미진진했다.

④ I was excited to play the game. (나는 게임을 해서 흥분되는 수동이므로 excited)

나는 그 게임을 해서 흥분되었다.

⑤ The interesting book is sold out. (책이 재미를 주는 능동이므로 interesting)
그 재미있는 책은 매진이다.

⑥ I'm interested in books. (나는 책 때문에 재미를 얻는 수동이므로 interested)
나는 책에 관심이 있다.

✏️ Check! Check

빈칸에 들어갈 말이 순서대로 가장 적절하게 짝지어진 것을 고르시오.

- The book is _____.
- I was _____ to hear the news.

① interested – excited
② interested – exciting
③ interesting – excited
④ interesting – exciting

[해석] 그 책은 재미있다. 나는 그 소식을 들어서 흥분되었다.

[해설] The book은 재미를 주는 능동이므로 interesting, 나는 흥분된 수동이므로 excited 로 표현한다.

답 ③

---

18 분사구문

원래 문장	분사구문
Because I have no time, I can't help you.	Having no time, I can't help you.
If you turn to the left, you will find the building.	Turning to the left, you will find the building.
If we speak generally, people like buying cheaply.	Generally speaking, people like buying cheaply.

(1) 분사구문 만들기

접속사를 지우고, 주어를 지운 후 동사원형에 ing를 붙이면 분사구문이 된다.

① Because I have no time, I can't help you.

➜ Having no time, I can't help you.
시간이 없어서, 난 널 도울 수 없어.

② If you turn to the left, you will find the building.

→ Turning to the left, you will find the building.
왼쪽으로 돌면, 넌 그 건물을 찾을 수 있을 거야.

③ If we speak generally, people like buying cheaply.

→ Generally speaking, people like buying cheaply.
일반적으로 말하면, 사람들은 싸게 사는 것을 좋아한다.

19 수동태

구분	능동태	수동태
현재시제	I love movies.	Movies are loved by me.
과거시제	I loved movies.	Movies were loved by me.
조동사	I will love movies.	Movies will be loved by me.
부정문	They don't love movies.	Movies aren't loved by them.
의문문	Do you love movies?	Movies are loved by you. → Are movies loved by you?

be covered with ~로 덮여 있다	The mountain was covered with snow.
be filled with ~으로 가득하다	Her room is filled with books.
be interested in ~에 관심 있다	She is interested in books.
be made from ~로 만들어지다	Paper is made from wood.
be made of ~로 만들어지다	Her desk is made of wood.
be satisfied with ~에 만족하다	People are satisfied with her works
be surprised at ~에 놀라다	People were surprised at her news.

(1) 능동태와 수동태

"S+V"의 형태로 "주어가 한다"는 의미를 가진 문장이 능동태, "S+be동사+과거분사"의 형태로 "주어가 당한다, 받는다"는 의미를 가진 문장이 수동태다.

(2) 수동태를 만드는 방법

① 능동태의 목적어를 수동태의 주어로 옮기기

② 동사를 be동사+과거분사로 바꾸기

③ 남은 부분 쓰기

④ 능동태의 주어를 문장 뒤에 by+목적격으로 바꾸어 쓰기

(3) 능동태 ➜ 수동태

① I love movies.

➜ Movies are loved by me.
영화는 나에게 사랑받는다.

② I loved movies.

➜ Movies were loved by me.
영화는 나에게 사랑받았다.

③ I will love movies.

➜ Movies will be loved by me.
영화는 나에게 사랑받을 것이다.

④ They don't love movies.

➜ Movies aren't loved by them.
영화는 그들에게 사랑받지 않는다.

⑤ Do you love movies? (의문문)

➜ Movies are loved by you. (평서문)

➜ Are movies loved by you? (의문문)
영화는 당신에게 사랑받고 있나요?

(4) by를 사용하지 않는 수동태

① The mountain was covered with snow.
산은 눈으로 덮여 있었다.

② Her room is filled with books.
그녀의 방은 책으로 가득 차 있다.

③ She is interested in books.
그녀는 책에 관심이 있다.

④ Paper is made from wood.
종이는 나무로 만들어진다.

⑤ Her desk is made of wood.
그녀의 책상은 나무로 만들어진다.

⑥ People are satisfied with her works.
사람들은 그녀 작품들에 만족한다.

⑦ People were surprised at her news.
사람들은 그녀의 뉴스에 놀랐다.

빈칸에 들어갈 말로 가장 적절한 것을 고르시오.

The book _____ by Mr. Kim in 2002.

① write   ② writes   ③ wrote   ④ was written

해석 그 책은 2002년에 김 선생님에 의해 쓰여졌다.

해설 책은 쓰여지는 수동태이므로 be + 과거분사(written)로 표현한다.

답 ④

04 심화편

• 일치를 반드시 알아둔다.

01 일치

일치		
every + 단수명사	단수 취급	Every student likes games.
each + 단수명사	단수 취급	Each student likes games.
both A and B	복수 취급	Both you and Tom like games.
either A or B	B에 일치	Either you or Tom likes games.
neither A nor B	B에 일치	Neither you nor Tom likes games.
not only A but also B =B as well as A	B에 일치	Not only you but also Tom likes games. =Tom as well as you likes games.
분수 + 단수명사	단수 취급	Half of the money was lost.
분수 + 복수명사	복수 취급	Half of the coins were lost.
A number of 복수명사	복수 취급	A number of coins are lost.
The number of 복수명사	단수 취급	The number of coins is decreasing.

주어가 단수면 단수동사를, 주어가 복수면 복수동사를 사용하여 주어와 동사의 일치를 시킨다.

① Every student likes games. (every+단수명사로 단수 취급)

　모든 학생은 게임을 좋아한다.

② Each student has a smart phone to play games. (each+단수명사로 단수 취급)

　학생들 각각 게임을 할 스마트폰을 가지고 있다.

③ Both you and Tom like games. (both A and B는 복수 취급)

　당신과 톰 둘 다 게임을 좋아한다.

④ Either you or Tom likes games. (either A or B는 B에 동사를 일치)

　당신 또는 톰 중에 하나는 게임을 좋아한다.

⑤ Neither you nor Tom likes games. (neither A nor B는 B에 동사를 일치)

　당신과 톰 둘 다 게임을 좋아하지 않는다.

⑥ Not only you but also Tom likes games. (not only A but also B는 B에 동사를 일치)

= Tom as well as you likes games. (B as well as A는 B에 동사를 일치시키므로 Tom에 일치시킨 likes를 사용)

당신뿐만 아니라 톰도 게임을 좋아한다.

⑦ Half of the money was lost. (분수+단수명사는 단수 취급)

그 돈의 절반이 분실되었다.

⑧ Half of the coins were lost. (분수+복수명사는 복수 취급)

그 동전들 절반이 분실되었다.

⑨ A number of coins are lost. (a number of는 "많은"이란 의미의 형용사로 보고, 그 뒤의 복수명사 주어에 일치)

많은 동전이 분실된 상태다.

⑩ The number of coins is decreasing. (the number of는 "~의 수"란 의미로 the number 가 단수 주어)

동전의 수가 줄어들고 있는 중이다.

✎ Check! Check

빈칸에 들어갈 말로 가장 적절한 것을 고르시오.

> Every father _____ for his own family.

① work   ② working   ③ works   ④ to work

[해석] 모든 아버지는 자신의 가족을 위해 일하신다.

[해설] Every+단수명사는 단수 취급하므로 3인칭 단수 s가 있는 works가 적절하다.

답 ③

---

02 간접의문문

의문문	What is this? Is it his car?
의문사가 있는 간접의문문 ➔ 앞 문장 + 의문사 + S + V ~	I wonder. + What is this? ➔ I wonder what this is.
의문사가 없는 간접의문문 ➔ 앞 문장 + if/whether + S + V ~	I wonder. + Is it his car? ➔ I wonder if(whether) it is his car.

어떤 문장 뒤에 의문문을 합치면 그 의문문을 간접의문문 순서로 써야 한다. 간접의문문 순서란 의문사가 있는 경우 "의문사＋주어＋동사", 의문사가 없는 경우 "if/whether＋주어＋동사" 순서를 말한다. 이때 if와 whether는 "~인지 아닌지"의 뜻을 가진다.

① I wonder. + What is this?

➔ I wonder what this is.
나는 이것이 무엇인지 궁금하다.

② I wonder. + Is it his car?

➔ I wonder if(whether) it is his car.
난 그것이 그의 차인지 아닌지 궁금하다.

✎ Check! Check

두 문장을 합친 것 중 가장 적절한 것을 고르시오.

> Do you know? + How old is she?

① Do you know how old is she?

② Do you know how old she is?

③ Do you know how she is old?

④ Do you know she is how old?

[해석] 그녀가 몇 살인지 넌 아니?

[해설] 앞 문장 Do you know＋의문사 how old＋주어 she＋동사 is 순서로 표현한다.

답 ②

03 강조구문

강조하기 전 문장		Tom met Jack in the park.	
강조구문	주어 강조	It was Tom that met Jack in the park.	It ~ that 강조구문
	목적어 강조	It was Jack that Tom met in the park.	
	수식어 강조	It was in the park that Tom met Jack.	
	동사 강조	Tom did meet Jack in the park.	do(did)＋동사원형

(1) It ~ that 강조구문

주어, 목적어, 수식어를 강조할 때 사용한다. "It is(was)＋강조하는 것＋that＋강조하고
남은 것~" 형태로 표현한다.

Tom met Jack in the park.

➜ It was Tom that met Jack in the park. (주어 강조구문)
　공원에서 잭을 만난 사람은 바로 톰이었다.

➜ It was Jack that Tom met in the park. (목적어 강조구문)
　공원에서 톰이 만난 사람은 바로 잭이었다.

➜ It was in the park that Tom met Jack. (수식어 강조구문)
　톰이 잭을 만난 곳은 바로 공원이었다.

(2) 일반동사 강조구문

"do, does, did＋동사원형"의 형태로 일반동사를 강조한다.

Tom met Jack in the park.

➜ Tom did meet Jack in the park.
　톰은 잭을 공원에서 정말 만났다.

✏️ Check! Check

빈칸에 공통으로 들어갈 말로 가장 적절한 것을 고르시오.

> • _____ is windy today.
> • _____ was Julie that solved the math problem.

① He   ② It   ③ She   ④ This

[해석] 오늘 바람이 분다. 그 수학 문제를 푼 사람은 바로 줄리였다.
[해설] 날씨를 표현하는 비인칭 주어 It, It ~ that 강조구문의 It이 공통으로 적절하다.

[답] ②

04 도치

도치되기 전	도치된 후	
Our teacher comes <u>here</u>. He comes <u>here</u>.	(T)Here+동사+명사 주어	Here comes our teacher.
	(T)Here+대명사 주어+동사	Here he comes.
I have <u>never</u> seen the teacher. I <u>never</u> saw the teacher then.	부정어+be동사·조동사+주어 ~	Never have I seen the teacher.
	부정어+do(일반동사)+주어 ~	Never did I see the teacher then.

(1) 도치

대부분의 영어 문장은 S+V~의 순서가 일반적인데 그 순서를 바꾸어 사용하는 것을 도치라고 한다. 문장 앞으로 단어를 옮기는 여러 가지 이유가 있겠지만 주로 앞으로 옮긴 단어들을 강조하려는 목적이 크다.

(2) Here/There 도치

Here/There+동사+명사 주어, Here/There+대명사 주어+동사 순서로 도치한다.

① Our teacher comes <u>here</u>.

→ Here comes our teacher.
　　우리 선생님이 여기로 오신다.

② He comes <u>here</u>.

   ➜ Here he comes.

     그가 여기로 온다.

(3) 부정어 도치

hardly, never 등의 "부정어+be동사·조동사+주어 ~", 일반동사만 있는 경우는 "부정어+do(does, did)+주어 ~" 순서로 도치한다.

① I have <u>never</u> seen the teacher.

   ➜ Never have I seen the teacher.

     난 그 선생님을 결코 본 적이 없다.

② I <u>never</u> saw the teacher then.

   ➜ Never did I see the teacher then.

     난 그 선생님을 그때 결코 보지 못했다.

✏ Check! Check

빈칸에 공통으로 들어갈 말로 가장 적절한 것을 고르시오.

- I _____ my homework yesterday.
- Never _____ I watch a movie last Sunday.

① did   ② do   ③ does   ④ doing

해석 나는 어제 숙제를 했다. 지난 주 일요일에 나는 영화를 결코 보지 않았다.

해설 yesterday, last Sunday는 과거시제를 표시하는 표현으로 do의 과거형 did가 적절하다.

답 ①

05 가정법

직설법 현재	가정법 과거
As he doesn't have time, he can't study enough.	If+S+과거 ~, S+could/would+V ~
	If he had time, he could study enough.
I'm sorry he doesn't have time.	I wish+S+과거 ~
	I wish he had time.
In fact, he doesn't study enough.	as if+S+과거 ~
	He talks as if he studied enough.

(1) 직설법과 가정법

현실을 있는 그대로 직접적으로 표현하면 "직설법"이다. 현실을 반대로 가정해서 표현하면 "가정법"이다. 예를 들어, "나는 부자가 아니다"는 직설법, "내가 부자라면"은 가정법이다. 직설법 현재는 가정법 과거로 표현한다.

(2) If 가정법

As he doesn't have time, he can't study enough.
시간이 없어서, 그는 충분히 공부를 할 수가 없다.

→ If he had time, he could study enough.
시간이 있으면, 그는 충분히 공부할 수 있을 텐데.

(3) I wish 가정법

I'm sorry he doesn't have time.
그가 시간이 없다는 것이 안타깝다.

→ I wish he had time.
그에게 시간이 있으면 좋을 텐데.

(4) as if 가정법

In fact, he doesn't study enough.
사실, 그는 충분히 공부하지 않아.

→ He talks as if he studied enough.
그는 마치 충분히 공부하는 것처럼 말한다.

빈칸에 들어갈 말로 가장 적절한 것을 고르시오.

> If I _____ a bird, I could fly to you.

① am   ② are   ③ is   ④ were

해석 내가 새라면, 너에게 날아갈 수 있을 텐데.
해설 가정법 과거 표현으로 were가 적절하다.

답 ④

PART 02 기출문제 체크

정답 및 해설 7p

유형 1 의문문

의문문은 크게 3가지 문제로 구분된다. 첫째, be동사, 조동사, 일반동사를 구분하여 질문하고 답하는 문제, 둘째, 의문사를 구분하여 질문하고 답하는 문제, 셋째, 부가의문문이다. be동사, 조동사, 일반동사를 구분하여 질문하고 답하는 문제는 be동사는 be동사로, 조동사는 조동사로, 일반동사는 do(es), did를 사용하여 답하는 연습이 필요하다. 의문사를 구분하여 질문하고 답하는 문제는 솔루션에 제시된 의문사 질문과 대답을 정확히 익혀두면 큰 문제가 없을 것이다. 부가의문문은 만드는 기본 공식을 잊어서는 안 된다.

---

01 다음 대화의 빈칸에 들어갈 말로 가장 적절한 것은?

> A: _____ you tired?
> B: No, I am not.

① Do　　　② Is
③ Are　　　④ Does

02 대화의 빈칸에 들어갈 말로 가장 적절한 것을 고르시오.

> A: Can you make a paper rose?
> B: No, _____. I can only make a paper bird.

① I am　　　② I can't
③ he is　　　④ you aren't

03 대화의 빈칸에 들어갈 말로 가장 적절한 것을 고르시오.

> A: They are great actors, _____ they?
> B: Yes, they are.

① isn't　　　② aren't
③ don't　　　④ doesn't

04 다음 대화의 빈칸에 들어갈 말로 가장 적절한 것은?

> A: Is David at home?
> B: No, _____. He's at school.

① he is　　　② he isn't
③ I'm not　　　④ she is

05 대화의 빈칸에 들어갈 말로 가장 적절한 것을 고르시오.

> A: _____ you finish your homework last night?
> B: Yes, I did.

① Are   ② Did

③ What   ④ Who

06 대화의 빈칸에 들어갈 말로 가장 알맞은 것을 고르시오.

> A: _____ you speak Chinese?
> B: Yes, I can.

① Is   ② Can

③ Are   ④ Does

07 B의 응답으로 가장 알맞은 것을 고르시오.

> A: Does she like ice cream?
> B: _____.

① Yes, I can   ② No, you don't

③ Yes, she does   ④ No, they aren't

08 대화의 빈칸에 들어갈 말로 알맞은 것은?

> A: _____ he play the violin?
> B: No, he doesn't.

① Is   ② Are

③ Do   ④ Does

09 대화의 빈칸에 들어갈 말로 알맞은 것은?

> A: Is this your bag?
> B: Yes, it _____.

① am   ② is

③ are   ④ do

10 빈칸에 들어갈 말로 알맞은 것은?

> A: Do you know how to drive?
> B: Yes, I _____.

① do   ② is

③ shall   ④ will

11 대화의 빈칸에 들어갈 말로 가장 적절한 것을 고르시오.

> A: _____ you like pizza?
> B: Yes, I do.

① Is   ② Do
③ Are   ④ Does

12 빈칸에 들어갈 말로 알맞은 것은?

> A: Do you like science?
> B: _____. It's my favorite subject.

① Yes, I am   ② Yes, I do
③ No, I'm not   ④ No, I don't

13 빈칸에 들어갈 말로 알맞은 것을 고르시오.

> A: Are you going to the Art Gallery tomorrow?
> B: Yes, I _____.

① am   ② was
③ were   ④ been

14 대화의 빈칸에 들어갈 말로 가장 적절한 것을 고르시오.

> A: _____ does the art museum open?
> B: It usually opens at 10:00 a.m.

① Which   ② Whose
③ What   ④ When

15 대화의 빈칸에 들어갈 말로 가장 적절한 것을 고르시오.

> A: _____ is the weather today?
> B: It is foggy.

① How   ② Who
③ Where   ④ Which

16 다음 대화의 빈칸에 들어갈 말로 가장 적절한 것은?

> A: How _____ do you exercise?
> B: Three times a week.

① tall   ② old
③ often   ④ far

PART 02

17 대화의 빈칸에 들어갈 말로 가장 적절한 것을 고르시오.

> A: _____ are you so late?
> B: Because I got up late.

① Why   ② Who
③ Where   ④ When

18 대화의 빈칸에 들어갈 말로 가장 적절한 것을 고르시오.

> A: What _____ of music do you like?
> B: I like pop music.

① kind   ② hide
③ find   ④ send

19 다음 대화의 빈칸에 들어갈 말로 가장 알맞은 것은?

> A: How _____ is this cap?
> B: It's 25 dollars.

① long   ② many
③ much   ④ tall

20 대화의 빈칸에 들어갈 말로 가장 알맞은 것을 고르시오.

> A: _____ do you live?
> B: I live in Seoul.

① Who   ② When
③ What   ④ Where

21 빈칸에 들어갈 말로 가장 알맞은 것은?

> A: _____ are you from?
> B: I'm from China.

① Who   ② How
③ When   ④ Where

22 빈칸에 들어갈 말로 가장 알맞은 것은?

> A: I want to buy some oranges.
> B: How _____ do you want?
> A: Four, please.

① far   ② tall
③ many   ④ long

23 대화의 빈칸에 들어갈 말로 알맞은 것은?

> A: _____ shall we meet?
> B: Let's meet at the library.

① Who   ② Why
③ What   ④ Where

24 대화의 빈칸에 공통으로 들어갈 말로 알맞은 것은?

> A: _____ often do you go to the movies?
> B: Once a month.
> A: _____ do you usually go there?
> B: By bus.

① How   ② What
③ When   ④ Which

25 대화가 자연스럽지 <u>않은</u> 것은?

① A: How are you doing?
   B: I'm pretty good.
② A: What day is it today?
   B: It's Monday.
③ A: What time shall we meet?
   B: At the bus stop.
④ A: Why are you late for school?
   B: Because I missed the bus.

26 A에 대한 B의 응답으로 적절하지 <u>않은</u> 것은?

① A: How much is it?
   B: It's fifteen dollars.
② A: What day is it today?
   B: You're welcome.
③ A: Where are you from?
   B: I'm from Japan.
④ A: What is your favorite sport?
   B: I like soccer.

27 대화의 빈칸에 들어갈 말로 가장 적절한 것을 고르시오.

> A: How _____ is the post office from here?
> B: It's about 5km from here.

① far   ② old
③ many   ④ often

28 대화가 자연스럽지 <u>않은</u> 것은?

① A: Can you swim?
   B: Yes, I can.
② A: Let's play soccer.
   B: That's a good idea.
③ A: Thank you very much.
   B: My pleasure.
④ A: What is your favorite animal?
   B: Yes, I like it.

29 대화의 빈칸에 들어갈 말로 알맞은 것을 고르시오.

> A: _____ did you stay at the hotel?
> B: For two weeks.

① How far ② How long
③ How much ④ How often

31 대화의 빈칸에 들어갈 말로 가장 적절한 것을 고르시오.

> A: It's cold, _____.
> B: Yes, let's turn on the heater.

① isn't it? ② don't you?
③ aren't they? ④ doesn't he?

30 A에 대한 B의 응답이 적절하지 <u>않은</u> 것은?

① A: Thank you for the present.
  B: You're welcome.
② A: How do you go to school?
  B: By bus.
③ A: Why are you upset?
  B: Yes, I do.
④ A: Will you do me a favor?
  B: Sure. What is it?

유형 2 감탄문, 명령문, There 구문

감탄문은 "What＋a＋형용사＋명사＋주어＋동사!" 그리고 "How＋부사/형용사＋주어＋동사!" 공식을 알아야 한다. 명령문은 "동사원형"을 이용하고 "명령문, and ～해라, 그러면"과 "명령문, or ～해라, 그렇지 않으면" 구문을 알고 있어야 한다. There 구문은 "There is＋단수 주어, There are＋복수 주어"를 묻는 문제가 출제된다.

01 빈칸에 들어갈 말로 알맞은 것을 고르시오.

> _____ a beautiful day it is!

① How ② What
③ When ④ Where

03 다음 빈칸에 알맞은 말을 고르시오.

> There _____ five books on the table.

① am ② is
③ are ④ was

02 빈칸에 들어갈 말로 알맞은 것은?

> Get up early, _____ you'll be late for class.
> (일찍 일어나라, 그렇지 않으면 수업에 늦을 거야.)

① or ② if
③ so ④ and

01 대화의 빈칸에 들어갈 말로 알맞은 것은?

> A: Do you have a brother?
> B: Yes, I do.
> A: What's _____ favorite subject?
> B: He likes math.

① her
② our
③ his
④ your

02 빈칸에 들어갈 말로 알맞은 것은?

> A: What do you want to buy for your sister?
> B: I want to buy a doll for _____.

① me
② her
③ him
④ you

03 빈칸에 들어갈 말로 알맞은 것을 고르시오.

> My mother wears a hat when _____ goes out.

① I
② you
③ she
④ they

04 빈칸에 들어갈 말로 알맞은 것은?

> Mr. Kim is my teacher. _____ teaches music.

① He
② She
③ You
④ They

05 빈칸에 들어갈 말로 알맞은 것을 고르시오.

> A: How old is your father?
> B: _____ is forty-two years old.

① You
② He
③ She
④ It

유형 4 비교

원급, 비교급, 최상급을 사용하여 묻고 답하는 문제이다. 문법 솔루션의 비교 부분을 꼼꼼하게 정리했다면 자주 출제되는 이 문제는 크게 어렵지 않을 것이다.

01 Tom과 Susan의 대화로 보아 빈칸에 들어갈 말로 가장 적절한 것은?

> Tom: Your computer looks nice. Is it new?
> Susan: Yes, I bought it last Friday.
> Tom: I want to get a new one. I bought mine three years ago.

> Tom bought his computer _____ than Susan.

① higher
② bigger
③ earlier
④ cheaper

02 표의 내용과 일치하는 것은?

Name	Height(cm)*
Sora	155
Jiho	160
Mina	165
Insu	170

*Height: 키

① Sora is taller than Jiho.
② Jiho is the shortest.
③ Mina is shorter than Jiho.
④ Insu is the tallest.

03 표의 내용으로 보아 빈칸에 들어갈 말로 가장 알맞은 것은?

Drinks	Price
Coffee	$3.00
Tea	$5.00

> The coffee is _____ than the tea.

① cheap
② cheaper
③ expensive
④ more expensive

04 Mina와 Jim의 대화로 보아 빈칸에 들어갈 말로 알맞은 것은?

> Mina: I come to school at 8 a.m.
> Jim: Really? I come to school at 8:30 a.m.

> Mina comes to school _____ than Jim.

① older
② higher
③ bigger
④ earlier

05 대화의 빈칸에 들어갈 말로 가장 적절한 것을 고르시오.

> A: I usually get up at 7 in the morning.
> B: You get up _____ than I do. I usually get up at 6 in the morning.

① later　　② taller
③ faster　　④ bigger

07 그림의 내용으로 보아 빈칸에 알맞은 것은?

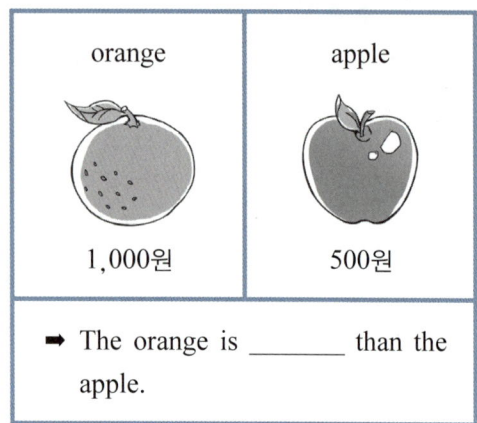

| orange | apple |
| 1,000원 | 500원 |

➡ The orange is _____ than the apple.

① cheaper　　② cheapest
③ expensive　　④ more expensive

06 표의 내용과 일치하는 것은?

Name	Age
Meg	16
John	15
Beth	13
Amy	10

① Meg is the youngest of all.
② John is older than Meg.
③ Beth is younger than John.
④ Amy is the oldest of all.

유형 **5** 전치사

전치사는 일반 전치사의 쓰임과 숙어에 나오는 전치사를 묻는 문제가 대부분이다. 필수 어휘 2000개에 나오는 숙어와 문법 솔루션에 제시한 전치사의 쓰임을 꼼꼼하게 정리하면 어렵지 않게 풀 수 있을 것이다.

01 빈칸에 공통으로 들어갈 말로 가장 알맞은 것은?

> • I am interested _____ math.
> • There is a computer _____ my room.

① in   ② of
③ to   ④ with

02 그림으로 보아 빈칸에 들어갈 말로 알맞은 것은?

> There are three books _____ the table.

① on   ② to
③ under   ④ behind

03 빈칸에 공통으로 들어갈 말로 알맞은 것은?

> • I go to school _____ bus.
> • I will finish my report _____ 7 o'clock.

① of   ② by
③ out   ④ from

04 빈칸에 공통으로 들어갈 말로 알맞은 것은?

> • I am good _____ cooking.
> • I go to bed _____ 10 o'clock.

① of   ② up
③ at   ④ to

05 빈칸에 공통으로 들어갈 말로 알맞은 것은?

> • I was born _____ 1998.
> • I am interested _____ animals.

① by   ② in

③ on   ④ to

07 다음 빈칸에 공통으로 들어갈 말은?

> • You must finish this _____ 6 o'clock.
> • This book is written _____ Shakespeare.

① at   ② by

③ on   ④ from

06 빈칸에 공통으로 들어갈 말로 알맞은 것은?

> • Joe has lived in Seoul _____ 20 years.
> • This rose is _____ you.

① at   ② in

③ for   ④ during

유형 6 접속사와 관계사

접속사는 해석을 해서 내용 파악을 해야 풀 수 있다. 관계사는 관계대명사 문제로 선행사가 사람이면 who, 사람이 아니면 which를 사용하는 문제가 대부분이다.

01 빈칸에 공통으로 들어갈 말로 알맞은 것은?

> Subin and Sujin are twins. They look the same _____ they are different. Subin likes robots _____ Sujin doesn't. She likes dolls.

① or ② so
③ but ④ because

02 두 문장의 의미가 같을 때 빈칸에 들어갈 알맞은 것은?

> _____ you exercise very hard, you won't be healthy.
> =If you don't exercise very hard, you won't be healthy.

① As ② So
③ Unless ④ Because

03 두 문장을 한 문장으로 연결할 때 빈칸에 알맞은 것은?

> • There is a dog.
> • The dog is drinking water.
> ➜ There is a dog _____ is drinking water.

① how ② when
③ what ④ which

04 빈칸에 알맞은 것은?

> Do you know the boy _____ is singing on the stage?

① who ② what
③ which ④ whose

대부분 진행형 be+~ing 형태로 표현할 수 있는지 묻는 시제 문제가 많다. 과거 시간은 과거시제, 미래 시간은 미래 시제를 사용한다는 것을 명심하자. have(has)+과거분사로 표현하는 현재완료 문제도 가끔 출제된다.

01 대화의 빈칸에 들어갈 말로 가장 적절한 것을 고르시오.

> A: _____ you ever been to Paris?
> B: No, I haven't. I'd like to go there someday.

① Are   ② Can
③ Does   ④ Have

02 다음 대화에서 B에 대한 A의 질문으로 가장 알맞은 것은?

> A: _____?
> B: She is reading a book.

① Did you have lunch
② What is she doing
③ How are you doing
④ When does she get up

03 다음 대화의 빈칸에 들어갈 말로 가장 알맞은 것은?

> A: What did you eat for dinner yesterday?
> B: I _____ bibimbap.

① ate   ② eats
③ eating   ④ has eaten

04 그림 속 Sora의 상황을 표현한 것으로 알맞은 것은?

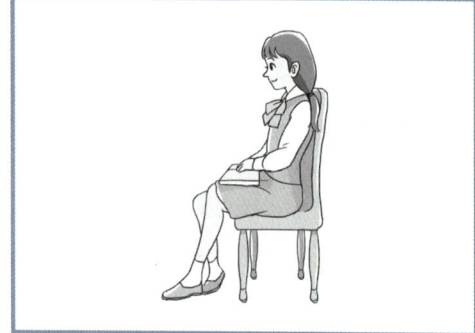

① Sora is sitting on a chair.
② Sora is washing the dishes.
③ Sora is playing with a ball.
④ Sora is swimming in a pool.

05 빈칸에 들어갈 말로 알맞지 않은 것은?

My family went camping _____.

① tomorrow   ② yesterday
③ last Saturday   ④ three days ago

06 대화의 빈칸에 들어갈 말로 알맞은 것은?

A: Are you going to visit your
   grandparents?
B: Yes, I _____ them next month.

① visits   ② visited
③ visiting   ④ will visit

07 빈칸에 들어갈 말로 알맞은 것은?

They _____ fishing yesterday.

① go   ② went
③ will go   ④ are going

08 그림 속 Tom의 행동을 표현한 것으로 알맞은 것은?

① Tom is watching TV.
② Tom is washing a car.
③ Tom is playing baseball.
④ Tom is listening to music.

09 대화의 빈칸에 들어갈 말로 가장 알맞은 것은?

A: Where did you go last weekend?
B: I _____ to the zoo with my
   family.

① go   ② goes
③ went   ④ will go

10 다음 상황을 적절하게 표현한 것은?

① She is reading a book.
② She is playing football.
③ She is taking a shower.
④ She is painting a picture.

11 그림 속 Mary의 행동을 알맞게 표현한 것은?

① Mary is cutting flowers.
② Mary is watering flowers.
③ Mary is drawing flowers.
④ Mary is picking up flowers.

12 빈칸에 들어갈 말로 알맞은 것은?

> I will go fishing _____.

① tomorrow
② yesterday
③ last night
④ two days ago

13 빈칸에 들어갈 말로 알맞은 것을 고르시오.

> I _____ at a hospital last month.

① work
② worked
③ will work
④ am working

14 빈칸에 들어갈 말로 적절하지 <u>않은</u> 것은?

> I went to Namsan _____.

① last Sunday
② two days ago
③ tomorrow
④ yesterday

유형 8 조동사, to부정사, 동명사

준동사(to부정사, 동명사, 분사를 합쳐 부르는 용어) 문제는 난이도가 있는 문제라고 느껴서인지 아주 중요하지만 출제 빈도는 낮다. 문법 솔루션에 있는 기본 사항을 정리해 두고 동명사와 to부정사를 목적어로 사용하는 동사들은 반드시 암기해 두길 바란다. 그리고 조동사 뒤에는 동사원형을 사용하는 것도 정리해 두면 크게 어렵지는 않을 것이다.

01 다음 빈칸에 들어갈 수 <u>없는</u> 말은?

> I can _____ fast.

① run   ② easy

③ cook   ④ walk

02 대화의 빈칸에 들어갈 말로 가장 적절한 것을 고르시오.

> A: My arm hurts. I think I exercised too much.
> B: You'd _____ see a doctor today.

① rest   ② worse

③ better   ④ should

03 빈칸에 들어갈 말로 알맞은 것을 고르시오.

> I'd like to _____ you to my wedding.

① invite   ② inviting

③ invitation   ④ invited

04 다음 빈칸에 알맞은 말을 고르시오.

> Would you like something _____?

① eat   ② ate

③ to eat   ④ eating

EBS 교육방송교재

중졸 검정고시 영어

생활영어 솔루션

01 필수 대화 표현 40개

⭐ 현행 중졸 검정고시 영어 완벽 정복에 필요한 생활영
어의 핵심인 필수 대화 표현 40가지가 어떤 것들인지
이해하고 정리한 후 그것들이 문제에 어떻게 적용되
는지 최신 기출문제를 풀어 마무리해서 어떻게 출제
되더라도 충분히 풀어낼 수 있는 능력을 갖춘다.

01 필수 대화 표현 40개

01 감사 표현

(1) 감사 표현

① I appreciate your help. 네 도움 고마워.

② Thank you for your help. 네 도움 고마워.

③ Thank you. 고마워.

④ Thanks a lot. 많이 고마워.

⑤ Thanks. 고마워

(2) 감사 표현에 대한 대답

① Anytime. 언제라도.

② Don't mention it. 별말씀을(그런 말 마세요).

③ It's my pleasure. 별말씀을.

④ It's nothing. 별 거 아닌데.

⑤ My pleasure. 별말씀을(내가 기쁘지).

⑥ No problem. 별 거 아닌데.

⑦ Not at all. 별 거 아닌데.

⑧ Sure. 별말씀을.

⑨ You're welcome. 별말씀을.

02 감정 표현

① I got so upset. 나 너무 화났어.

② I'm feeling low. 기분이 처져. 기운이 없어.

③ I'm glad to hear that. 그런 얘기 들어 기뻐.

④ I'm happy to hear that. 그런 얘기 들어 행복해.

⑤ I'm pleased to meet you. 널 만나 기뻐.

⑥ I'm satisfied with my success. 내 성공에 난 만족해.

⑦ It couldn't be better. 더 좋을 수는 없어. 너무 좋아.

⑧ It makes me really sad. 그건 정말 날 슬프게 만들어.

⑨ You look down. 너 우울해 보여.

03 거절 승낙 표현

(1) 거절 표현

① I'm sorry, I can't. 미안하지만, 할 수 없어.

② No, thank you. 고맙지만 됐습니다.

(2) 승낙 표현

① No problem. 문제 없어요.

② Sure. Go ahead. 물론이죠. 어서 하세요.

③ Yes, please. 예, 그래주세요.

04 격려 표현

① Cheer up! 힘내! 기운 내!

② Come on! 힘내! 기운 내!

③ Don't be disappointed. 실망하지 마.

④ Don't be so hard on yourself. 너무 괴로워하지 마.

⑤ Don't get too down. 너무 낙담하지 마.

⑥ Don't take it so hard. 너무 심각하게 여기지 마.

⑦ Don't worry about it. 그거 걱정하지 마.

⑧ Don't worry. 걱정 마.

⑨ Everything's going to be all right. 모든 것이 잘 될 거야.

⑩ I'm sure you'll do better next time. 다음에 더 잘할 거라 확신해.

⑪ Look on the bright side. 밝은 면을 봐. 긍정적으로 생각해.

⑫ Take it easy. 진정해.

⑬ You'll be just fine. 넌 괜찮아질 거야.

⑭ You'll do better next time. 다음에 더 잘할 거야.

05 계획 표현

① I'm planning to travel around the world. 난 세계여행을 할 계획이야.
② What are you going to do this weekend? 이번 주말에 뭐할 거니?
③ What are you planning to do? 무엇을 할 계획이니?
④ What do you plan to do this winter vacation? 이번 겨울 방학에 뭘 할 계획이니?
⑤ What's your plan? 네 계획은 뭐니?

06 관심 표현

① Are you interested in cooking? 넌 요리에 관심 있니?
② I have (an) interest in listening to music. 난 음악 듣는 것에 관심 있어.
③ What are you interested in? 넌 무엇에 관심 있니?

07 기대 표현

① I expect to have good grades. 난 좋은 성적이 나오길 기대해.
② I'm looking forward to seeing you again. 난 널 다시 보길 학수고대하고 있어.

08 기원 표현

① Good luck to you. 행운을 빌어.
② I hope everything goes well. 모든 것이 잘 되길 바란다.
③ I wish you good luck. 행운을 빌어.
④ I'll keep my fingers crossed for you. 행운을 빌어줄게.

09 길 찾기 표현

(1) 길 묻기

① Can you show me the way to the department store? 그 백화점이 어디 있는지 가르쳐 줄 수 있나요?
② Can you tell me where the post office is? 그 우체국이 어디에 있는지 알려줄 수 있나요?
③ Excuse me. Where is City Hall? 실례합니다. 시청이 어디에 있나요?
④ How can I get to the National Museum? 국립박물관에 어떻게 가나요?

⑤ I'm looking for City Hall. 시청을 찾는 중입니다.

⑥ Where can I find the station? 그 역을 어디서 찾을 수 있나요?

(2) 길 안내

① Go straight for one block and turn left. 한 블록 곧장 가서 좌회전하세요.

② It will take 30 minutes by bus. 버스로 30분 걸릴 것입니다.

③ It's behind the department store. 그 백화점 뒤에 있어요.

④ It's four blocks from here. 여기서 4블록입니다.

⑤ It's just a few blocks away. 단지 몇 블록 떨어져 있어요.

⑥ It's on your left. 당신 왼쪽에 있어요.

⑦ It's on your right. 당신 오른쪽에 있어요.

⑧ It's right around the corner. 그건 바로 모퉁이 근처에 있어요.

⑨ It's the first building on your left. 그것은 당신 왼쪽 첫 번째 건물입니다.

⑩ Sorry, I'm a stranger here myself. 미안하지만, 난 이곳을 잘 몰라요.

⑪ Take the bus and get off at the fourth stop. 그 버스를 타고 4번째 정거장에서 내리세요.

⑫ Turn right at the first corner. 첫 번째 모퉁이에서 우회전하세요.

⑬ You can't miss it. (놓치지 않고) 쉽게 찾을 수 있어요.

10 날씨 표현

① How's the weather today? 오늘 날씨 어때요?

② What's the weather like today? 오늘 날씨 어때요?

③ It's cloudy. 흐려.

④ It's raining. 비가 오고 있어.

⑤ It's rainy. 비가 와.

⑥ It's snowing. 눈이 오고 있어.

⑦ It's snowy. 눈이 와.

⑧ It's sunny. 화창해.

⑨ It's windy. 바람이 불어.

11 놀람 표현

① I can't believe it. 믿을 수가 없어.

② It's amazing. 놀랍군.

③ Oops! I can't believe my own eyes! 이런! 내 눈을 믿을 수가 없군!

④ That's incredible! 믿을 수가 없어!

⑤ That's surprising! 놀랍군!

⑥ Unbelievable! 믿을 수가 없군!

⑦ What a surprise! 놀랍다!

12 동의 표현

① I agree with you. 네게 동의해.

② I couldn't agree more. 전적으로 동의해.

③ I think so, too. 나도 역시 그렇게 생각해.

④ I think you are right. 네가 옳다고 생각해.

⑤ Me, too. 나도 그래.

⑥ Same here. 나도 같아.

⑦ So am I. 나도 그래.

⑧ So do I. 나도 그래.

⑨ That's a good point. 좋은 지적이야.

⑩ That's exactly what I had in mind. 그게 바로 정확히 내 생각이야.

⑪ That's just what I was thinking. 그게 바로 내 생각이야.

⑫ That's right. 맞아. 옳아.

⑬ You can say that again. 네 말에 동의해.

13 동정 유감 표현

① I know how it feels. 어떤 기분인지 알아.

② I'm sorry to hear that. 그런 얘기 들어 안타깝다.

③ That's a pity. 안타깝다.

④ That's too bad. 너무 안됐다.

⑤ What a pity! 안타깝군!

14 되묻기 표현

① Come again? 다시 한 번 말해줄래요?

② Could(Can) you say that again? 다시 한 번 말해줄래요?

③ Excuse me? 다시 한 번 말해줄래요?

④ I beg your pardon? 다시 한 번 말해줄래요?

⑤ (I'm) sorry? 다시 한 번 말해줄래요?

⑥ Pardon? 다시 한 번 말해줄래요?

⑦ Pardon me? 다시 한 번 말해줄래요?

⑧ What did you say? 다시 한 번 말해줄래요?

⑨ Would(Will) you repeat that? 다시 한 번 말해줄래요?

15 문제 묻기 표현

① Is there anything wrong? 무슨 일이야?

② What happened (to you)? 무슨 일이야?

③ What's the matter (with you)? 무슨 일이야?

④ What's the problem? 무슨 일이야?

⑤ What's up? 무슨 일이야?

⑥ What's wrong (with you)? 무슨 일이야?

16 물건사기 표현

① Can(May) I help you? 무엇을 도와드릴까요?

② Cash or credit? 현금입니까 카드입니까?

③ Here's your change. 잔돈 여기요.

④ How about this? 이것은 어때요?

⑤ How much does it cost? 얼마에요?

⑥ How much is it? 얼마에요?

⑦ I can't afford it. 그걸 살 수 없어요.

⑧ I'm just looking around. 그냥 둘러보는 중이에요.

⑨ I'm looking for a cap. 모자를 사러 왔어요.

⑩ It costs twelve dollars. 12달러입니다.

⑪ Show me another. 다른 것 좀 보여주세요.

⑫ What can I do for you? 무엇을 도와드릴까요?

17 불평 표현

① I want to complain about this food. 이 음식 별로에요.

② I'm really disappointed. 정말 실망이야.

③ It's not fair. 그건 불공평해.

④ This is unsatisfactory. 이건 불만이야.

18 사과 표현

(1) 사과 표현

① I apologize for losing my temper. 화를 내서 미안해.

② I'm sorry about that. 미안해요.

③ I'm sorry to have kept you waiting. 기다리게 해서 미안해요.

(2) 사과 대답 표현

① Don't worry. 걱정하지 마.

② It's not a big deal. 큰 일 아니야.

③ Never mind. 괜찮아. 신경 쓰지 마.

④ No problem. 괜찮아요(별 문제 아니에요).

⑤ That's all right. 괜찮아.

⑥ That's okay. 괜찮아요.

19 소개 표현

① I'd like you to meet my sister, Julia. 얘가 내 여동생 줄리아야.

② Let me introduce my friend to you. This is Julia. 내 친구 소개할게. 얘가 줄리아야.

③ Let me introduce myself. I'm Sam Brown. 소개할게. 난 샘 브라운이야.

④ This is my friend, Sam. 얘가 내 친구 샘이에요.

20 소망 표현

① I hope that he will get well. 그가 건강해지면 좋겠어.

② I hope to be more beautiful. 더 예뻤으면 좋겠어.

③ I wish I had enough time. 내게 충분한 시간이 있으면 좋을 텐데.

④ I wish I were a bird. 내가 새라면 좋을 텐데.

⑤ I wish you a Happy New Year. 행복한 새해가 되길.

⑥ I'd like to go abroad someday. 난 언젠가 외국에 가고 싶어.

⑦ I'm dying to go to the museum. 그 박물관에 가고 싶어 죽겠어.

⑧ If I were a bird, I could fly to you. 내가 새라면 너에게 날아갈 텐데.

21 안부 표현

(1) 안부 표현

① How are you (doing)? 어떻게 지내?

② How have you been? 그동안 어떻게 지냈어?

③ How's everything? 어떻게 지내?

④ How's it going? 어떻게 지내?

⑤ What have you been doing lately? 최근에 뭐하고 지냈어?

⑥ Long time no see. 오랜만이네.

⑦ It's been a long time. 오랜만이네.

⑧ I haven't seen you for ages. 오랜만이네.

⑨ I haven't seen you for a long time. 오랜만이네.

(2) 안부 대답 표현

① Everything's all right. 모든 게 좋아.

② Fine, thanks. 잘 지내, 고마워.

③ Good, thanks. 잘 지내, 고마워.

④ Not so bad. 나쁘진 않아.

⑤ Not so good. 그렇게 좋진 않아.

⑥ Nothing much. 별거 없어. 특별한 것은 없어.

⑦ Pretty good. 매우 잘 지내.

⑧ So so. 그냥 그래.

⑨ Very well. 매우 잘 지내.

22 약속 정하기 표현

① Shall we make it at seven? 7시에 만날까?

② What time shall we make it? 몇 시에 만날까?

③ Where shall we meet? 어디서 만날까?

23 외모 표현

① He is handsome. 그는 잘생겼어.

② She has curly hair. 그녀는 곱슬머리야.

③ She has long hair. 그녀는 긴 머리야.

④ She has straight hair. 그녀는 직모야.

⑤ She is tall. 그녀는 키가 커.

⑥ She's wearing glasses. 그녀는 안경을 쓰고 있어.

⑦ What does she look like? 그녀는 어떻게 생겼어?

24 요청 표현

① Can(May) I ask you a favor? 부탁해도 돼?

② Can(Could) you do me a favor? 부탁해도 돼?

③ Can(Could) you give me a hand? 도와줄래요?

④ Can you help me? 도와줄 수 있어?

⑤ Will(Would) you do me a favor? 부탁 좀 들어줄래?

⑥ Will(Would) you give me a hand? 도와줄래요?

25 음식 권유 표현

(1) 음식 권유

① Do you want some pizza? 피자 좀 먹을래?

② Help yourself to this pizza. 이 피자 마음껏 먹어.

③ How about having some pizza? 피자 좀 먹을래?

④ Why don't you get some salad? 샐러드 좀 먹을래?

⑤ Would you like some more pizza? 피자 좀 더 드실래요?

(2) 음식 권유 대답

① No, thank you. I had enough. 고맙지만 됐어요. 충분히 먹었어요.

② No, thanks. I'm full. 고맙지만 됐어요. 배가 불러요.

③ Yes, please. 예, 주세요.

26 음식 주문 표현

(1) 주문받기

① Anything else? 다른 건?

② Are you ready to order? 주문하실래요?

③ Can(May) I take your order? 주문하실래요?

④ For here or to go? 여기서 드시나요 아님 가져가나요(포장인가요)?

⑤ What will you have? 무엇을 드시겠습니까?

⑥ What would you like to have? 무엇을 드실래요?

(2) 주문하기

① For here. 여기서 먹을 겁니다.

② I will have a glass of orange juice. 오렌지 주스 먹을래요.

③ I would like to have shrimp pizza. 새우 피자를 먹고 싶어요.

④ To go. 가져갈 겁니다.

27 이유 묻기 표현

① Can you tell me the reason why you hate him? 왜 그가 싫은지 말해줄래?

② Do you know why he was absent from school? 그가 결석한 이유를 아니?

③ How come you came home so late? 어째서 그렇게 늦게 집에 왔어?

④ What makes you think so? 뭐가 그렇게 생각하게 만들어?

⑤ Why did you come home so late? 왜 그렇게 늦게 집에 왔어?

⑥ Why do you think so? 왜 그렇게 생각해?

28 이해점검 표현

① Am I clear? 이해가나요?

② Are you following me? 이해가나요?

③ Are you with me? 이해가나요?

④ Can you understand what I am saying? 무슨 말인지 이해가나요?

⑤ Do you follow me? 이해가나요?

⑥ Do you get it? 이해가나요?

⑦ Do you know what I mean? 무슨 뜻인지 알겠어요?

⑧ Does that make sense to you? 이해가나요?

⑨ Is that clear? 이해가나요?

29 의견 표현

(1) 의견 묻기

① How about you? 넌 어때?

② How did you like the movie? 그 영화 어땠어?

③ What about you? 넌 어때?

④ What do you think of the movie? 그 영화에 대해 어떻게 생각해?

(2) 의견 대답

① I found it interesting. 재밌었어.

② I think it is interesting. 재미있다고 생각해.

③ It's the best I've ever seen. 내가 본 것 중 최고야.

④ For me, this cake is too sweet. 나에게 이 케이크는 너무 달아.

⑤ In my opinion, we had better do it now.
   내 의견으론, 우리가 지금 그것을 하는 게 낫겠어.

30 의무 표현

① You have to study hard. 공부 열심히 해야 해.

② You must study hard. 공부 열심히 해야 해.

③ You ought to study hard. 공부 열심히 해야 해.

④ You should study hard. 공부 열심히 해야 해.

⑤ You're supposed to study hard. 공부 열심히 해야 해.

31 전화 표현

(1) 전화하기

① Can(May) I speak to Mr. Brown? 브라운 씨와 통화할 수 있나요?

② Can(May) I talk to Mr. Brown? 브라운 씨와 통화할 수 있나요?

③ Is Mr. Brown there? 브라운 씨와 통화할 수 있나요?

(2) 전화 받기

① Can I take a message? 제가 메시지를 받아둘까요?

② He is on another line. 그는 통화 중입니다.

③ He is on the phone. 그는 통화 중입니다.

④ Hold on, please. 잠깐만 기다리세요.

⑤ Speaking. 접니다.

⑥ The line is busy now. 통화 중입니다.

⑦ This is he (speaking). 접니다.

⑧ Who's calling, please? 전화 거신 분 누구세요?

⑨ Who's this, please? 전화 거신 분 누구세요?

⑩ Will you leave a message? 메시지를 남길래요?

⑪ Would you like to leave a message? 메시지를 남기시겠습니까?

⑫ You have the wrong number. 전화 잘못 거셨어요.

32 제안 표현

(1) 제안 표현

① How about going to the movies? 영화 보러 갈래?

② Let's go to the movies. 영화 보러 가자.

③ Shall we go to the movies? 영화 보러 가자.

④ What about going to the movies? 영화 보러 갈래?

⑤ Why don't we go to the movies? 영화 보러 갈래?

(2) 제안 대답

① I'd like to, but I can't. 그러고 싶은데, 하지만 안 돼.

② I'm afraid I can't. 안타깝지만 할 수 없어.

③ I'm sorry, but I can't. 미안해, 하지만 안 돼.

④ Of course. 물론이지.

⑤ Sorry, maybe next time. 미안해, 다음에.

⑥ Sounds good. 좋아.

⑦ Sure thing. 물론이지.

⑧ That sounds great. 좋아.

⑨ That's fine with me. 난 좋아.

⑩ Why not? (왜 안 되겠어?) 좋아.

33 조언 표현

(1) 조언 구하기, 충고 구하기

① Do you think I should buy the CD? 그 CD를 사야 한다고 생각하니?

② What do you think I should do? 내가 무엇을 해야 하니?

③ What would you do if you were in my shoes? 네가 나라면 무엇을 할 거니?

(2) 조언하기, 충고하기

① I advise you to take a rest. 쉬는 것이 낫겠어.

② I suggest you go and see a doctor. 진찰 받는 것이 좋겠어.

③ I think you should go and see a doctor. 내 생각에 너 진찰 받아야 해.

④ If I were you, I'd go home and rest. 내가 너라면, 난 집에 가서 쉴 텐데.

⑤ Why don't you see a doctor? 진찰 받는 것이 어때?

⑥ You'd better calm down. 진정하는 것이 낫겠어.

34 좋아하는 것 표현

(1) 좋아하는 것 묻기

① What do you like to do most? 무엇을 가장 하고 싶니?

② What do you love to do best? 무엇을 가장 하고 싶니?

③ Which fruit do you prefer, apples or grapes?

사과 또는 포도 중에 어떤 과일이 더 마음에 드니?

④ Who is your favorite singer? 가장 좋아하는 가수가 누구니?

(2) 좋아하는 것 대답

① I enjoy reading novels. 난 소설 읽는 것을 즐겨.

② I prefer apples to grapes. 난 포도보다 사과가 더 좋아.

③ I'd like to visit London someday. 난 언젠가 런던을 방문하고 싶어.

④ My favorite thing is soccer. 내가 가장 좋아하는 것은 축구야.

⑤ There is nothing I like more than reading books. 책 읽는 것보다 더 좋은 것이 없어.

35 주의 끌기 표현

① Guess what! 무엇인지 맞춰봐.

② I've got news for you! 뉴스가 있어!

③ Listen! We should finish it right now. 들어봐! 우리는 지금 당장 그것을 끝내야 해.

④ Look! It's a nice car, isn't it? 여기 봐! 멋진 차야, 그렇지 않니?

⑤ You know what? 너 그거 아니?

36 축하 표현

(1) 축하하기

① Congratulations (on your exam results)! (시험 잘 본 것) 축하해!

② Happy birthday to you! 생일 축하해!

③ Happy New Year! 행복한 새해가 되길!

④ I wish you a merry Christmas! 메리 크리스마스!

(2) 축하 대답

① How nice of you! 너 참 친절하구나.

② Nice of you to say so. 그렇게 말해주니 참 착하네.

③ Thank you. 고마워.

④ The same to you! 너도!

37 칭찬 표현

(1) 칭찬하기

① Excellent! 잘했어!

② Fantastic! 환상적이군!

③ Good for you! 잘했어! 잘됐다!

④ Good job! 잘했어!

⑤ Terrific! 멋지군!

⑥ That's cool! 멋지다!

⑦ That's great! 멋지다!

⑧ That's neat! 멋지다!

⑨ Well done! 잘했어!

⑩ What a lovely dress! 정말 사랑스런 드레스군!

⑪ You did a good job. 잘했어.

⑫ Your tie looks good on you. 네 넥타이 네게 잘 어울려.

(2) 칭찬 대답

① How sweet of you to say that. 그렇게 말해 주니 참 착하다.

② It's nice of you to say so. 그렇게 말해 주니 참 착하다.

③ Thanks a lot. 고맙다.

38 허락 묻기 표현

(1) 허락 묻기

① Can I use your computer? 네 컴퓨터를 쓸 수 있을까?

② Do you mind if I use your computer? 네 컴퓨터를 써도 되니? (대답 조심)

③ I wonder if I may go home now. 지금 집에 가도 되는지 궁금해요.

④ Is it okay if I sit here? 여기 앉아도 되나요?

⑤ May I sit here? 여기 앉아도 되나요?

⑥ Would you mind if I open the window? 창문을 열어도 되니? (대답 조심)

(2) 허락하기

Go ahead. 어서 하세요.

39 확신 · 불확실 표현

① Certainly, he will show up to the party.

확실히, 그는 그 파티에 나타날 거야.

② I don't think it's possible.

그게 가능하다고 생각하지 않아.

③ I doubt if I can make it.

내가 해낼까 의심이 들어.

④ I'm confident that we will win the game.

우리가 그 시합을 이길 거라 확신해.

⑤ I'm not quite certain.

그렇게 확실한 것은 아니고.

⑥ I'm not sure it's possible.

그게 가능하단 확신이 안 들어.

⑦ I'm not sure whether it is true or not.

그것이 사실인지 아닌지 확실치 않아.

⑧ I'm sure Brian will win the game.

브라이언이 그 게임을 이길 거라 확신해.

⑨ It is certain that she is innocent.

난 그녀가 결백하다고 확신해.

40 후회 표현

① I regret that. 나 그거 후회해.

② I should have finished my homework last night.

어제 밤 내 숙제를 끝냈어야 했는데.

③ I wish I didn't waste my time.

내 시간을 낭비하지 않으면 좋을 텐데.

PART 03 기출문제 체크

정답 및 해설 16p

유형 ① 내용파악

대화를 읽고 문제가 요구하는 관계, 기분, 상황, 심경, 위치, 의도, 이유, 장소, 주제, 할 일 등을 파악하는 문제다. 말 그대로 정확하게 읽고 내용파악을 하는 문제다. 솔루션에 제시된 필수 표현 40개 포인트를 정리하고 기출문제를 풀면 어렵지 않게 풀 수 있다.

01 다음 대화의 주제로 가장 적절한 것은?

> A: What are your favorite sports?
> B: My favorite sports are swimming and tennis.
> A: Really? I like them, too.

① 추천하는 책
② 좋아하는 운동
③ 보고 싶은 연극
④ 여행하고 싶은 나라

02 다음 대화에서 B가 여행을 가지 <u>못한</u> 이유는?

> A: Did you enjoy your trip to Indonesia?
> B: No, I couldn't make it. My puppy got sick and I had to take care of him.

① 더운 날씨를 싫어해서
② 방학이 늦게 시작돼서
③ 비행기 티켓을 못 구해서
④ 아픈 강아지를 돌봐야 해서

03 대화에서 B가 찾고 있는 것은?

> A: What are you looking for?
> B: I'm looking for the bag with a flower on it.

① 　②

③ 　④

05 대화에서 B가 숙제를 끝내지 <u>못한</u> 이유는?

> A: You look down. What's the matter with you?
> B: I couldn't finish my homework because my computer didn't work last night.

① 숙제가 너무 많아서
② 감기에 걸려서
③ 컴퓨터가 작동되지 않아서
④ 집에 손님이 와서

04 대화의 주제로 가장 적절한 것은?

> A: What did you do last weekend?
> B: I visited my grandmother. What about you?
> A: I went to see a baseball game.

① 방학 중 봉사활동
② 좋아하는 운동선수
③ 지난 주말에 한 일
④ 미래에 희망하는 직업

06 대화 직후에 B가 할 일로 가장 적절한 것은?

> A: It's too hot here.
> B: Do you want me to open the window?
> A: Yes, please. Thanks.

① 운동하기　② 방문 닫기
③ 병원 가기　④ 창문 열기

07 대화에서 밑줄 친 말의 의도로 가장 적절한 것은?

> A: What do you think about wearing school uniforms?
> B: I don't think it's a good idea because everyone looks the same.
> A: I agree with you.

① 동의하기　② 거절하기
③ 축하하기　④ 충고하기

08 다음 대화에서 B가 사려고 하는 것은?

> A: May I help you?
> B: Yes, please. I want to buy a cap with a star on it.

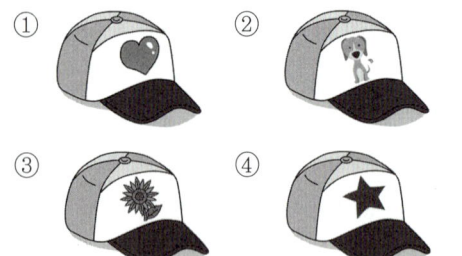

09 다음 대화의 내용으로 가장 적절한 것은?

> A: What color do you like?
> B: I like yellow. How about you?
> A: I like green.

① 읽고 싶은 책
② 좋아하는 색깔
③ 배우고 있는 악기
④ 기르고 싶은 애완동물

10 다음 대화에서 B가 영화를 보지 못한 이유는?

> A: How was the movie last night?
> B: I couldn't see the movie. I lost my movie ticket on the subway.

① 병원에 가야 해서
② 숙제를 해야 해서
③ 동생을 돌보아야 해서
④ 영화표를 잃어버려서

11 다음 대화 직후 B가 A를 위해서 할 일은?

> A: Oh, it's raining. I didn't bring my umbrella. Could you lend me yours?
> B: Sure, I will lend you my umbrella.

① 우산 빌려주기
② 책 반납하기
③ 교실 청소하기
④ 숙제 도와주기

13 다음 대화에서 B가 사려고 하는 T-shirt로 가장 알맞은 것은?

> A: May I help you?
> B: Yes. I'm looking for a T-shirt with a fish on it.

①  ②

③  ④

14 다음 대화의 주제로 가장 알맞은 것은?

> A: Where do you want to travel in the future?
> B: I want to travel to Europe. How about you?
> A: I'm interested in going to Brazil.

① 좋아하는 과목
② 보고 싶은 영화
③ 먹고 싶은 음식
④ 가고 싶은 여행지

12 다음 대화에서 밑줄 친 말의 의도로 가장 적절한 것은?

> A: Minho has six dogs.
> B: Wow! That's surprising.

① 거절하기   ② 제안하기
③ 놀람 표하기   ④ 안부 묻기

15 다음 대화 후에 Sumi가 가장 먼저 할 일은?

> Sumi: Let's eat curry and rice for lunch, Mom.
> Mom: Sounds great. Umm, we need carrots. Would you go and buy some?
> Sumi: Okay. I will go and get them right now.

① 쌀 씻기
② 점심 먹기
③ 당근 사 오기
④ 오이 껍질 벗기기

16 다음 대화에서 이번 주 일요일에 두 사람이 함께 할 활동은?

> A: Shall we go to the movies this Sunday?
> B: Okay. Let's go.
> A: Great. How about meeting at 2 p.m.?

① 탁구 치기
② 신발 사기
③ 박물관 가기
④ 영화 보러 가기

17 다음 대화에서 밑줄 친 A의 의도로 가장 알맞은 것은?

> A: Today, we're having a talent show at our school.
> B: Wow, great!
> A: I want to invite you to our show.
> B: Okay. See you there.

① 초대하기   ② 항의하기
③ 거절하기   ④ 비난하기

18 대화로 보아 A가 B를 위해 할 일로 가장 알맞은 것은?

> A: Mom, is there anything I can help you with?
> B: Can you wash the dishes?
> A: Sure. I'll wash the dishes now.

① 꽃 물주기   ② 사진 찍기
③ 설거지하기   ④ 음식 주문하기

19 대화에서 알 수 있는 서울의 현재 날씨는?

> A: What's the weather like in Busan?
> B: It's cloudy. How's the weather in Seoul?
> A: It's sunny now.

①

②

③

④

20 대화의 주제로 가장 알맞은 것은?

> A: What are you planning to do this weekend?
> B: I'm going to go fishing. How about you?
> A: I'm going to play basketball with my friends.

① 주말 계획
② 장래 희망
③ 오늘의 날씨
④ 좋아하는 음식

21 대화에서 밑줄 친 말의 의도로 알맞은 것은?

> A: How was your English test?
> B: It was really hard. I don't think I did very well.
> A: Don't worry. You'll do better next time.

① 거절하기
② 격려하기
③ 초대하기
④ 허락하기

22 대화의 주제로 알맞은 것은?

> A: What's your favorite subject?
> B: My favorite subject is math. What about you?
> A: I like English best.

① 재미있는 영화
② 성적 올리는 방법
③ 가장 좋아하는 과목
④ 수학이 어려운 이유

23 A와 B의 관계로 알맞은 것은?

> A: Are you ready to order?
> B: Yes. Two hamburgers, please.
> A: For here or to go?
> B: To go.

① 의사－환자
② 변호사－의뢰인
③ 식당 점원－고객
④ 버스 기사－승객

24 대화 직후 Tom이 Suji를 위해 할 일은?

> Suji: These books are too heavy.
> Tom: Let me help you carry them.
> Suji: Thank you.

① 청소하기　　② 숙제하기
③ 책 나르기　　④ 설거지하기

25 대화의 주제로 알맞은 것은?

> A: What do you want to be in the future?
> B: I want to be a teacher. How about you?
> A: My dream is to be a movie director.

① 취미　　　　② 여행지
③ 희망 직업　　④ 추천 영화

26 대화에서 밑줄 친 말의 의도로 알맞은 것은?

> A: Did you hear the news? Jiho won the singing contest.
> B: That's great!
> A: <u>Why don't we have a party for him?</u>
> B: That's a good idea.

① 제안하기　　② 거절하기
③ 위로하기　　④ 사과하기

27 대화에서 밑줄 친 말의 의도로 알맞은 것은?

> A: May I use your pencil?
> B: Sure. Go ahead.

① 거절하기　　② 축하하기
③ 승낙하기　　④ 칭찬하기

28 다음 대화 직후 A가 할 일로 가장 알맞은 것은?

> A: You look busy. May I help you?
> B: Yes, please. Can you carry these boxes for me?
> A: Sure! No problem.

① 방 청소하기
② 책 빌려 주기
③ 상자 운반하기
④ 영화 보러 가기

29 대화에 나타난 B의 심정으로 가장 알맞은 것은?

> A: What's wrong? You look upset.
> B: My brother broke my new camera, but he didn't say, "I'm sorry." I can't stand it.

① angry　　② happy
③ scared　　④ hopeful

30 대화가 일어나는 장소로 알맞은 것은?

> A: Can you show me your ticket, please?
> B: Here it is. Can I take pictures in this art museum?
> A: No, you can't. It hurts the paintings.

① 세탁소　　② 문구점
③ 경찰서　　④ 미술관

31 대화의 주제로 알맞은 것은?

> A: What is your goal for this year?
> B: I will get up early every morning. How about you?
> A: I want to learn how to swim.

① 가족 소개　　② 교우 관계
③ 올해 목표　　④ 여행 계획

32 다음 대화의 상황으로 가장 알맞은 것은?

> A: Excuse me, where is the post office?
> B: Go straight for two blocks. It's on your right.
> A: Thank you.

① 사과하기
② 물건 사기
③ 길 묻고 답하기
④ 인물 묘사하기

33 대화에서 묘사하고 있는 인물로 알맞은 것은?

> A: What does she look like?
> B: She has long and curly hair. She's wearing glasses.

① 　②

③ 　④

34 대화의 주제로 알맞은 것은?

> A: What kind of club do you want to join?
> B: I want to join the tennis club. How about you?
> A: I will join the science club.

① 시험 준비　② 생일 파티
③ 가족 소개　④ 동아리 가입

35 대화에서 A가 가려고 하는 장소로 알맞은 것은?

> A: Excuse me, but I'm looking for a _____.
> B: Go straight one block and turn left. It's on your right.

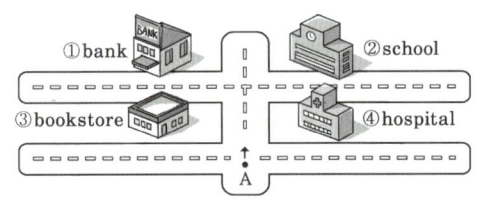

36 대화에 나타난 B의 심정으로 가장 알맞은 것은?

> A: You look happy. What happened?
> B: I won the first prize in the contest.

① 기쁨 ② 두려움
③ 우울함 ④ 속상함

37 대화가 이루어지는 장소로 가장 알맞은 것은?

> A: May I take your order?
> B: Yes, I'd like one chicken sandwich.
> A: For here or to go?
> B: To go, please.

① 은행 ② 식당
③ 경찰서 ④ 세탁소

38 대화에서 두 사람의 관계로 가장 알맞은 것은?

> A: May I help you, sir?
> B: I'd like to send this letter and I need ten stamps.
> A: Okay. Here you are.

① 교통경찰 - 시민
② 우체국 직원 - 고객
③ 버스 기사 - 승객
④ 도서 사서 - 학생

39 밑줄 친 부분과 관계 깊은 우리말 속담은?

> A: There's a proverb, "Two heads are better than one."
> B: What does that mean?
> A: It means that working together makes things easier.

① 백지장도 맞들면 낫다.
② 소 잃고 외양간 고친다.
③ 쥐구멍에도 볕 들 날 있다.
④ 낫 놓고 기역자도 모른다.

40 다음 대화가 이루어지는 장소는?

> A: May I help you?
> B: I'm looking for a blouse.
> A: How about this white one?
> B: It looks good! I'll take it.

① 병원　　　　② 식당
③ 은행　　　　④ 옷가게

41 다음 대화에서 밑줄 친 말의 의도로 가장 알맞은 것은?

> A: Can you help me with my homework?
> B: <u>No problem</u>. What is it?

① 거절　　　　② 승낙
③ 조언　　　　④ 비난

42 다음 대화의 상황으로 가장 알맞은 것은?

> A: Let's go to the concert tomorrow.
> B: Great. What time shall we meet?
> A: How about at seven?
> B: Okay. See you then.

① 안부 묻기　　② 물건 사기
③ 약속 정하기　④ 길 안내하기

43 다음 대화에서 두 사람의 관계로 가장 알맞은 것은?

> A: Can I play a computer game, Mom?
> B: Did you finish your homework?
> A: No, but I can do it later.
> B: You have to finish your homework first, son.

① 아들 – 엄마　　② 학생 – 교사
③ 시민 – 경찰　　④ 환자 – 의사

44 다음 대화의 내용과 관련 있는 표지판은?

> A: Excuse me, sir. You shouldn't ride a bike here.
> B: I'm sorry. I didn't know that.

① 　　②

③ 　　④

45 다음 대화에서 A가 찾고 있는 위치는?

> A: Excuse me, but I'm looking for a bookstore.
> B: Go straight for one block and turn right. It's on your right. You can't miss it.

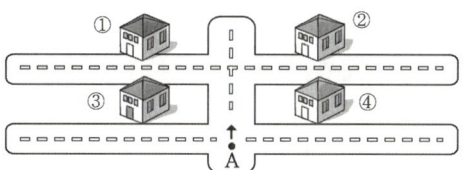

47 대화에서 가리키고 있는 표지판은?

> A: What does the sign say?
> B: It says, "Do not take pictures."

①  ②

③  ④

46 다음 대화의 주제로 가장 알맞은 것은?

> A: What do you do in your free time?
> B: I dance. I love dancing. How about you?
> A: I like listening to music.

① hobby
② weather
③ school sports
④ favorite food

48 대화에서 엄마가 수지에게 부탁하는 것은?

> Mom: I'm washing the dishes. Can you help me, Suji?
> Suji: Sorry, I'm busy. I'm doing my homework.

① 세차하기
② 청소하기
③ 설거지하기
④ 화분에 물주기

49 대화에 나타난 B의 기분으로 가장 알맞은 것은?

> A: The movie is starting. Let's go inside.
> B: Wait! I can't find my ticket. It was in my pocket.
> A: You're joking!
> B: No, I'm not. I can't find it.

① 기쁘다
② 외롭다
③ 당황스럽다
④ 자랑스럽다

50 대화의 주제로 알맞은 것은?

> A: What do you want to be in the future?
> B: I want to be a doctor. How about you?
> A: I want to be a movie star.

① 장래희망　　② 취미활동
③ 학교생활　　④ 환경보호

51 A, B의 관계로 가장 알맞은 것은?

> A: Good morning. What's the problem?
> B: Doctor, my leg hurts a lot.
> A: I see. Let me take a look.

① 엄마 – 아들
② 의사 – 환자
③ 버스 기사 – 승객
④ 은행 직원 – 고객

52 대화에서 A가 가려고 하는 곳의 위치는?

> A: Excuse me. Where is the bookstore?
> B: Go straight and then turn right at the first corner. It's on your right.

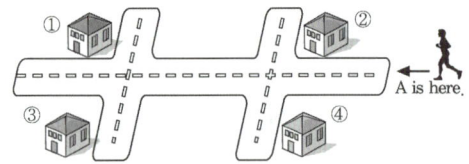

53 대화가 이루어지는 장소로 가장 알맞은 것은?

> A: May I see your movie ticket, please?
> B: Here you are.
> A: Thank you. Please go to Theater 3. Enjoy the movie.

① 영화관   ② 수영장
③ 옷 가게   ④ 동물 병원

55 대화의 상황으로 가장 알맞은 것은?

> A: Can I help you?
> B: Yes, please. I need a bag.
> A: How about this one? It's on sale now.

① 진료하기   ② 물건사기
③ 안부 묻기   ④ 축하하기

56 밑줄 친 말의 의도로 알맞은 것은?

> A: I won the first prize in the dancing contest.
> B: Great! Congratulations!

① 축하하기   ② 권유하기
③ 불평하기   ④ 설득하기

54 밑줄 친 말의 의도로 가장 알맞은 것은?

> A: What's wrong with you? You look so down.
> B: My English grade is not good.
> A: Why don't you study harder?

① 초대하기   ② 거절하기
③ 칭찬하기   ④ 조언하기

57 다음 대화에서 현재 시각으로 알맞은 것은?

> A: What time is it? Is it three fifteen?
> B: No. It's three fifty.
> A: Oh, you're right.

① 3시 15분   ② 3시 30분
③ 3시 45분   ④ 3시 50분

58 다음 대화에서 전화를 받는 사람은?

> A: Hello? May I speak to Mark?
> B: Speaking. Who's calling, please?
> A: Hi, Mark. This is Namsu's mom.

① Mark
② Mark's mom
③ Namsu
④ Namsu's mom

59 다음 대화에서 A의 기분으로 알맞은 것은?

> A: I didn't pass the test. I'm very angry.
> B: That's too bad.
> A: I studied very hard but I didn't do well.

① 즐거움　　② 화가 남
③ 외로움　　④ 만족함

60 민수가 가족사진을 보며 친구와 대화를 나누고 있다. 사진에서 민수의 아버지는?

> A: Minsu, is this your father?
> B: No, it isn't. It's my uncle. My father is wearing glasses.

61 대화가 이루어지는 장소는?

> A: Are you ready to order?
> B: Yes, I'd like a hamburger and a coke.
> A: Here or to go?

① bank
② hotel
③ grocery shop
④ fast-food restaurant

62 두 사람이 처음 만난 상황일 때 적절하지 않은 것은?

> A: Hello, I'm Susan Smith. ① I'm your English teacher.
> B: ② Nice to meet you.
> A: ③ Happy to see you again. Where are you from?
> B: ④ I come from Korea.

63 대화의 내용과 가장 어울리는 속담은?

> A: Look, our new PE* teacher! How short she is! She can't run fast, can she?
> B: Yes, she can. She won the gold medal in the Seoul Marathon.
>
> * PE teacher: 체육교사

① No pains, no gains.

② Knowledge is power.

③ Learn to walk before you run.

④ Don't judge a book by its cover.

대화에 빈칸을 만들어 들어갈 말로 가장 적절한 것을 고르는 문제다. 질문과 대답 중 하나가 빈칸으로, 질문은 대답을 보고 답을 찾고 대답은 질문을 보고 답을 찾는 유형이다.

01 다음 대화의 마지막 응답으로 가장 적절한 것은?

> A: Can I help you?
> B: Yes, please. I'm looking for a new bag for my son.
> A: _____

① What day is it?
② What does he eat?
③ What are you wearing?
④ What style does he like?

02 다음 대화의 빈칸에 들어갈 말로 가장 적절한 것은?

> A: _____
> B: How about at 5 o'clock?

① Where are you going?
② Who opens that store?
③ How much is this book?
④ What time do you want to meet?

03 대화의 빈칸에 들어갈 말로 가장 적절한 것을 고르시오.

> A: What do you like to do in your free time?
> B: I like to go fishing with my Dad. _____
> A: I like to go shopping.

① What about you?
② Where is your dad?
③ How do you go there?
④ When is your free time?

04 대화의 빈칸에 들어갈 A의 질문으로 가장 적절한 것은?

> A: Hi! _____?
> B: Yes, please. I'll have one egg sandwich and one orange juice.

① How much is it
② Where do you live
③ What is your hobby
④ May I take your order

05 다음 대화에서 B에 대한 A의 질문으로 가장 적절한 것은?

> A: _____?
> B: I'm feeling good because the weather is so nice today.

① How's your father
② How are you feeling
③ Where is your brother
④ What's your favorite movie

06 다음 대화의 빈칸에 들어갈 말로 가장 알맞은 것은?

> A: What do you call your mother's brother?
> B: He is called my _____.

① aunt
② uncle
③ cousin
④ grandfather

07 다음 대화의 마지막 응답으로 가장 알맞은 것은?

> A: What happened?
> B: I broke my leg yesterday.
> A: _____.

① I like coffee
② She is a student
③ I have a sister
④ I'm sorry to hear that

08 대화의 빈칸에 들어갈 말로 가장 알맞은 것을 고르시오.

> A: What is your _____?
> B: I like cooking.

① age
② size
③ hobby
④ nickname

09 B의 응답으로 가장 알맞은 것을 고르시오.

> A: How are you doing?
> B: _____.

① Great
② Me, too
③ Three hours
④ You're welcome

10 대화의 빈칸에 들어갈 말로 가장 알맞은 것은?

> A: _____?
> B: I am fourteen years old.

① How old are you
② What is your hobby
③ Who is your best friend
④ Where is your hometown

PART 03

11 대화의 빈칸에 들어갈 말로 가장 알맞은 것을 고르시오.

> A: This looks delicious. What is it?
> B: It's a banana cake. Would you like some?
> A: _____.

① Yes, I am
② Yes, please
③ I like tennis
④ I have some books

12 대화의 빈칸에 들어갈 말로 가장 알맞은 것을 고르시오.

> A: I'm looking for a necktie.
> B: How about this one?
> A: I like it. How much is it?
> B: _____.

① Not at all
② I'm a cook
③ It's too long
④ It's twenty dollars

13 B의 응답으로 알맞은 것을 고르시오.

> A: How do you go to school?
> B: _____.

① By bus   ② At seven
③ In Seoul   ④ Ten minutes

14 B의 응답으로 알맞은 것을 고르시오.

> A: Hello. May I speak to Jane?
> B: Sorry, _____.

① this is you
② she's not in
③ they're mine
④ that sounds good

15 대화의 빈칸에 알맞은 것은?

> A: _____?
> B: He is from America.

① Who are you
② How old is he
③ What do you do
④ Where is he from

16 대화의 마지막 응답으로 알맞은 것은?

> Nina: What do you do in your free time, Jack?
> Jack: I cook.
> Nina: How often do you cook?
> Jack: _____.

① Pizza
② At home
③ With my mom
④ Twice a week

17 대화의 빈칸에 들어갈 말로 알맞지 <u>않은</u> 것은?

> A: I think doing homework is good for me.
> B: _____. It helps me study harder.

① I think so, too
② You are right
③ I agree with you
④ I'm sorry, but I can't

18 대화의 빈칸에 들어갈 말로 알맞은 것은?

> Minho: Hi, Yuna. This is my friend, Sally.
> Yuna: _____.
> Sally: Nice to meet you, too.

① I'm Minho
② Nice to meet you
③ Fine, thanks
④ Sorry to hear that

19 대화의 빈칸에 알맞은 것은?

> A: _____?
> B: It usually takes 20 minutes.

① What time is it
② How old are you
③ What's your hobby
④ How long does it take

20 B의 응답으로 적절하지 <u>않은</u> 것은?

> A: Hello. May I speak to Tony?
> B: _____

① Yes, this is he.
② Sorry, he's not in.
③ Can I leave a message?
④ Speaking. Who's calling?

21 다음 대화의 빈칸에 들어갈 가장 알맞은 표현은?

> A: What does your father look like?
> B: _____.

① He lives in Seoul
② He likes to play tennis
③ He is looking at pictures
④ He is tall and handsome

22 다음 대화의 빈칸에 들어갈 가장 알맞은 표현은?

> A: May I speak to Jane, please?
> B: _____. Can I take a message?
> A: Yes. Please tell her Minho called.

① No, thank you
② This is she speaking
③ Sorry, but she is out
④ You have the wrong number

23 빈칸에 들어갈 말로 알맞은 것은?

> A: Which season do you like best?
> B: I like winter best.
> A: _____?
> B: Because I can ski in winter.

① Who   ② Why
③ What   ④ When

24 대화의 빈칸에 들어갈 말로 적절하지 <u>않은</u> 것은?

> A: May I speak to Jane, please?
> B: _____.

① Speaking
② So am I
③ Jane's speaking
④ This is she

25 A에 대한 B의 응답으로 적절하지 <u>않은</u> 것은?

> A: Thank you so much for your help.
> B: _____.

① Don't mention it
② Yes, please
③ My pleasure
④ You're welcome

26 빈칸에 들어갈 말로 적절하지 <u>않은</u> 것은?

> A: _____?
> B: Sounds great.

① Shall we go out for lunch

② How about playing soccer

③ When do you study English

④ Why don't we go fishing together

27 빈칸에 들어갈 말로 알맞은 것은?

> A: You look upset. What's the
>   problem?
> B: _____.

① I won the first prize

② I lost my new bicycle

③ I passed the English exam

④ I got a great birthday present

28 빈칸에 들어갈 말로 알맞은 것은?

> A: Hello. May I speak to Tom,
>   please?
> B: Speaking. _____
> A: This is David.

① Who's calling, please?

② Can I leave a message?

③ He's not in at the moment.

④ You've got the wrong number.

29 다음 빈칸에 들어갈 단어를 고르시오.

> A: What's your favorite food?
> B: I like _____.

① pizza   ② green

③ soccer   ④ English

30 다음 빈칸에 들어갈 단어를 고르시오.

> A: What's the _____ like in
>   Busan?
> B: It's rainy and windy.

① time   ② season

③ weather   ④ forecaster

31 A에 대한 B의 응답으로 적절하지 <u>않은</u> 것은?

> A: I lost your book. It's my fault.
> B: _____.

① Good luck
② Don't worry
③ Never mind
④ That's all right

32 B에 대한 A의 응답으로 가장 적절한 것은?

> A: What's up?
> B: I studied all night long. I'm very tired.
> A: _____.

① You must keep a diary
② You have to exercise more
③ You don't have to take a rest
④ You had better sleep right now

33 빈칸에 알맞은 것은?

> A: I like 'Harry Potter' series. How about you?
> B: So _____ I.

① am   ② do
③ does   ④ did

34 A에 대한 B의 응답으로 적절하지 <u>않은</u> 것은?

> A: May I speak to Mina?
> B: _____.

① Yes, speaking
② I'm afraid she's out
③ Please tell her I'll call again
④ Sorry. You've got the wrong number

35 다음 대화의 빈칸에 알맞은 것을 고르시오.

> A: Subin, you look very excited.
> B: Yes, I won the first prize in the speech contest.
> A: Really? _____.

① That sounds bad
② Don't worry about it
③ I'm sorry to hear that
④ I'm happy to hear that

36 다음 대화의 빈칸에 알맞은 것을 고르시오.

> A: _____?
> B: Because she sings very well.

① What is your hobby
② When do you sing a song
③ Why do you like the singer
④ Who is your favorite singer

37 B의 응답으로 알맞지 <u>않은</u> 것은?

> A: It's time to go now. See you later.
> B: _____.

① Bye-bye
② Nice to meet you
③ Have a nice day
④ See you next time

주어진 말에 이어지는 두 사람의 대화 순서를 찾아 배열하는 문제이다. 가장 먼저 주어진 말에 대답부터 찾고 그 뒤의 순서를 하나씩 찾아서 배열한다.

01 주어진 말에 이어질 두 사람의 대화를 〈보기〉에서 찾아 순서로 가장 적절하게 배열한 것은?

> Let's play outside.

┤ 보기 ├

(A) OK, I will. Thanks.

(B) Sorry, I can't. I have a cold.

(C) That's too bad. Why don't you see a doctor?

① (A)−(C)−(B)

② (B)−(A)−(C)

③ (B)−(C)−(A)

④ (C)−(B)−(A)

02 주어진 말에 이어질 두 사람의 대화를 〈보기〉에서 찾아 순서대로 가장 적절하게 배열한 것은?

> Where are you going on your holiday?

┤ 보기 ├

(A) How long will you stay in Paris?

(B) I'll stay there for a week.

(C) I'm going to Paris.

① (A)−(B)−(C)

② (C)−(A)−(B)

③ (A)−(C)−(B)

④ (B)−(C)−(A)

03 주어진 말에 이어질 두 사람의 대화 순서로 가장 알맞은 것은?

> What did you do yesterday?

> (A) Yes, I did. It was great.
> (B) I went to see a movie.
> (C) Did you enjoy it?

① (A)−(C)−(B)
② (B)−(A)−(C)
③ (B)−(C)−(A)
④ (C)−(B)−(A)

05 주어진 말에 이어질 대화의 순서로 알맞은 것은?

> Are you ready to order?

> (A) To go.
> (B) Yes. Two hamburgers, please.
> (C) For here or to go?

① (A)−(B)−(C)
② (B)−(C)−(A)
③ (C)−(B)−(A)
④ (C)−(A)−(B)

04 주어진 말에 이어질 대화의 순서로 알맞은 것은?

> Jenny, what's the matter?

> (A) My mom is sick.
> (B) Thanks. I hope so, too.
> (C) That's too bad. I hope she gets well soon.

① (A)−(C)−(B)
② (B)−(A)−(C)
③ (B)−(C)−(A)
④ (C)−(B)−(A)

06 주어진 말에 이어질 대화의 순서로 알맞은 것은?

> May I help you?

> (A) I want a blue one.
> (B) What color do you want?
> (C) Yes, please. I'm looking for a shirt.

① (A)−(C)−(B)
② (B)−(A)−(C)
③ (B)−(C)−(A)
④ (C)−(B)−(A)

07 대화의 내용을 순서에 맞게 배열한 것은?

> (A) Did you watch the baseball game yesterday?
> (B) Our Korean team did.
> (C) No, I didn't. Which team won the game?

① (A)−(B)−(C)
② (A)−(C)−(B)
③ (B)−(A)−(C)
④ (B)−(C)−(A)

08 주어진 말에 이어질 두 사람의 대화를 〈보기〉에서 찾아 순서대로 가장 적절하게 배열한 것은?

> Why are you going to Hawaii?

┤ 보기 ├
(A) That's great. How long will you stay there?
(B) I'm going there for a vacation.
(C) For a week.

① (A)−(C)−(B)
② (B)−(A)−(C)
③ (C)−(A)−(B)
④ (C)−(B)−(A)

memo

EBS 교육방송교재

중졸 검정고시 영어

PART

04

독해 솔루션

01 기출문제 체크

✪ 현행 중졸 검정고시 영어 완벽 정복에 필요한 독해 기
출문제를 최소한 100문제 이상 풀고 그 문제 속에 나
오는 단어와 숙어를 암기한 후 독해 문제는 어떤 유형
이 있는지 파악하며 마무리 한다.

유형 1 중심 내용 파악

목적, 제목, 주장, 주제를 묻는 문제다. 지문 속의 중심 내용을 파악하는 문제로 글을 쓴 사람이 "도대체 무슨 말을 하고 싶은 것인가?" 바로 그것을 파악하면 되는 문제이다.

01 목적

01 글을 쓴 목적으로 가장 적절한 것은?

> Do you want to have a special weekend? Then, come to our zoo! We have many animals from around the world. We are open every day from 9 a.m. to 5 p.m. Come and enjoy!

① 동물원 홍보
② 여행 일정 안내
③ 동물 보호 요청
④ 행사 결과 보고

02 글을 쓴 목적으로 가장 적절한 것은?

> Dear Mr. Kim,
> I have something to tell you. My friends always copy my homework. It makes me angry. What should I do?

① 수리 요청　　② 고민 상담
③ 선물 구매　　④ 약속 확인

03 글의 목적으로 가장 적절한 것은?

> Do you like cooking? We can make pizza, bread, cookies, and cakes. Why don't you join our cooking class?

① 조리 기구 광고
② 요리 교실 수강 권유
③ 음식 주문 안내
④ 에너지 절약 방법 홍보

04 다음 글을 쓴 목적으로 가장 적절한 것은?

Why don't you join Fun-Fun English study group? Every Thursday, we meet to study English together. To improve your English, you should call us at 123-9999.

① 과학 실험 동아리 가입 권유
② 방과 후 체육 프로그램 광고
③ 영어 학습 동아리 가입 권유
④ 수학 학습 동아리 가입 광고

06 다음 글을 쓴 목적으로 가장 알맞은 것은?

I'm looking for my dog. It is two years old. It is small and brown. It has big ears and short legs. If you see a dog like this, please call 1234-5678.

① 동물 병원 홍보
② 애견 용품 광고
③ 동물 사료 광고
④ 잃어버린 개 찾기

05 다음 글을 쓴 목적으로 가장 알맞은 것은?

Dear Ann,
I have difficulty speaking in front of people. Whenever I speak in public, I forget everything I want to say. What should I do? I need your advice.

Jack

① 규칙을 안내하기 위해
② 대회를 홍보하기 위해
③ 친구를 소개하기 위해
④ 조언을 요청하기 위해

07 글의 목적으로 알맞은 것은?

Dear Kevin,
I'm going to have a birthday party. Please come to my house at 6 p.m. on Sunday, July 15. See you then!

Jiwon

① 감사   ② 초대
③ 항의   ④ 거절

08 다음 글을 쓴 목적으로 알맞은 것은?

> Dear Dad,
> Thank you for the guitar you gave me on my birthday. I will play it for you someday. Thank you.

① 감사 　　　② 초대
③ 조언 　　　④ 권유

09 글의 목적으로 알맞은 것은?

> I usually start my homework late at night. But I'm not a night person. So I often feel sleepy and tired. What should I do? I need your advice.

① 가입 요청 　　② 감사 표현
③ 조언 요청 　　④ 파티 초대

10 다음 글을 쓴 목적으로 가장 알맞은 것은?

> Dear Mr. Park,
> Hello. I'm a middle school student. I love cooking. I want to be a cook, but my parents want me to be a scientist. What should I do? I need your advice.

① 축제 홍보 　　② 학교 소개
③ 조언 요청 　　④ 요리법 묻기

11 다음 글을 쓴 목적으로 알맞은 것은?

> Do you want to be her friend? Don't be shy. At first, say hello and be nice to her. Then, tell her that you want to be her friend.

① 거절하기 　　② 사과하기
③ 감사하기 　　④ 조언하기

12 글의 목적으로 알맞은 것은?

> The new science class is opening in Room 102 next Monday. We will have classes twice a week. The science teacher is Ms. Lee.

① 비판하기 위해
② 사과하기 위해
③ 칭찬하기 위해
④ 안내하기 위해

13 다음 글의 목적으로 알맞은 것은?

> There was a big earthquake* in Japan last March. A lot of people died and lost their family. They don't have enough food and water. Do you want to help them? Making a phone call is the easy way you can help them. Pick up your phone right now!
>
> * earthquake: 지진

① 사과　　　② 감사
③ 경고　　　④ 캠페인

02 제목

14 글의 제목으로 가장 적절한 것은?

> There are many good habits to make a healthy life. Getting up early, having breakfast every morning, and going jogging are good examples. If you keep habits like these, you can be healthy and happy.

① 신속한 요리 방법
② 간편한 조깅 복장
③ 적당한 아침 기상 시간
④ 건강을 위한 좋은 습관

15 다음 글의 제목으로 알맞은 것은?

> Yesterday was my sister's wedding day. My sister was wearing a white dress. She looked shy but happy. I thought she was beautiful.

① My Job
② My Hobby
③ My Sister's Wedding
④ My Grandfather's Birthday

PART 04

16 글의 제목으로 가장 알맞은 것은?

> My family and I went to Jeju-do last summer. We stayed there for five days. We hiked to the top of Mt. Halla and enjoyed its natural beauty. We had a great time! I want to go there again someday.

① My Family Members
② Tips for Making Plans
③ The Importance of Friends
④ My Family's Summer Trip

17 다음 글의 제목으로 알맞은 것은?

> I have a cute dog. Her name is Pipi. She is two years old. She has big eyes and long ears. She looks like a rabbit.

① My Dad   ② My Pet
③ My Dream   ④ My School

18 다음 글의 제목으로 알맞은 것은?

> There are four in my family: my mother, my father, my sister, and me. My father is an engineer and my mother is an artist. My sister is a high school student.

① My School   ② My Family
③ My Teacher   ④ My Friend

19 다음 글의 제목으로 가장 알맞은 것은?

> Soccer is my favorite sport. It is fun and exciting. I like running and kicking. I play on the Dragon team. I practice every Tuesday and Saturday.

① My Favorite Sport
② My Best Friend
③ Unhappy Weekends
④ World-famous Players

03 주장

20 글의 주장으로 가장 적절한 것은?

> Rivers have many benefits. We get fresh water from them. We can go to a river to go fishing and we can even go swimming. If we want to enjoy these good things that rivers give us, we should keep them clean.

① 안전 수칙을 지키자.
② 신선한 공기를 마시자.
③ 수상 스포츠를 즐기자.
④ 강을 깨끗하게 보존하자.

21 글쓴이가 주장하는 내용으로 가장 알맞은 것은?

> Here are some easy ways to save energy. Turn off the lights you're not using. Turn off the water while brushing your teeth. Walk short distances instead of driving your car.

① 양치질을 자주하자.
② 에너지를 절약하자.
③ 교통 법규를 지키자.
④ 자원봉사에 참여하자.

22 글의 주장으로 가장 알맞은 것은?

> Forests are very important to us. They give us fresh air. We can take a deep breath of fresh air in the forests. So, we should take care of them.

① 숲을 보호하자.
② 물을 아껴 쓰자.
③ 환기를 자주 시키자.
④ 교통을 이용하자.

04 주제

23 글의 주제로 가장 적절한 것은?

> It is important to follow the safety rules when you go swimming. First, stretch before going into the water. Second, always listen to the lifeguards. Finally, only swim in the permitted areas.

① 수영 안전 수칙
② 안전요원 모집
③ 수영 대회 홍보
④ 응급 구조 요령

PART 04

24 글의 주제로 가장 적절한 것은?

> Dr. Smith was born in 1880 in Germany. He became a doctor in 1913, and went to Africa to take care of many poor African people. He spent most of his life helping them until he died in 1960.

① Dr. Smith의 가족
② Dr. Smith의 일생
③ 아프리카의 문화
④ 아프리카의 경제 발전

25 다음 글의 주제로 가장 적절한 것은?

> Water is very important. But people waste it. Here are some tips to save water. Turn off the water when you brush your teeth. Also, take a quick shower.

① 분리수거하는 방법
② 잡초 제거하는 방법
③ 물을 절약하는 방법
④ 모기 퇴치하는 방법

26 다음 글의 주제로 가장 적절한 것은?

> I have two things to do this Saturday. In the morning, I'm going to meet my friends to finish our science project. In the evening, I'm going to watch a movie with my family.

① 이번 토요일에 할 일
② 스포츠와 건강
③ 가고 싶은 여행지
④ 유적지 탐방 계획

27 다음 글의 주제로 가장 알맞은 것은?

> There are various types of table manners around the world. Here are two examples. One is that, in China, some people leave some food on the plates to be polite. The other is that, in India, most people eat food using their right hand.

① 인도 영화 산업의 발전
② 한국 음식의 조리 방법
③ 교통 법규 지키기의 중요성
④ 세계 여러 나라의 다양한 식사 예절

28 다음 글의 주제로 가장 알맞은 것은?

> What habits are good for our health? We should exercise regularly and get enough sleep. We should also wash our hands often.

① 친구의 중요성
② 올바른 전화 예절
③ 에너지를 아끼는 방법
④ 건강을 위한 생활 습관

30 글의 주제로 알맞은 것은?

> Sports are important for your health and mind. Playing sports can make your body strong. Also, you can learn how to work with other people by playing team sports.

① 음식의 유래
② 운동의 중요성
③ 키 크는 음식
④ 달리기의 종류

29 다음 글의 주제로 알맞은 것은?

> We have four seasons in Korea. Spring begins in March. It is warm. In summer it is hot. It is cool in fall. In winter it is cold and snowy.

① 한국의 공휴일
② 한국의 도시
③ 한국의 사계
④ 한국의 전통문화

31 다음 글의 주제로 알맞은 것은?

> What do you do for your health? You should eat breakfast and exercise regularly. And you should get enough sleep every night.

① 효율적인 공부 방법
② 바람직한 여가 활동
③ 이상적인 친구 관계
④ 건강을 위한 생활 습관

32 글의 주제로 알맞은 것은?

> Here are some tips for making a good learning environment. First, find a quiet place. Second, make sure you have enough light. Third, have pens or pencils near at hand.

① 좋은 학습 환경 조성 방법
② 조용한 휴식 장소 찾기
③ 안전한 전구 교체 방법
④ 적절한 필기구 보관 방법

유형 **2** 세부 내용 파악

일치와 불일치 등 세부적인 내용을 파악하고 있는지 묻는 문제다. 파악하려는 세부 정보를 지문 속의 내용과 보기 ①~④번을 비교하며 나온 것에 표시를 하면서 푼다.

01 John에 대한 설명과 일치하지 <u>않는</u> 것은?

> Let me introduce John. He is friendly and funny. He likes playing basketball. He enjoys listening to music. He is good at cooking.

① 친근하고 재미있다.
② 농구하기를 좋아한다.
③ 음악 감상을 즐긴다.
④ 요리를 잘 못한다.

02 다음에서 설명하는 'migrating birds'에 관한 내용과 일치하지 <u>않는</u> 것은?

> Migrating birds face dangers when they migrate*. Sometimes they are hunted by other animals. The noises and lights of cities can also be dangerous to them. The worst thing is that humans destroy the places they can live.
>
>   * migrate: 이주하다

① 이주할 때 위험에 직면한다.
② 때때로 다른 동물들에게 잡히기도 한다.
③ 도시의 소음과 불빛을 좋아한다.
④ 서식지가 인간에 의해 파괴된다.

03 글의 내용과 일치하지 <u>않는</u> 것은?

> I went camping with my family. My dad set up the tent. My mom made bibimbap for us. After dinner, we sat around the fire, and I played the guitar. It was a special day for us.

① 나는 가족과 함께 캠핑을 갔다.
② 아버지가 텐트를 설치했다.
③ 어머니는 비빔밥을 만들었다.
④ 우리는 식사 후에 산책을 했다.

04 Minsu에 관한 내용과 일치하지 <u>않는</u> 것은?

> I would like to tell you about my best friend, Minsu. He wears glasses, and he is the tallest in our class. He has one younger sister. He likes looking at the stars in the sky.

① 안경을 쓰고 있다.
② 남동생이 한 명 있다.
③ 별 보기를 좋아한다.
④ 우리 반에서 가장 키가 크다.

05 다음 글에서 Mary에 대한 설명으로 언급되지 <u>않은</u> 것은?

> Hi! My name is Mary. I live in Sydney. I live with my dad, my mom, and my brother. My hobby is playing baseball. I play baseball with my friends after school.

① 사는 곳　　② 가족
③ 취미　　　④ 장래 희망

06 다음 글의 Nabi에 대한 내용과 일치하지 <u>않</u>는 것은?

> We have four cats in my family. Among them, Nabi is my favorite cat. She has brown eyes. She likes playing with a ball. She is friendly to me, but not to other people.

① 내가 가장 좋아하는 고양이이다.
② 갈색 눈을 가지고 있다.
③ 공을 가지고 놀기를 좋아한다.
④ 다른 사람들에게 다정하다.

07 다음 글에서 지난 주 토요일 오전에 Minsu 가 한 일은?

> Last Saturday, Minsu visited his grandmother to help her. In the morning, he watered some plants. In the afternoon, he cleaned the living room.

① 동물 돌보기
② 거실 청소하기
③ 식물에 물주기
④ 할머니 안마해 드리기

08 밑줄 친 질문에 대한 답으로 가장 알맞은 것은?

> I work in a hospital. I treat people who are sick. <u>Who am I?</u>

① 의사   ② 판사
③ 여행 가이드   ④ 비행기 조종사

09 다음 글에서 밑줄 친 것처럼 Steve가 말한 이유는?

> Steve woke up at eight in the morning. He put on his clothes. He ran to the bus stop. He shouted, "<u>Oh, no!</u>" because he left his bag at home.

① 그릇을 깨서
② 동생과 싸워서
③ 시험 성적이 나빠서
④ 가방을 집에 두고 와서

10 다음 글에서 Jessica에 대한 설명으로 일치하지 <u>않는</u> 것은?

> My name is Jessica. I'm ten years old. I'm from England. I get up at six in the morning. I usually go to bed at eight at night. I enjoy playing tennis in my free time.

① 영국 출신이다.
② 아침 7시에 일어난다.
③ 보통 저녁 8시에 잔다.
④ 테니스 치는 것을 좋아한다.

11 다음 글에서 Insu의 가족이 한 일이 <u>아닌</u> 것은?

> Insu's family went camping. They set up a tent and cooked together. They talked a lot while they looked at the night sky.

① 텐트 치기 ② 요리하기
③ 음악 듣기 ④ 밤하늘 보기

12 다음 글에서 Coco에 대해 언급된 것으로 알맞지 <u>않은</u> 것은?

> Coco is my pet dog. She has beautiful eyes. She likes to go for walks with me. Coco is my good friend.

① Coco는 눈이 아름답다.
② Coco는 목욕하는 것을 좋아한다.
③ Coco는 나와 함께 산책하는 것을 좋아한다.
④ Coco는 나의 좋은 친구다.

13 다음 일기 예보에서 언급된 내일의 날씨는?

> It was sunny today. But there will be lots of rain tomorrow. So, take your umbrella with you.

14 다음 글에서 Sam과 Jenny가 오늘 한 일이 <u>아닌</u> 것은?

> Sam and Jenny had fun today. In the morning, they played badminton in the park. At lunch, they ate sandwiches. In the afternoon, they watched a movie.

① 배드민턴 치기
② 자전거 타기
③ 샌드위치 먹기
④ 영화 보기

15 다음 글의 'He'가 학교에 가지 <u>못한</u> 이유로 알맞은 것은?

> He lives in India. It rains a lot in his country. Yesterday he could not go to school because of floods.

① 몸이 아파서
② 홍수가 나서
③ 교통사고가 나서
④ 학교가 너무 멀어서

16 다음에서 설명하는 'This bird'의 내용과 일치하지 <u>않는</u> 것은?

> This bird is about 140cm tall. It lives in warm areas. Its mouth looks like a big shoe. It eats fish.

① 키가 약 140cm이다.
② 따뜻한 지역에 산다.
③ 입이 큰 신발처럼 생겼다.
④ 작은 열매를 먹는다.

17 Jack에 관한 내용으로 일치하지 <u>않는</u> 것은?

> Jack was very interested in computers. He started making computer programs at the age of thirteen. He spent a lot of time making computer programs. Finally, he built a successful computer company.

① 컴퓨터에 관심이 많았다.
② 13세에 컴퓨터 프로그램을 만들기 시작했다.
③ 컴퓨터 프로그램을 만드는데 많은 시간을 썼다.
④ 컴퓨터 회사를 만드는데 실패했다.

18 다음 글에서 설명하는 'I'로 알맞은 것은?

> I can fly. But I am not an animal. I can carry people to other places. Who am I?

① 새   ② 말
③ 기차   ④ 비행기

19 다음 글에서 'I'가 방과 후에 한 일이 <u>아닌</u> 것은?

> I went to the library after school. I read books and did my homework there.

① 책 읽기　② 숙제하기
③ 영화 보기　④ 도서관 가기

20 글쓴이의 심경으로 가장 알맞은 것은?

> My family went camping. We sang songs together and saw many stars in the sky. It was a wonderful night. I was very happy.

① 슬픔　② 외로움
③ 당황함　④ 행복함

21 다음 안내 방송을 들을 수 있는 장소로 알맞은 것은?

> Welcome to Kim's Fruit Store! Apples and oranges are 30% off today. Enjoy your shopping!

① 도서관　② 박물관
③ 수영장　④ 과일가게

22 다음 상황에서 David에게 할 수 있는 말로 알맞은 것은?

> Your friend, David, asks you to help him. But you can't help him because you are very busy now. What would you say to him?

① I think so.
② I'm sorry, but I can't.
③ You're right.
④ Thank you very much.

23 글을 읽고 알 수 <u>없는</u> 것은?

> My name is Inho. I'm thirteen. I'm a middle school student. My favorite subject is English. I like playing soccer. There are five people in my family.

① 나이
② 가족 수
③ 살고 있는 도시
④ 좋아하는 운동

24 다음에서 'I'의 직업으로 알맞은 것은?

> Hi. My name is Ann Brown. I work in a hospital. I look after sick people with doctors.

① nurse ② pilot
③ farmer ④ writer

26 다음 글에 나타난 'I'의 심경으로 가장 알맞은 것은?

> I'm from America. I'm not good at Korean, so I can't understand it well. It makes me feel terrible.

① 답답함 ② 당당함
③ 만족함 ④ 신기함

27 다음 이메일의 내용과 일치하지 <u>않는</u> 것은?

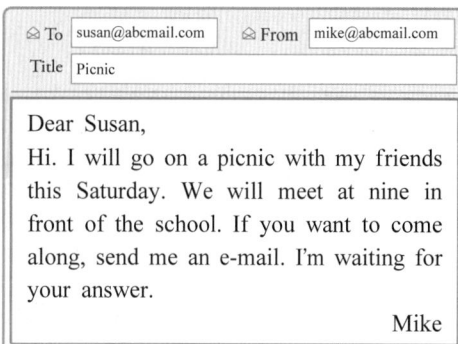

> Dear Susan,
> Hi. I will go on a picnic with my friends this Saturday. We will meet at nine in front of the school. If you want to come along, send me an e-mail. I'm waiting for your answer.
>
>   Mike

① Susan이 Mike에게 보낸 이메일이다.
② Mike는 이번 주 토요일에 소풍을 갈 예정이다.
③ Mike는 친구들과 학교 앞에서 만날 계획이다.
④ Mike는 Susan의 답장을 기다리고 있다.

25 다음에서 언급된 오늘 밤의 날씨는?

> Hello. This is the weather report for today. It will be cloudy this afternoon, and it will rain tonight.

①  ②

③ 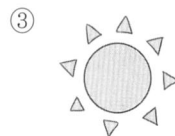 ④

28 다음 글에서 설명하는 요가 동작을 잘 묘사한 그림은?

> Today, we will learn some yoga moves. Let's start! Stand up. Raise your arms above your head.

①

②

③

④

30 다음에서 'I'가 어제 한 일이 <u>아닌</u> 것은?

> Yesterday was my mother's birthday. In the morning, I cleaned the house. My mother and I went shopping and ate dinner at a restaurant. We had a good time.

① 등산   ② 쇼핑
③ 외식   ④ 청소

31 다음은 친구가 Mina에게 보낸 문자 메시지이다. 이 메시지를 보낸 이유는?

> Hi, Mina. Do you have any plans for this Sunday? I'm thinking about going to see a movie. Can you come with me?

① 책을 빌리기 위해서
② 숙제를 확인하기 위해서
③ 영화를 함께 보기 위해서
④ 점심을 함께 먹기 위해서

29 글쓴이의 직업으로 가장 알맞은 것은?

> I work for a restaurant. I'm good at Italian food. I feel very happy when people like my food.

① 경찰관   ② 상담원
③ 요리사   ④ 음악가

32 다음은 무엇을 위한 조언인가?

> • Do exercise every day.
> • Don't eat too many sweets.
> • Wash your hands before meals.

① 건강 지키기　　② 성적 올리기
③ 친구 사귀기　　④ 환경 지키기

34 자기소개에 대한 다음 글에서 언급되지 <u>않은</u> 것은?

> Hi, my name is Sumin. I'm 14 years old. I'm from Seoul. I'm a middle school student. I like science and math. I'm glad to see you.

① 나이　　　　　② 출신지
③ 가족　　　　　④ 좋아하는 과목

33 다음 글에서 묘사하는 인물의 그림으로 알맞은 것은?

> Emily is my best friend. She wears glasses. She has long straight hair.

① 　　②

③ 　　④

35 다음 글에서 설명하고 있는 계절은?

> It begins in March in Korea. It is warm and pleasant. Many flowers come out in this season.

① spring　　　　② summer
③ fall　　　　　④ winter

36 다음 글의 내용과 일치하지 <u>않는</u> 것은?

> I visited my grandparents today. They grow rice and vegetables. After lunch, I worked in the field. It was hard work, but I learned a lot about farming.

① 오늘 나는 조부모님 댁을 방문했다.
② 조부모님은 쌀과 채소를 재배하신다.
③ 나는 점심을 먹고 들판에서 일을 했다.
④ 농사일이 나에게는 힘들지 않았다.

37 다음에서 'He'의 직업은?

> • He works in the fields.
> • He grows rice and vegetables.

① player　　② farmer
③ pianist　　④ fire fighter

38 다음 시가 표현하고 있는 계절은?

> When leaves come falling down
> To cover the ground with red and yellow

① spring　　② summer
③ autumn　　④ winter

39 다음 상황에서 민수가 할 말로 적절하지 <u>않</u>은 것은?

> Minsu is not good at math. He has to finish the math homework by tomorrow. So he wants to ask for help.

① Help yourself.
② Can you help me?
③ Do you mind helping me?
④ Could you give me a hand?

40 글쓴이의 심정으로 가장 알맞은 것은?

> I'm from Canada. I'm so poor at Korean that I can't understand it at all. It makes me feel terrible.

① 당당함　　② 답답함
③ 신비함　　④ 행복함

41 다음 소개글에서 알 수 있는 것은?

> I'm Lee Sora. I'm 14 years old. My
> favorite subject is English. My hobby
> is reading books.

① 취미 ② 고향
③ 가족 수 ④ 장래 희망

42 다음 글에서 'I'의 심정으로 가장 알맞은 것은?

> I'm from England. I moved to
> Korea last month. I'm so lonely here
> because I don't have any friends.

① 화남 ② 놀람
③ 외로움 ④ 행복함

그림과 도표를 이용한 문제다. 유형 2에서 나온 세부 내용 파악과 같은 유형으로 봐도 된다. 다만 그림과 도표, 즉 실용문을 가지고 문제를 만든 것이 차이점이다. 문제가 요구하는 세부 정보를 파악해서 보기 ①~④번과 비교하며 문제를 푼다.

01 전단지 내용에 언급되지 않은 것은?

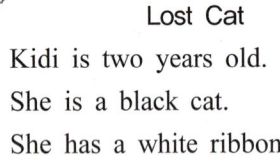

Lost Cat

Kidi is two years old.
She is a black cat.
She has a white ribbon
around her neck.
Please call 546-4985.

① 나이   ② 성별
③ 성격   ④ 전화번호

02 다음 표에서 두 학생이 가장 높은 점수를 받은 공통된 활동은?

What is your score?

Activity \ student	Sumi	Minsu
Role-play	2	1
Homework	3	3
Group Work	2	3
Report	1	1

① 숙제   ② 보고서
③ 역할극   ④ 조별활동

03 다음 광고문에서 언급되지 않은 것은?

International Jazz Festival
Do you want to enjoy Jazz from
around the world?

• Date: August 13th, 2018
• Place: Seoul Grand Park
• Tickets: 8,000 won
Come and have fun!

① 축제가 열리는 날짜
② 축제가 열리는 장소
③ 축제 입장료
④ 축제에서 제공되는 음식

04 다음 안내문을 보고 대답을 할 수 <u>없는</u> 것은?

Volunteering in a Nursing Home

- Date: Next Saturday, June 23rd
- Place: Evergreen Nursing Home

From Nanumi Club Leader

① Who wrote this?
② When will the volunteers go?
③ Where will the volunteers go?
④ How will the volunteers get there?

05 'Book Review'에서 알 수 <u>없는</u> 것은?

- Title: I Am Possible
- Writer: Nick Brown
- Pages: 350
- Best Sentence: Never give up!

① 제목   ② 저자
③ 쪽수   ④ 가격

06 환경보호를 위한 방법으로 제시되지 <u>않은</u> 것은?

SAVE THE EARTH

- We have to recycle.
- We have to save water.
- We have to reduce food waste.

① 재활용하기
② 물 절약하기
③ 대중교통 이용하기
④ 음식물 쓰레기 줄이기

07 다음은 Tom의 운동 계획표이다. Tom이 비오는 날에 하는 운동은?

Weather	Rainy	Sunny	Cloudy	Snowy
Sports	bowling	swimming	basketball	skiing

① 볼링   ② 수영
③ 농구   ④ 스키

08 다음 명함을 보고 알 수 <u>없는</u> 것은?

Name: Jinsu Kim
Job: Tour Guide
Phone Number: 822-123-4567

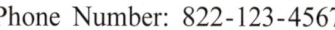

① 이름   ② 주소
③ 직업   ④ 전화번호

09 다음 애완견 돌보기 목록에 제시되지 <u>않은</u> 것은?

- Don't give chocolate.
- Walk your dog outside.
- Wash your dog every week.

① 초콜릿 주지 않기
② 산책시키기
③ 장난감으로 놀아 주기
④ 매주 씻기기

10 그래프로 보아 빈칸에 들어갈 말로 가장 알맞은 것은?

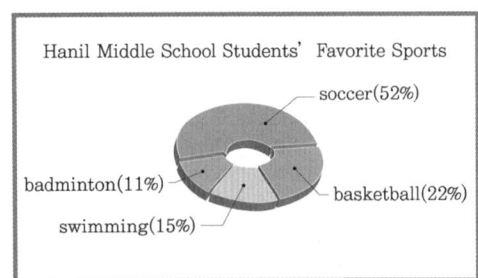

Hanil Middle School Students' Favorite Sports

soccer(52%)
basketball(22%)
swimming(15%)
badminton(11%)

Soccer is the most _____ sport among the students at Hanil Middle School.

① spicy
② cloudy
③ popular
④ delicious

11 고양이 돌보기 목록에 제시되지 <u>않은</u> 것은?

Checklist for My Cat

- Feed it every day
- Clean its house
- Play with it

① 매일 먹이 주기
② 목욕시키기
③ 집 청소해 주기
④ 놀아 주기

12 다음 문자 메시지를 보낸 목적은?

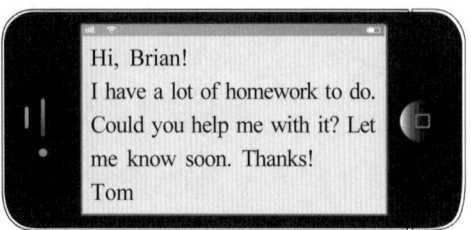

Hi, Brian!
I have a lot of homework to do.
Could you help me with it? Let me know soon. Thanks!
Tom

① 도움 요청
② 제품 안내
③ 파티 초대
④ 날씨 예보

13 Tom의 주간 계획표이다. 월요일에 하는 활동은?

Monday	Tuesday	Wednesday	Thursday	Friday
play the piano	ride my bike	swim	go to the library	play baseball

① 수영하기
② 피아노 치기
③ 도서관 가기
④ 자전거 타기

14 영화표를 보고 알 수 <u>없는</u> 것은?

① 영화 제목

② 영화표 가격

③ 극장 좌석 번호

④ 영화 상영 날짜

15 다음 규칙에 제시되지 <u>않은</u> 것은?

① 달리기 금지

② 다이빙 금지

③ 수영모 착용

④ 음식물 반입 금지

16 다음 이메일을 통해 알 수 <u>없는</u> 것은?

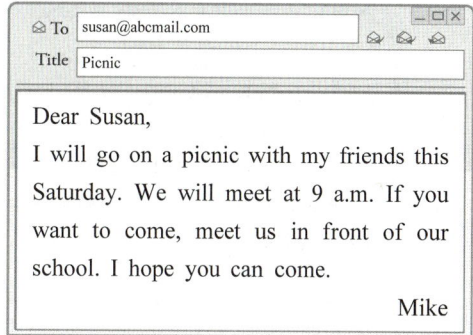

① 소풍 요일   ② 소풍 준비물

③ 만나는 장소   ④ 만나는 시각

17 다음 기차표를 보고 알 수 <u>없는</u> 것은?

① 요금   ② 출발역

③ 도착역   ④ 출발 일시

18 다음 규칙에 제시되지 <u>않은</u> 것은?

RULES

✓ Talk quietly.
✓ Don't run.
✓ Don't bring any food.

① 뛰지 않기
② 반납일 지키기
③ 조용히 이야기하기
④ 음식 가져오지 않기

19 메모에서 엄마가 부탁한 일이 <u>아닌</u> 것은?

Things to do :

∗ Water the flowers.
∗ Clean your room.
∗ Feed the dog.

From Mom

① 꽃 물주기 　② 방 청소하기
③ 개 먹이주기 ④ 동생 돌보기

20 표지판이 의미하는 것으로 알맞은 것은?

① Do not swim.
② Do not smoke.
③ Do not ride a bike.
④ Do not take pictures.

21 각 도시의 날씨에 관한 설명으로 옳지 <u>않은</u> 것은?

Seoul	Paris
Madrid	New York

① It's cloudy in Seoul.
② It's rainy in Paris.
③ It's rainy in Madrid.
④ It's snowy in New York.

22 다음에서 설명하는 동작을 잘 나타낸 그림은?

> Stand up. Put your hands on the table.

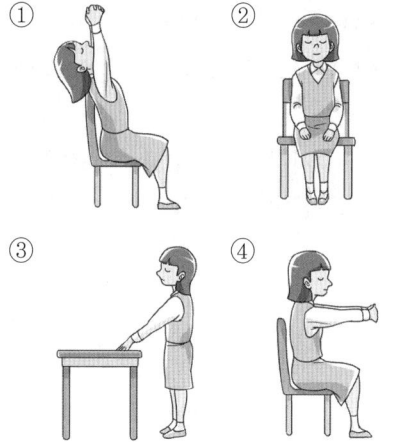

① ② ③ ④

24 다음 초대장에 언급되지 <u>않은</u> 것은?

> **Invitation**
> To *Minho*,
> Can you come to my birthday party?
> * Where: My house
> * When: August 6th, 5 p.m.
>
> From *Yumi*

① 파티 목적　　② 파티 장소
③ 참석 인원　　④ 초대한 사람

23 다음 안내에서 알 수 <u>없는</u> 것은?

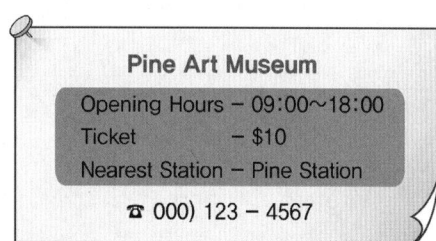

Pine Art Museum

Opening Hours − 09:00~18:00
Ticket　　　　− $10
Nearest Station − Pine Station
☎ 000) 123 − 4567

① 휴일　　　　② 입장료
③ 전화번호　　④ 개방 시간

25 그림에 대한 표현으로 알맞은 것은?

① I go to bed.
② I play soccer.
③ I take a bath.
④ I listen to the radio.

26 일기 예보에서 빈칸에 들어갈 알맞은 말은?

Mon	Tue	Wed	Thur	Fri
13	14	15	16	17
☀	☂	☂	⛄	☁

> A: Today is Tuesday. It's raining.
> B: How about Friday?
> A: It will be _____.

① sunny　　　② rainy
③ snowy　　　④ cloudy

28 다음 메모를 읽고 알 수 없는 것은?

MEMO
- To: Alice
- From: David
- Date: April 10th
- Message: The exam is tomorrow.

① 보낸 사람　　　② 보낸 날짜
③ 시험 날짜　　　④ 시험 과목

27 광고에서 알 수 없는 것은?

The Book of the Week
Title : Abraham Lincoln
Writer : David Herbert
Price : $12

① 제목　　　② 저자
③ 가격　　　④ 출판사

유형 **4** 빈칸 추론

빈칸에 들어갈 말로 알맞거나 적절한 것을 고르는 문제다. At first 처음에는, But 그러나, 하지만, For example 예를 들면, However 그러나, 하지만, In short 요약하면, Moreover 게다가, On the other hand 반면에, So 그래서, Then 그러면, Therefore 그래서, 그러므로, Unfortunately 불행히도 같은 연결사를 찾거나 또는 빈칸에 들어갈 핵심 단어를 찾는 문제이다.

01 글의 흐름으로 보아 빈칸에 들어갈 말로 가장 적절한 것은?

> People believe that paper is not strong enough to make clothes with. _____ we can make beautiful clothes or shoes with traditional Korean paper, hanji. How is it possible? Hanji is strong because we make it from the tough bark* of the dak tree**.
>
> *bark: 껍질
> **dak tree: 닥나무

① So   ② But
③ Then   ④ Because

02 빈칸에 들어갈 말로 가장 적절한 것은?

> There are various festivals in the world. _____, there is a mud festival in Korea. At this festival, you can have fun playing in the mud. In Japan, there is a snow festival. You can take pictures of the beautiful art pieces made of snow.

① For example   ② However
③ Unfortunately   ④ On the other hand

03 다음 빈칸에 들어갈 말로 가장 적절한 것은?

> In our _____ club, we play the piano, the guitar, and the drums. We also sing songs. Sometimes, we give a concert at the park.

① sports   ② cooking
③ music   ④ science

04 글의 흐름으로 보아 빈칸에 들어갈 말로 알맞은 것은?

> We can do many useful things with cell phones*, like making phone calls or listening to music. _____, if we are not careful when using cell phones in public places, they can cause problems.
>
> *cell phone: 휴대 전화

① However　　② At first

③ In short　　④ For example

05 빈칸에 가장 알맞은 것은?

> Tourism brings money into a country. And it provides jobs for many people. _____, tourism* isn't always good. It can damage natural areas and local cultures.
>
> *tourism: 관광(사)업

① Therefore　　② In short

③ For example　　④ However

06 빈칸에 가장 알맞은 것은?

> I'll tell you the _____ for this place. First, you must clean your room. Second, you must not eat food in the room. Are there any questions?

① rules　　② trees

③ games　　④ reasons

07 다음 글의 빈칸에 들어갈 가장 알맞은 말은?

> In Korea we have four _____. Spring begins in March. It is warm. In summer it is hot. It is cool in fall. In winter it is cold and snowy.

① cities　　② houses

③ seasons　　④ holidays

08 다음 글의 빈칸에 들어갈 가장 알맞은 말은?

> Water is getting dirtier. Dirty water makes animals and plants sick. So let's keep water _____.

① heavy   ② weak

③ thick   ④ clean

09 빈칸에 들어갈 말로 알맞은 것을 고르시오.

> Minji is good at writing. She keeps a diary everyday to practice writing. She wants to be a _____ like Shakespeare.

① cook   ② writer

③ doctor   ④ scientist

글의 흐름을 파악하고 있는지 묻는 문제다. 문장삽입은 바로 앞의 명사를 대명사 It, They로 표현하거나 But, However로 바로 앞 내용과 반대되게, So로 바로 앞 내용의 결과를 나타내는 경우가 많다. 어울리지 않는 문장을 찾는 문제는 글의 주제에서 벗어나는 문장을 찾는 문제이다. 그리고 이어질 내용을 찾는 문제는 글의 마지막 문장에 문제를 풀 수 있는 힌트가 나온다.

01 글의 흐름으로 보아 어울리지 <u>않는</u> 문장은?

> I'm a member of the 'Movie Maker Club.' ① We make movies with digital cameras or cellphones. ② My favorite food is pizza. ③ You can be an actor, a cameraman or a director in our club. ④ Every Friday we have a 'Cinema Day.' On that day we watch movies that we made.

02 다음 글 바로 뒤에 이어질 내용으로 가장 적절한 것은?

> Tony's Blog
> I was born and grew up in Italy. I am interested in Korean music. I sometimes write about it on my blog. Here are some of my writings about Korean music.

① 한국 음악에 관한 글
② 이탈리아 여행안내
③ Tony의 출생지 소개
④ 현명한 인터넷 사용법

03 다음 글 바로 뒤에 이어질 내용으로 가장 적절한 것은?

> Do you have difficulty in making new friends? Read the following useful tips on how to make new friends.

① 생활 속 안전수칙
② 효율적인 공부 방법
③ 환경 보호를 위한 유용한 방법
④ 새로운 친구를 사귀는 유용한 방법

04 다음 글 바로 뒤에 이어질 내용으로 가장 알맞은 것은?

> Do you want to be healthy? Try exercising every day. Walk more. Here is some more useful information for living a healthy life.

① 학교의 위치
② 건전지 교체 시기
③ 라디오 수리 방법
④ 건강한 삶을 위한 정보

05 글의 흐름으로 보아 어울리지 <u>않는</u> 문장은?

> I went to Jeju Island with my family. ① We went there by airplane. ② We saw a beautiful beach. ③ My teacher is very kind. ④ I swam there. I want to go there again someday.

06 다음 글 바로 뒤에 이어질 내용으로 알맞은 것은?

> What is your dream job? There are many interesting jobs in the world. I'll tell you about some of them.

① 적성 검사의 중요성
② 흥미로운 직업의 예
③ 컴퓨터실 사용 방법
④ 매력적인 여행지 소개

07 글의 흐름으로 보아 주어진 문장이 들어가기에 가장 알맞은 곳은?

> It is delicious.

> I am happy at school. (①) First, I like our school food. (②) Second, my homeroom teacher, Mr. Kim, is very kind. (③) He also makes us laugh a lot. (④) Last, I like playing soccer on the playground.

09 글의 흐름으로 보아 어울리지 <u>않는</u> 문장은?

> Yesterday was Parents' Day. ① My sister and I wanted to make our parents happy. ② My sister cleaned the living room. ③ A new student moved to my class. ④ I washed the dishes. We did our best!

08 다음 글 바로 뒤에 이어질 내용으로 알맞은 것은?

> Hello, everyone! We finally got a new computer room. You can use the new computers at any time during school hours. Please keep the following rules when you use this room.

① 음악실 안내
② 컴퓨터 대회 홍보
③ 컴퓨터실 사용 규칙
④ 운동장 개방 시간 안내

10 다음 글 바로 뒤에 이어질 내용으로 가장 알맞은 것은?

> Many people like climbing mountains these days. But sometimes climbing can be dangerous. Here are some tips for a safe climbing.

① 산과 바다의 차이점
② 다양한 스포츠 활동
③ 취미 활동의 필요성
④ 안전한 등산을 위한 조언

11 글의 흐름으로 보아, 주어진 문장이 들어가기에 가장 알맞은 곳은?

> So she saved money for them.

> (①) She wanted to help poor people. (②) With that money, she opened schools to teach them. (③) She also opened hospitals to take care of them. (④)

12 다음 글 뒤에 이어질 내용으로 알맞은 것은?

> The earth is sick nowadays. Have you ever tried to do something to make nature better? Here are some ideas.

① 환경보호 실천 방법
② 클럽활동 가입 방법
③ 인터넷 중독 예방법
④ 전자제품 사용 설명서

주로 it이나 this가 지칭하는 것이 무엇인지 찾는 문제다. 글을 읽으며 밑줄 친 부분이 공통적으로 가리키는 것을 찾아 보기에서 고르면 된다.

01 밑줄 친 It(it)이 가리키는 것으로 적절한 것은?

It is an important thing for life. We can't see it, but we need it to breathe. Riding bicycles instead of driving cars can keep it clean.

① air   ② tree
③ land   ④ water

02 밑줄 친 it이 가리키는 것으로 적절한 것은?

Salt has been in our lives for a long time. One example is that many people used salt to improve the taste of food. Gandhi also used it to lead the independence movement* in India. So, it makes our food tasty and has historical meaning.

*independence movement: 독립 운동

① 소금   ② 시간
③ 예시   ④ 음식 맛

03 밑줄 친 'It'이 공통으로 가리키는 것은?

It is the Korean alphabet. It was made by King Sejong. It has 24 letters. It is known as a scientific and beautiful writing system.

① 한글   ② 한복
③ 판소리   ④ 태권도

04 밑줄 친 this가 공통으로 가리키는 것은?

• We can't live without this.
• We drink this every day.
• We take a shower with this.

① fire   ② money
③ water   ④ shampoo

05 밑줄 친 this가 의미하는 것은?

> People like <u>this</u> very much. Many of them want to listen to <u>this</u> all the time. There are various kinds of <u>this</u>: pop, jazz, rock, hiphop, and so on.

① shopping   ② music
③ money   ④ coffee

07 밑줄 친 단어 중 가리키는 대상이 나머지 셋과 <u>다른</u> 것은?

> My grandmother lives in a small town. ⓐ <u>Mom</u> and I visited ⓑ <u>her</u> yesterday. We gave ⓒ <u>her</u> a present and ⓓ <u>she</u> was very happy.

① ⓐ   ② ⓑ
③ ⓒ   ④ ⓓ

06 다음 밑줄 친 It(it)에 해당하는 것은?

> <u>It</u> is a traditional Korean food. <u>It</u> is a rice cake. We have <u>it</u> on Korean Thanksgiving Day, Chuseok.

① pizza   ② kimchi
③ chicken   ④ songpyeon

EBS 교육방송교재

중졸 검정고시 영어

PART

05

실전모의고사

✪ 지금까지 공부한 내용들을 평가해 보는 실전모의고
사로 마지막 점검을 해본다.

01 다음을 모두 포함할 수 있는 단어로 가장 적절한 것은?

> bed   chair   desk   sofa

① flower
② food
③ fruit
④ furniture

02 두 단어의 의미 관계가 나머지 셋과 <u>다른</u> 것은?

① big − small
② clean − dirty
③ difficult − hard
④ heavy − light

03 빈칸에 들어갈 말이 순서대로 가장 적절한 것은?

> • There _____ a book in the bag.
> • There _____ two balls in the box.

① are − are
② are − is
③ is − are
④ is − is

[4~7] 대화의 빈칸에 들어갈 말로 가장 적절한 것을 고르시오.

04

> A: _____ she know Jack?
> B: Yes, she does.

① Are
② Do
③ Does
④ Is

05

> A: How _____ is this pen?
> B: It's $1.

① far
② long
③ many
④ much

06

> A: Would you like some bread?
> B: _____

① Yes, please.
② I really enjoyed it.
③ I don't like pizza.
④ That's right.

07

> A: Tom is 170cm.
> B: Julie is _____ than Tom. She's
>   175cm.

① faster   ② taller
③ shorter   ④ older

08 대화의 빈칸에 공통으로 들어갈 말로 가장 적절한 것은?

> A: Is this the bike _____ you
>   want to buy?
> B: Yes, it is.
> A: _____ color do you like better,
>   blue or red?
> B: I like blue better.

① How   ② What
③ Which   ④ Why

09 Sam이 다음 주 주간 계획표를 작성했다. 다음 주에 할 일이 <u>아닌</u> 것은?

Monday	Play soccer
Tuesday	Water the plants
Wednesday	Clean the house
Thursday	Walk the dog
Friday	Read a book

① 농구하기   ② 화초 물주기
③ 집 청소하기   ④ 독서하기

10 대화 직후에 A가 할 일로 가장 적절한 것은?

> A: Can I play computer games,
>   Dad?
> B: You have to finish your homework
>   first, son.
> A: You're right. I'll do it now.

① 게임하기   ② 숙제하기
③ 수리하기   ④ 대화하기

11 다음 글의 내용과 일치하는 것은?

> August 10th, 2020
> Dear Inho,
> How are you doing? I got your
> letter yesterday. I was very happy. I
> met my friend, Mina, today and
> talked about you. Please write me
> soon.
>
>   Your friend, Jim

① 인호가 짐에게 보낸 편지다.
② 짐이 인호에게 보낸 편지다.
③ 미나가 인호에게 보낸 편지다.
④ 짐이 미나에게 보낸 편지다.

12 대화의 주제로 가장 적절한 것은?

> A: Have you ever seen *Mona Lisa* in Paris?
> B: Yes, I have. It's a very beautiful painting.
> A: I don't think so.

① 여학생   ② 파리 여행
③ 그림   ④ 페인트

13 빈칸에 들어갈 말이 순서대로 가장 적절한 것은?

> apple: 1개 500원
> orange: 1개 1000원
> peach: 1개 700원
>
> The apple is _____ of the three.
> The orange is _____ than the peach.

① the most expensive − more expensive
② the cheapest − cheaper
③ the most expensive − cheaper
④ the cheapest − more expensive

14 다음 대화에서 B가 여행을 가지 <u>못한</u> 이유는?

> A: Did you enjoy your trip to London?
> B: No, I couldn't make it. I lost my passport and couldn't find it.

① 런던을 싫어해서
② 비행기 티켓을 구할 수 없어서
③ 여권을 잃어버려서
④ 비자를 만들 수 없어서

15 대화의 주제로 가장 적절한 것은?

> A: What are you going to do next Sunday?
> B: I will go fishing. What about you?
> A: I'm going to ride a bike with dad.

① 방학 중 봉사활동
② 지난 주말에 한 일
③ 미래에 희망하는 직업
④ 다음 주 일요일 계획

16 대화에서 B가 가방을 구입하지 <u>못한</u> 이유는?

> A: Did you buy any new bag yesterday?
> B: No. They didn't have the color which I like.

① 너무 비싸서
② 원하는 사이즈가 없어서
③ 원하는 제품이 없어서
④ 원하는 색이 없어서

17 다음 글 바로 뒤에 이어질 내용으로 가장 알맞은 것은?

> Do you want to get good grades? Focus on your teacher in class. And here are some useful tips for good grades.

① 좋은 성적을 위한 조언
② 좋은 수업을 위한 조언
③ 좋은 선생님이 되기 위한 조언
④ 좋은 집중력을 위한 조언

18 대화에서 밑줄 친 말의 의도로 가장 적절한 것은?

> A: Wow, these look very delicious.
> B: <u>Help yourself, please.</u>

① 감사하기 　　② 음식 권유
③ 부탁하기 　　④ 칭찬하기

19 글을 쓴 목적으로 가장 적절한 것은?

> Dear Mr. Park,
> How are you? My name is Mina. I am a student at Seoul Middle School. I found some interesting photos of Korea on your blog*. I would like to post** them on my blog. Please let me know if I can use them. Thank you.
>
> 　　　　　　　　Best wishes,
> 　　　　　　　　Mina
>
> *blog: 인터넷 블로그
> **post: 게시하다, 올리다

① 자신 소개 　　② 상품 구매
③ 제품 홍보 　　④ 허락 요청

20 주어진 말에 이어질 대화의 순서로 알맞은 것은?

> May I help you?

> (A) Size 9.
> (B) What size do you wear?
> (C) Yes, please. I'm looking for a pair of shoes.

① (A) − (C) − (B)
② (B) − (A) − (C)
③ (C) − (B) − (A)
④ (B) − (C) − (A)

21 글의 흐름으로 보아 주어진 문장이 들어가기에 가장 적절한 곳은?

> Here are two examples.

> ① There are various types of table manners around the world. ② One is that, in China, some people leave some food on the dishes to be polite. ③ The other is that, in India, most people eat food using their right hand. ④

22 밑줄 친 This가 가리키는 것으로 적절한 것은?

> <u>This</u> is important to the modern world. It comes from plants that died millions of years ago. It is used for making energy in cars. But people use it too much. What is <u>this</u>?

① 석유　　　　② 석탄
③ 광석　　　　④ 물

23 전단지 내용에 언급되지 <u>않은</u> 것은?

> **Lost Dog**
> Mong is five years old.
> He is a black dog.
> He has a red collar around his neck.
> Please call 123-4567.

① 이름　　　　② 나이
③ 전화번호　　④ 주소

24 글의 주제로 가장 적절한 것은?

When I was a child, there was a river behind my house. It was very clean. I used to swim and catch fish there. Sometimes my mother used to wash clothes in the river. But, now the river is not as clean as before. It is much polluted by dirty things. So I can't go there any more for swimming or fishing.

① 고향 자랑   ② 수질 오염
③ 재활용   ④ 취미생활

25 다음 글의 내용으로 알 수 있는 것은?

Ms. Brown works at a park. At the park, she takes care of the plants. Ted comes over there almost everyday, because he also wants to work with plants when he grows up. Sometimes Ms. Brown advises him about how to care for them. She is always happy when he is with her.

① Ms. Brown hates Ted.
② Ted likes to help his mother.
③ Ted goes to the park every week.
④ Ted wants to work with plants in the future.

실전모의고사

제**2**회

정답 및 해설 55p

01 다음을 모두 포함할 수 있는 단어로 가장 적절한 것은?

carrot   cucumber   onion   potato

① flower
② fruit
③ tree
④ vegetable

02 두 단어의 의미 관계가 나머지 셋과 다른 것은?

① tall − short
② thick − thin
③ wise − smart
④ young − old

03 빈칸에 들어갈 말이 순서대로 가장 적절한 것은?

- _____ a tall boy he is!
- _____ fast you are!

① How − How
② How − What
③ What − How
④ What − What

[4~7] 대화의 빈칸에 들어갈 말로 가장 적절한 것을 고르시오.

04

A: _____ she busy now?
B: Yes, she is.

① Is
② Do
③ Does
④ Are

05

A: How _____ books do you read a month?
B: I read two books.

① far
② many
③ long
④ much

06

A: _____
B: My favorite subject is math.

① What's your favorite subject?
② Why do you like math?
③ When do you study math?
④ Where do you study math?

07

> A: My brother is 40kg.
> B: I'm _____ than he is. I'm 50kg.

① faster   ② heavier
③ taller   ④ thinner

08 대화의 빈칸에 공통으로 들어갈 말로 가장 적절한 것은?

> A: _____ far is it from here?
> B: It's 20km.
> A: _____ long does it take?
> B: It takes about an hour by bus.

① How   ② What
③ Which   ④ Why

09 Julia가 다음 주 주간 계획표를 작성했다. 다음 주에 할 일이 <u>아닌</u> 것은?

Monday	Do her homework
Tuesday	Watch a movie
Wednesday	Clean the house
Thursday	Walk the dog
Friday	Study math and science

① 숙제하기
② 영화보기
③ 집 청소하기
④ 수학과 국어 공부하기

10 대화 직후에 A가 할 일로 가장 적절한 것은?

> A: Dad, is there anything I can help you with?
> B: Can you take out the trash*?
> A: Sure. I'll take out the trash now.
>
> *trash: 쓰레기

① 엄마 돕기
② 숙제하기
③ 쓰레기 버리기
④ 집 청소하기

11 다음 글의 내용과 일치하는 것은?

> My name is Jack. I'm 14 years old. Let me introduce my dog, Kong. He is good at playing ball. He runs very fast. He likes apples.

① 개의 이름은 잭이다.
② 개는 공놀이를 잘한다.
③ 개는 14살이다.
④ 개가 좋아하는 음식은 알 수 없다.

PART 05

12 대화의 주제로 가장 적절한 것은?

> A: Do you have a headache?
> B: Yes, I do. And I have a fever, too.
> A: You should see a doctor.

① 머리 모양　　② 건강 상태
③ 친구 소개　　④ 병원 위치

13 빈칸에 가장 적절한 것은?

> apple: 1개 1000원
> orange: 1개 700원
> peach: 1개 500원
>
> The apple is _____ than the orange.
> The peach is _____ than the orange.

① cheap－more expensive
② cheaper－cheaper
③ expensive－more expensive
④ more expensive－cheaper

14 대화에서 B가 파티에 가지 <u>못한</u> 이유는?

> A: You look down. What's the matter with you?
> B: I couldn't go to the party yesterday because I had a lot of homework to do.

① 숙제가 너무 많아서
② 초대를 받지 못해서
③ 몸이 좋지 않아서
④ 눈이 잘 보이지 않아서

15 다음 대화의 주제로 가장 알맞은 것은?

> A: What do you want to eat for dinner?
> B: I want to have curry and rice*. How about you?
> A: I'd like to eat pizza.
>
> *curry and rice: 카레 라이스

① 좋아하는 식당
② 좋아하는 영화
③ 좋아하는 여행지
④ 먹고 싶은 저녁 식사

16 대화에서 B가 컴퓨터를 구입하지 <u>못한</u> 이유는?

> A: Did you buy a new computer?
> B: I couldn't buy one because computers were sold out that day.

① 가격이 너무 비싸서
② 마음에 드는 제품이 없어서
③ 컴퓨터가 매진되어서
④ 성능 좋은 컴퓨터가 없어서

17 다음 글 바로 뒤에 이어질 내용으로 알맞은 것은?

> People have trouble learning* a new language. How can you master English? There are several ways to make learning English a little easier and more interesting.
>
> *have trouble ~ing: ~하느라 고생하다

① 영어를 공부하는 목적
② 영어가 어려운 이유
③ 영어가 중요한 이유
④ 영어를 쉽게 배우는 방법

18 대화에서 밑줄 친 말의 의도로 가장 적절한 것은?

> A: Smoking is not good for your health.
> B: I know, but I couldn't stop it.
> A: <u>Why don't you eat candy or chew gum* instead**?</u>
>
> *chew gum: 껌을 씹다
> **instead: 대신에

① 사과하기　　② 조언하기
③ 감사하기　　④ 칭찬하기

19 글을 쓴 목적으로 가장 적절한 것은?

> Dear Dr. Kim,
> I'm worried about my son. He is 13 years old. He drinks five cans of soda and eats ten bars of chocolate every day. He never does any exercise. What do you think I should do for him? I am looking forward to your answer.
>
> Sincerely,
> Worried Mom

① 상담　　② 감사
③ 초대　　④ 격려

PART 05

20 주어진 말에 이어질 두 사람의 대화를 〈보기〉에서 찾아 순서대로 가장 적절하게 배열한 것은?

> Would you like some bibimbap*?

| 보기 |

(A) Oh, it's delicious.
(B) How do you like it?
(C) Yes, please.

*bibimbap: 비빔밥

① (A) – (C) – (B)
② (B) – (A) – (C)
③ (C) – (B) – (A)
④ (B) – (C) – (A)

21 글의 흐름으로 보아 주어진 문장이 들어가기에 가장 적절한 곳은?

> One is water pollution. It is sometimes found in lakes, rivers, and oceans.

We know about many different kinds of pollution. ① Another is air pollution. ② This is usually a problem for cities. ③ Finally, there is noise pollution. ④ This happens so often in crowded cities and near airports.

22 밑줄 친 This가 가리키는 것으로 적절한 것은?

> This is one of the traditional games in Korea. This is usually played on New Year's Day. To play the game, people use four wooden sticks*.
>
> *stick: 막대기

① 씨름　　　　② 연날리기
③ 윷놀이　　　④ 제기차기

23 다음 글을 읽고, 좌석 1E에 앉은 사람이 누구인지 고르시오.

> Four children went to the movies. Their seats were numbered 1B, 1C, 1D, and 1E. Jack sat in 1C. Ann sat between Jack and Tom. Mike sat next to Jack.

1A	1B	1C	1D	1E
		Jack		?

① Mike　　　　② Jack
③ Ann　　　　④ Tom

24 글의 주제로 가장 적절한 것은?

> Many people in the United States are jogging three or four times a week. Jogging has become popular because it is healthy and easy to do. All you need is running shoes.

① 조깅 대중화의 이유
② 조깅할 시 주의 사항
③ 조깅의 장점과 단점
④ 조깅화의 중요성

25 Hemingway에 대한 설명이 내용과 일치하지 <u>않는</u> 것은?

> Earnest Hemingway was born in Illinois. But he spent 17 years in northern Michigan, where his father introduced him to hunting and fishing. In high school, Hemingway played American football. When the United States entered World War I, he volunteered and became an American ambulance driver in Italy.

① Illinois 주에서 태어났다.
② 아버지로부터 낚시와 사냥을 배웠다.
③ 고교 시절에 미식축구를 했다.
④ 2차 세계대전에 자원입대했다.

EBS 교육방송교재

중졸 검정고시 영어

PART

06

2025년 기출문제

✪ 최신 기출문제는 어떤 문제들로 구성되어 있는지 파악해 본다.

01 다음 중 밑줄 친 단어의 뜻으로 가장 적절한 것은?

> My parents are really <u>proud</u> of me.

① 신나는   ② 친절한
③ 무관심한   ④ 자랑스러운

02 다음 중 밑줄 친 두 단어의 의미 관계와 다른 것은?

> This question is <u>difficult</u>. Please give me an <u>easy</u> one.

① wide - narrow
② wise - foolish
③ healthy - colorful
④ cheap - expensive

[3~4] 다음 중 빈칸에 들어갈 말로 가장 적절한 것을 고르시오.

03

> Eric and I _____ good friends.

① are   ② am
③ is   ④ be

04

> He brushed his teeth _____ he had lunch.

① to   ② of
③ with   ④ after

[5~6] 다음 중 대화의 빈칸에 들어갈 말로 가장 적절한 것을 고르시오.

05

> A : How _____ tickets do you need?
> B : I need three tickets, please.

① long   ② many
③ much   ④ often

06

> A : What are you going to do this afternoon?
> B : I'm going to play computer games with my brother.
> A : _____.

① No, I haven't
② You're welcome
③ Of course not
④ That sounds fun

07 다음 중 빈칸에 공통으로 들어갈 말로 가장 적절한 것은?

- What _____ of music do you like?
- She helped me a lot. I think she is very _____.
---

① kind
② fat
③ well
④ light

08 다음은 Mike의 여행 일정표이다. 오전 10시에 할 일은?

8:00 a.m.	10:00 a.m.	3:00 p.m.	5:00 p.m.
have breakfast at the hotel	visit the traditional market	have snacks in the park	go to the theater

① 호텔에서 아침 먹기
② 전통 시장 방문하기
③ 공원에서 간식 먹기
④ 극장에 가기

09 그림으로 보아 빈칸에 들어갈 말로 가장 적절한 것은?

A : What is the boy doing?
B : He is _____.

① watching TV
② driving a car
③ drinking water
④ playing the guitar

10 다음 대화가 끝난 후 두 사람이 함께 할 일은?

A : Oh, my! I lost my smartphone.
B : Really? Can you remember where you put it?
A : I'm not sure. I should check the Lost and Found center, first.
B : That's a good idea. Let's go together.
---

① 수영하러 가기
② 치과 진료 받기
③ 분실물 센터 가기
④ 합창 연습하러 가기

11 다음 대화의 빈칸에 들어갈 말로 가장 적절한 것은?

A : What do you think of this bag?
B : _____. Did you buy it?
A : No, my sister gave it to me as a gift.
---

① It looks pretty
② I think so, too
③ I want to be a doctor
④ Don't forget to call me

PART 06

12 다음 대화의 주제로 가장 적절한 것은?

> A : Kevin, what are you interested in?
> B : I'm interested in making robots. How about you?
> A : I like playing badminton.

① 관심 분야　② 요리 방법
③ 교통안전　④ 환경 보호

13 다음 홍보문을 보고 행사에 대해 알 수 <u>없는</u> 것은?

> ***School Sports Day***
> • When : 9:00~11:00 a.m., May 9th, 2025
> • Where : Mirae Middle School
> • What to do : Baseball, Basketball, and Volleyball
> *Have Fun! Enjoy Sports!*

① 행사 일시　② 행사 장소
③ 경기 종목　④ 신청 방법

14 다음 방송의 목적으로 가장 적절한 것은?

> Hello, students. I have an announcement. There is a problem with the school air conditioner. We are trying to fix it, but it will take two hours. Thank you for your understanding.

① 학교 규칙 공지
② 강의 주제 전달
③ 학생회 선거 홍보
④ 에어컨 고장 안내

15 다음 대화에서 B가 수업에 늦은 이유는?

> A : Why are you late, Amy?
> B : I missed the bus. I'm sorry for being late.
> A : Well, try to be on time. Let's begin our class.

① 버스를 놓쳐서
② 수업이 빨리 끝나서
③ 숙제를 안 해서
④ 아침을 먹지 않아서

16 다음 Mr. Papa에 대한 설명과 일치하지 않는 것은?

> There is a story about an old man called Mr. Papa. He wears a hat made of gold. He flies on a dragon on June 5th. He gives good children toys and candies. However, he gives garlic and onions to bad kids.

① 황금으로 만든 모자를 쓴다.

② 6월 5일에 용을 타고 날아다닌다.

③ 착한 어린이들에게는 장난감과 사탕을 준다.

④ 나쁜 어린이들에게는 아무것도 주지 않는다.

17 다음 글에서 Julia Smith에 대해 언급된 내용이 아닌 것은?

> Julia Smith found her true talent in her 40s. At the age of 46, she moved to Rome with her husband. She went to a cooking school there. While she was studying, she ran an Italian restaurant, 'Julia's Trattoria' and it became famous for pasta.

① 재능 발견 시기　② 이사한 도시

③ 남편의 직업　④ 운영한 식당

18 다음 글에서 Alex가 제안한 것으로 가장 적절한 것은?

> Tomorrow is my mom's birthday. I was thinking about what to get her, so I asked Alex for advice. He suggested that I write her a letter because I'm good at writing.

① 선물 사기　② 편지 쓰기

③ 청소하기　④ 여행 가기

19 그래프로 보아 다음 빈칸에 들어갈 말로 가장 적절한 것은?

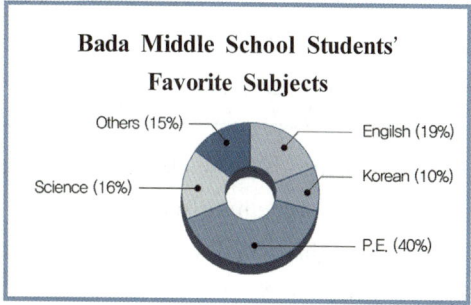

> The students at Bada Middle School like _____ the most.

① English　② Korean

③ P.E.　④ Science

20 다음 글의 흐름으로 보아 어울리지 <u>않는</u> 문장은?

There are several things to remember during a flood. ① <u>First of all, you should turn off all electricity.</u> ② <u>Second, you should stay out of moving water.</u> ③ <u>You need to water the plants regularly.</u> ④ <u>You have to move to higher ground for safety.</u> Finally, keep listening to the news reports.

21 다음 글에서 밑줄 친 <u>They</u>가 가리키는 것으로 가장 적절한 것은?

Jiho likes making new things from something old. Yesterday, he brought pencil cases that he made from used clothes to school. He gave them to his classmates. <u>They</u> were surprised to get his presents and wanted to know how he made them.

① cups
② teachers
③ classmates
④ pencil cases

22 미술관에서 지켜야 할 사항으로 언급되지 <u>않은</u> 것은?

Modern Art Museum Rules

• Don't run.
• Don't eat food.
• Don't take picture

① 뛰지 않기
② 낙서하지 않기
③ 음식 먹지 않기
④ 사진 찍지 않기

23 다음 글의 주제로 가장 적절한 것은?

Have you ever seen eagles flying high in the sky? They can see even small ants from up there. They are great hunters because of their powerful eyes. They can see tiny animals 2.8 kilometers away. Isn't that amazing?

① 개미의 특성
② 독수리의 시력
③ 사냥의 역사
④ 시력에 좋은 음식

24 다음 글을 쓴 목적으로 가장 적절한 것은?

> I have a jacket for sale. It is white and has many pockets. I bought it last year but it is just like new. I paid 80 dollars. I'm selling it for only 20 dollars!

① 판매하려고　　② 환불하려고
③ 사과하려고　　④ 구입하려고

25 다음 글의 바로 뒤에 이어질 내용으로 가장 적절한 것은?

> Hi! My name is Brian. I am Canadian and I have been living in Korea for two years. Have you ever been to Canada? Today, I will give you some tips for visiting Canada. Let's start with the best time to visit there.

① 한국의 다양한 날씨
② 효과적인 영어 학습 방법
③ 자신이 좋아하는 음악 소개
④ 캐나다를 방문하기에 좋은 시기

PART 06

01 다음 중 밑줄 친 단어의 뜻으로 가장 적절한 것은?

> Students are usually <u>quiet</u> in the library.

① 가까운　　　② 건강한
③ 신나는　　　④ 조용한

02 다음 중 밑줄 친 두 단어의 의미 관계와 <u>다른</u> 것은?

> I feel so <u>cold</u>. I need some <u>hot</u> water.

① thin – thick
② small – little
③ weak – strong
④ light – heavy

[3~4] 다음 중 빈칸에 들어갈 말로 가장 적절한 것을 고르시오.

03

> My math teacher _____ so smart.

① am　　　　② is
③ are　　　　④ were

04

> Amy has one brother, _____ he is seven years old.

① of　　　　② to
③ and　　　④ with

[5~6] 다음 중 대화의 빈칸에 들어갈 말로 가장 적절한 것을 고르시오.

05

> A : Harry, _____ you do me a favor?
> B : Sure. What is it?

① am　　　　② are
③ can　　　④ have

06

> A : What are you going to do this weekend?
> B : I'm going to go hiking. Do you want to come with me?
> A : _____.

① Yes, you are
② No, he wasn't
③ They look tired
④ Yes, I'd love to

07 다음 중 빈칸에 공통으로 들어갈 말로 가장 적절한 것은?

> • She wants to _____ her son.
> • I am so sorry. I missed your _____.

① call   ② well

③ drink   ④ travel

08 다음은 John의 주중 계획표이다. 화요일에 할 일은?

Monday	Tuesday	Wednesday	Thursday
play the piano	ride a bike	clean my room	go to a museum

① 피아노 치기   ② 자전거 타기

③ 방 청소하기   ④ 박물관 가기

09 그림으로 보아 빈칸에 들어갈 말로 가장 적절한 것은?

> A : What is the girl doing?
> B : She is _____.

① drinking tea

② making cookies

③ eating an apple

④ washing the dishes

10 다음 대화가 끝난 후 두 사람이 함께 할 일은?

> A : Oh, no! The dance contest is tomorrow.
> B : Is there anything I can do to help?
> A : Can you help me practice dancing?
> B : Sure. Let's go practice together.

① 농구하러 가기

② 우편물 보내기

③ 사진 찍으러 가기

④ 춤 연습하러 가기

11 다음 대화의 빈칸에 들어갈 말로 가장 적절한 것은?

> A : Did you enjoy the magic show?
> B : Yes, _____. How about you?
> A : I also enjoyed it. The tricks were amazing.

① it was wonderful

② we had a boring time

③ he doesn't like vegetables

④ I played baseball with my friends

12 다음 대화의 주제로 가장 적절한 것은?

> A : Are you ready for the trip tomorrow?
> B : Yes. I packed everything, but I don't have a fan.
> A : Don't worry. I'll bring one for you.

① 강의 계획　　② 동물 보호
③ 여행 준비　　④ 음식 소개

13 다음 홍보문을 보고 행사에 대해 알 수 <u>없는</u> 것은?

> **Movie of the Week**
> • Title : The Life of Polar Bears
> • Place : Dream Community Center
> • Time : 7:00~9:00 p.m.

① 영화 제목　　② 관람 비용
③ 상영 장소　　④ 상영 시간

14 다음 방송의 목적으로 가장 적절한 것은?

> Attention, shoppers! We have a special event for our customers this week. If you spend over $50, you will get a 5% discount. Thank you for shopping with us.

① 지역 특산물 소개
② 계절 한정 상품 소개
③ 매장 마감 시간 안내
④ 특별 할인 행사 안내

15 다음 대화에서 A가 학교 콘서트에 가고 싶어 하는 이유는?

> A : I can't wait to go to the school concert!
> B : Why? Is there anything special this year?
> A : Yes, a popular band is performing.

① 경품 행사가 있어서
② 무료 사진 촬영이 있어서
③ 수업이 일찍 끝나서
④ 인기 있는 밴드가 공연해서

16 다음 *Forest Adventures*에 대한 설명과 일치하지 <u>않는</u> 것은?

> The book, *Forest Adventures*, was written by the famous writer, Anna Brown. The main characters are a girl and a puppy. The book tells a story about their friendship. You can buy it in bookstores in October.

① 무명 작가에 의해 쓰였다.
② 주인공은 소녀와 강아지이다.
③ 우정에 관한 이야기를 담고 있다.
④ 서점에서 10월에 구매할 수 있다.

17 다음 글에서 The Pig Festival에 대해 언급된 내용이 <u>아닌</u> 것은?

> The Pig Festival is the biggest celebration in my town. Last year, 5,500 people visited the festival. Its main events are a pig race and a fireworks show. People can buy delicious food like hot dogs and cotton candy.

① 작년 방문자 수
② 주차장 위치
③ 주요 행사
④ 판매 음식

18 다음 글에서 Jiho가 제안한 것으로 가장 적절한 것은?

> I'm worried because I often buy things that I don't need. So, I asked my friend, Jiho, for advice. He suggested making a list of things to buy. I think this is a really good idea.

① 운동화 구매하기
② 구매 목록 작성하기
③ 가족과 시간 보내기
④ 새로운 친구 사귀기

19 그래프로 보아 다음 빈칸에 들어갈 말로 가장 적절한 것은?

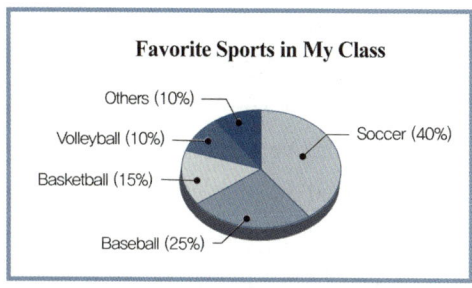

Favorite Sports in My Class

Others (10%)
Volleyball (10%)
Basketball (15%)
Baseball (25%)
Soccer (40%)

> The students in my class like _____ the most.

① soccer　　　　② baseball
③ basketball　　④ volleyball

20 다음 글의 흐름으로 보아 어울리지 <u>않는</u> 문장은?

> These days, robots play many different roles. ① Some robots take orders in restaurants. ② Others make coffee at cafés. ③ Coffee beans are grown in warm areas. ④ They also work as guides at airports. Robots are all around us.

21 다음 글에서 밑줄 친 <u>them</u>이 가리키는 것으로 가장 적절한 것은?

> Imagine mosquitoes are flying around in your room. What would you do? Tomatoes can help. Many people like tomatoes, but mosquitoes dislike <u>them</u>. Bowls of crushed tomatoes can keep these insects away from your room.

① bowls   ② trees

③ tomatoes   ④ mosquitoes

22 극장에서 지켜야 할 사항으로 언급되지 <u>않</u>은 것은?

> **Theater Rules**
> * Don't take pictures.
> * Don't make loud noises.
> * Don't kick the seat in front of you.

① 음식 먹지 않기

② 사진 찍지 않기

③ 시끄럽게 하지 않기

④ 앞 좌석 발로 차지 않기

23 다음 글의 주제로 가장 적절한 것은?

> Using mobile phones too much can have harmful effects. For example, it can cause dry eyes. Also, you can get neck pains. It is important to know these negative effects.

① 현명한 시간 관리 방법

② 영상 편집 기술의 발전

③ 휴대폰 과다 사용의 악영향

④ 주기적인 스트레칭의 중요성

24 다음 글을 쓴 목적으로 가장 적절한 것은?

> Hi, Steve. This is Bill. There is a student debate this Friday.
> However, one of our team members caught a bad cold, so he cannot come to the debate. Can you help us and join our team? We hope to hear from you soon.

① 거절하려고　　② 구매하려고

③ 부탁하려고　　④ 환불하려고

25 다음 글의 바로 뒤에 이어질 내용으로 가장 적절한 것은?

> Living in another country is not always easy. I have been living in Mexico for three years. Since my family moved here, I have found many cultural differences between Mexico and Korea. Here are some examples that I want to share with you.

① 프랑스 대학에 입학하는 방법

② 한국에 남아 있는 가족의 소식

③ 1년 전 한국으로 이사를 한 이유

④ 멕시코와 한국의 문화적 차이 사례

PART 06

memo

검스타트
검정고시
중졸 영어

2026
최신판

정답 및 해설

영어 정답 및 해설

PART 01 어휘 솔루션

유형 1 모두 포함하는 단어

기출 Check! p.52~53

01	①	02	③	03	①	04	③	05	③
06	②	07	③	08	①	09	①	10	①
11	④	12	③	13	②	14	④		

01 정답 ①
해석 빨간색, 노란색, 파란색, 녹색
　　① 색깔 ② 모양 ③ 취미 ④ 나라
해설 제시된 단어는 모두 색깔(color)이다.

02 정답 ③
해석 곰, 소, 코끼리, 여우
　　① 색깔 ② 과일 ③ 동물 ④ 나라
해설 제시된 단어는 모두 동물(animal)이다.

03 정답 ①
해석 빵, 햄버거, 샐러드, 스프
　　① 음식 ② 꽃 ③ 계절 ④ 나라
해설 제시된 단어는 모두 음식(food)이다.

04 정답 ③
해석 봄, 여름, 가을, 겨울
　　① 동물 ② 가족 ③ 계절 ④ 숫자
해설 제시된 단어는 모두 계절(season)이다.
　　autumn(가을)도 알아두면 도움이 된다.

05 정답 ③
해석 바지, 치마, 블라우스, 티셔츠
　　① 스포츠 ② 가족 ③ 옷 ④ 나라들
해설 제시된 단어는 모두 옷(clothes)이다.
　　clothing(의류)도 알아두면 도움이 된다.

06 정답 ②
해석 아버지, 어머니, 아들, 딸
　　① 취미 ② 가족 ③ 꽃 ④ 계절
해설 제시된 단어는 모두 가족(family)이다.

07 정답 ③
해석 골프, 배드민턴, 수영, 축구
　　① 음식 ② 음악 ③ 운동 ④ 꽃
해설 제시된 단어는 모두 운동(sports)이다.

08 정답 ①
해석 농부, 선생님, 예술가, 의사
　　① 직업 ② 음식 ③ 색깔 ④ 1개월
해설 제시된 단어는 모두 직업(job)이다.

09 정답 ①
해석 머리, 어깨, 발, 다리
　　① 몸 ② 음식 ③ 꽃 ④ 나라
해설 제시된 단어는 모두 신체 부분인 몸(body)이다.
　　ear(귀), eye(눈), finger(손가락), mouth(입),
　　nose(코)도 알아두면 도움이 된다.

10 정답 ①
해석 요리사, 의사, 조종사, 가수
　　① 직업 ② 음식 ③ 장소 ④ 나라
해설 제시된 단어는 모두 직업(job)이다.

11 정답 ④

해석 화난, 흥분된, 기쁜, 행복한, 슬픈
　　① 색깔 ② 취미 ③ 동물 ④ 감정

해설 제시된 단어는 모두 감정(feeling)이다.
nervous(불안한), upset(속상한)도 알아두면 도움이 된다.

12 정답 ③

해석 고양이, 개, 돼지, 원숭이
　　① 과일 ② 운동 ③ 동물 ④ 날씨

해설 제시된 단어는 모두 동물(animal)이다.
deer(사슴), sheep(양)도 알아두면 도움이 된다.

13 정답 ②

해석 ① 과일 ② 꽃 ③ 운동 ④ 직업

해설 제시된 그림은 모두 꽃(flower)이다.

14 정답 ④

해석 비오는, 화창한, 안개 낀, 바람 부는, 눈 내리는
　　① 색깔 ② 동물 ③ 계절 ④ 날씨

해설 제시된 단어는 모두 날씨(weather)이다.
cloudy(흐린)도 알아두면 도움이 된다.

유형 2 두 단어의 관계

기출 Check!

p.54~55

01	③	02	④	03	④	04	①	05	①
06	④	07	③	08	④	09	④	10	②
11	①	12	③	13	④	14	①	15	②

01 정답 ③

해석 ① 이기다 – 지다
　　② 당기다 – 밀다
　　③ 대답하다 – 대답하다
　　④ 도착하다 – 떠나다

해설 ①·②·④ 반의어 관계, ③ 동의어 관계이다.

02 정답 ④

해석 ① 젖은 – 마른
　　② 시끄러운 – 조용한
　　③ 사실인 – 거짓의
　　④ 똑똑한 – 영리한

해설 ①·②·③ 반의어 관계, ④ 동의어 관계이다.

03 정답 ④

해석 ① 몸 – 손
　　② 색 – 파란색
　　③ 동물 – 돼지
　　④ 겨울 – 여름

해설 ①·②·③ 전체 – 부분의 관계, ④ 둘 다 계절로
대등한 관계이다.

04 정답 ①

해석 ① 호랑이 – 사자
　　② 과일 – 사과
　　③ 색 – 노란색
　　④ 직업 – 선생님

해설 ②·③·④ 전체 – 부분의 관계, ① 둘 다 동물로
대등한 관계이다.

05 정답 ①

해석 ① 손 - 발
② 개 - 동물
③ 장미 - 꽃
④ 여름 - 계절

해설 ②·③·④ 부분 - 전체의 관계, ① 둘 다 신체 부위로 대등한 관계이다.

06 정답 ④

해석 ① 과일 - 사과
② 색 - 빨간색
③ 동물 - 고양이
④ 산 - 바다

해설 ①·②·③ 전체 - 부분의 관계, ④ 둘 다 자연의 장소로 대등한 관계이다.

07 정답 ③

해석 ① 사다 - 팔다
② 밀다 - 당기다
③ 시작하다 - 시작하다
④ 열다 - 닫다

해설 ①·②·④ 반의어 관계, ③ 동의어 관계이다.

08 정답 ④

해석 ① 뜨거운 - 차가운
② 먼 - 가까운
③ 느린 - 빠른
④ 모든 - 모두

해설 ①·②·③ 반의어 관계, ④ 동의어 관계이다.

09 정답 ④

해석 ① 깨끗한 - 더러운
② 늙은 - 젊은
③ 키가 큰 - 키가 작은
④ 현명한 - 똑똑한

해설 ①·②·③ 반의어 관계, ④ 동의어 관계이다.

10 정답 ②

해석 ① 낮은 - 높은
② 큰 - 큰
③ 느린 - 빠른
④ 쉬운 - 어려운

해설 ①·③·④ 반의어 관계, ② 동의어 관계이다.

11 정답 ①

해석 ① 큰 - 큰
② 높은 - 낮은
③ 늙은 - 젊은
④ 강한 - 약한

해설 ②·③·④ 반의어 관계, ① 동의어 관계이다.

12 정답 ③

해석 ① 사다 - 팔다
② 시작하다 - 끝마치다
③ 말하다 - 말하다
④ 묻다 - 대답하다

해설 ①·②·④ 반의어 관계, ③ 동의어 관계이다.

13 정답 ④

해석 ① 젊은 - 늙은
② 부유한 - 가난한
③ 긴 - 짧은
④ 강한 - 무거운

해설 ①·②·③ 반의어 관계, ④ 반의어 관계로 보기 어렵다.

14 정답 ①

해석 ① 기쁜 - 행복한
② 큰 - 작은
③ 긴 - 짧은
④ 무거운 - 가벼운

해설 ②·③·④ 반의어 관계, ① 반의어 관계로 보기 어렵다.
light는 "밝은, 빛"과 같은 뜻도 있다.

15 정답 ②

해석 ① 슬픈 – 슬프게
② 사랑 – 사랑스런
③ 운 좋은 – 운 좋게
④ 행복한 – 행복하게

해설 ①・③・④ 형용사 – 부사 관계, ② 명사 – 형용사 관계이다.
형용사에 ly가 붙으면 부사가 되고, 명사에 ly가 붙으면 형용사가 된다.

(유형) **3** 숙어

기출 Check!									p.56~58
01	①	**02**	③	**03**	②	**04**	②	**05**	①
06	①	**07**	①	**08**	③	**09**	④	**10**	②
11	②	**12**	③	**13**	④	**14**	③	**15**	②

01 정답 ①

해석 A: 오늘 오후에 너 뭐할 거야?
B: 피아노 레슨을 받을 거야.
A: 그래? 난 휴식을 취할 거야.

어휘 • take a lesson 레슨을 받다, 수업을 받다
• take a rest 쉬다, 휴식을 취하다

02 정답 ③

해석 우리는 기말고사 준비가 되어 있어야 한다.
한국은 김치와 K팝(한국 음악)으로 유명하다.

어휘 • be ready for ~할 준비가 되다
• be famous for ~로 유명하다

03 정답 ②

해석 나는 다음 정거장에서 버스에서 내릴 필요가 있다.
당신이 방에 들어갈 때, 당신 신발을 벗어라.

어휘 • get off 내리다
• take off 벗다, 이륙하다

참고 • get on 타다

04 정답 ②

해석 라디오를 켜주세요.
넌 코트를 입는 게 낫겠어. 밖에 추워.

어휘 • turn on 켜다
• put on 입다, 착용하다

참고 • turn off 끄다   • put off 연기하다

05 정답 ①

해석 내 남동생은 과학을 잘해.

어휘 • be good at ~을 잘하다

참고 • be poor at ~을 못하다, 서투르다

06 정답 ①
해석 나는 수학에 관심이 있다.
　　 내 방 안에 컴퓨터가 한 대 있다.
어휘 • be interested in ~에 관심이 있다
　　 • in＋장소 ~ 안에

07 정답 ①
해석 나는 아버지가 정말 자랑스럽다.
　　 내 방은 사람들로 가득하다.
어휘 • be proud of ~을 자랑하다
　　 • be full of ~로 가득 차다, 가득하다

08 정답 ③
해석 나는 요리를 잘한다.
　　 나는 10시에 자러 간다.
어휘 • be good at ~을 잘하다
　　 • at＋시간 ~시에

09 정답 ④
해석 당신의 도움에 고맙습니다.
　　 규칙적인 운동은 당신 건강에 좋을 것이다.
어휘 • thank A for B A에게 B에 대해 고마워하다
　　 • be good for ~에 좋다
참고 • be good at ~을 잘하다

10 정답 ②
해석 그 개를 무서워하지 마.
　　 하늘이 별로 가득하다.
어휘 • be afraid of ~을 두려워하다, 무서워하다
　　 • be full of ~으로 가득 차다, 가득하다

11 정답 ②
해석 나는 1998년에 태어났다.
　　 나는 동물에 관심이 있다.
어휘 • in＋연도 ~년에
　　 • be interested in ~에 관심이 있다

12 정답 ③
해석 넌 무엇을 찾는 중이니?
　　 한국은 태권도로 유명하다.
어휘 • look for ~을 찾다
　　 • be famous for ~로 유명하다

13 정답 ④
해석 A: 너 아파 보여. 무슨 일이야?
　　 B: 나 두통이 있어.
어휘 • have a headache 머리가 아프다

14 정답 ③
해석 나는 뉴욕에 산다.
　　 내 남동생은 요리에 관심이 있다.
어휘 • live in＋장소 ~에 살다
　　 • be interested in ~에 관심이 있다

15 정답 ②
해석 A: 다음 방학(휴가)에 무엇을 할 예정이니?
　　 B: 난 유럽에 갈 거야.
어휘 • be going to＋동사 ~할 예정이다
　　 • be going to＋장소 ~에 가는 중이다, 갈 예정
　　　 이다

유형 4 기타

기출 Check! p.59

01	②	02	④	03	④

01 정답 ②

해석 그는 한국에서 유명한 가수다.

어휘 • famous 유명한

참고 • humble 겸손한
• honest 정직한
• diligent 부지런한

02 정답 ④

해석 ① 남자 ② 부인 ③ 치아 ④ 아이들

해설 man-men, wife-wives, tooth-teeth, child-children

03 정답 ④

해석 ① 그는 정말 친절하네!
② 당신은 매우 친절하군요.
③ 그는 점잖고 친절해.
④ 어떤 종류의 영화를 좋아하니?

해설 ①·②·③ kind는 "친절한", ④ kind는 "종류" 라는 의미다.

PART 02 문법 솔루션

유형 1 의문문

기출 Check! p.153~158

01	③	02	②	03	②	04	②	05	②
06	②	07	③	08	④	09	②	10	①
11	②	12	②	13	①	14	④	15	①
16	③	17	①	18	①	19	③	20	④
21	④	22	③	23	④	24	①	25	③
26	④	27	①	28	④	29	②	30	③
31	①

01 정답 ③

해석 A: 넌 피곤하니?
B: 아니, 피곤하지 않아.

해설 be동사 am으로 답하고 있으므로 be동사로 물어야 한다. Are you tired? 처럼 you에 필요한 be동사는 Are이다.

02 정답 ②

해석 A: 넌 종이로 장미를 만들 수 있어?
B: 아니, 만들 수 없어. 난 단지 종이 새만 만들 수 있어.

해설 Can으로 질문하고 있으므로 조동사 can을 사용하여 답해야 한다.

03 정답 ②

해석 A: 그들은 굉장한 배우들이야, 그렇지 않니?
B: 응, 그래.

해설 They are는 긍정문이며 be동사가 있으므로 be동사 are를 사용하여 부정문으로 부가의문문을 만들어야 한다.

04 정답 ②

해석 A: 데이빗 집에 있나요?
B: 아니, 없어요. 그는 학교에 있어요.

해설 be동사 Is로 질문하고 있으므로 be동사로 답해야
한다. David는 남자이므로 No, he isn't로 답
한다.

05 정답 ②

해석 A: 어젯밤 넌 네 숙제를 끝냈니?
　　B: 응, 끝냈어.

해설 did로 답하고 있으므로 Did로 물어야 한다.

06 정답 ②

해석 A: 중국어를 할 수 있니?
　　B: 응, 할 수 있어.

해설 can으로 답하고 있으므로 조동사 Can을 사용하
여 물어야 한다.

07 정답 ③

해석 A: 그녀는 아이스크림을 좋아하니?
　　B: 응, 좋아해. / 아니, 안 좋아해.

해설 Does로 물으면 does로 답하므로 Yes, she
does 또는 No, she doesn't로 답한다.

08 정답 ④

해석 A: 그는 바이올린을 연주하니?
　　B: 아니, 연주하지 않아.

해설 doesn't로 답하고 있으므로 Does로 물어야 한다.

09 정답 ②

해석 A: 이것은 네 가방이니?
　　B: 응, 내 가방이야.

해설 be동사(Is)로 물으면 be동사로 답해야 한다. it
은 is를 be동사로 사용한다.

10 정답 ①

해석 A: 넌 어떻게 운전하는지 아니?
　　B: 응, 알아.

해설 Do로 물으면 do로 답해야 한다.

11 정답 ②

해석 A: 너 피자 좋아해?
　　B: 응.

해설 do로 답하고 있으므로 Do로 물어야 한다.

12 정답 ②

해석 A: 넌 과학을 좋아하니?
　　B: 응, 좋아해. 과학은 내가 가장 좋아하는 과목이야.

해설 Do로 물으면 do로 답하고, 가장 좋아하는 과목
(favorite subject)이라고 했으므로 Yes와 연결
한다.

13 정답 ①

해석 A: 넌 내일 Art Gallery에 갈 거니?
　　B: 응, 갈 거야.

해설 be동사(Are)로 물으면 be동사로 답해야 한다.
I는 am을 사용한다.

14 정답 ④

해석 A: 미술관은 언제 오픈하나요?
　　B: 보통 오전 10시입니다.

해설 시간은 When이나 What time으로 묻고 답한다.

15 정답 ①

해석 A: 오늘 날씨가 어때?
　　B: 안개가 끼었어.

해설 날씨는 How is the weather? What is the
weather like?로 묻고 답한다.

16 정답 ③

해석 A: 넌 얼마나 자주 운동을 하니?
　　B: 일주일에 세 번 정도.

해설 빈도(횟수)는 How often으로 묻고 답한다.

17 정답 ①

해석 A: 왜 그렇게 늦었니?
　　B: 늦게 일어났어.

해설 이유는 Why로 묻고 답한다.

18 정답 ①
해석 A: 무슨 종류의 음악을 좋아하니?
　　B: 팝을 좋아해.
해설 종류는 What kind로 묻고 답한다.

19 정답 ③
해석 A: 이 모자 얼마에요?
　　B: 25달러입니다.
해설 가격은 How much로 묻고 답한다.

20 정답 ④
해석 A: 어디에 사세요?
　　B: 서울에 살아요.
해설 장소는 Where로 묻고 답한다.

21 정답 ④
해석 A: 어디 출신이세요?
　　B: 중국에서 왔어요.
해설 장소나 출신지는 Where로 묻고 답한다.

22 정답 ③
해석 A: 오렌지 좀 사고 싶어요.
　　B: 몇 개 드릴까요(원하세요)?
　　A: 4개 주세요.
해설 개수는 How many로 묻고 답한다.

23 정답 ④
해석 A: 어디서 만날까?
　　B: 도서관에서 만나자.
해설 장소는 Where로 묻고 답한다.

24 정답 ①
해석 A: 얼마나 자주 영화를 보러가니?
　　B: 한 달에 한 번.
　　A: 보통 어떻게 그곳에 가니?
　　B: 버스 타고.
해설 빈도(횟수)는 How often, 교통수단은 How로 묻고 답한다.

25 정답 ③
해석 ① A: 어떻게 지내?
　　　 B: 난 꽤 잘 지내.
　　② A: 오늘 무슨 요일이야?
　　　 B: 월요일.
　　③ A: 우리 몇 시에 만날까?
　　　 B: 버스정류장에서.
　　④ A: 넌 왜 학교에 지각이니?
　　　 B: 버스를 놓쳤어요.
해설 What time은 시간을 묻고 답하는 질문이다. 따라서 At the bus stop이 아닌 시간 표현으로 답하거나 또는 What time을 Where로 바꾸어서 물어야 한다.

26 정답 ②
해석 ① A: 얼마에요?
　　　 B: 15달러입니다.
　　② A: 오늘 무슨 요일이야?
　　　 B: 천만에요.
　　③ A: 어디에서 왔어요?
　　　 B: 일본에서 왔어요.
　　④ A: 네가 가장 좋아하는 스포츠(운동)는 뭐니?
　　　 B: 축구를 좋아해.
해설 What day는 요일을 묻는 질문인데 You're welcome은 고맙다는 말에 대한 대답이므로 어색하다.

27 정답 ①
해석 A: 여기서 우체국은 얼마나 머나요?
　　B: 여기서 대략 5km 거리입니다.
해설 거리를 묻는 것은 How far를 사용한다. How old는 나이, How many는 개수, How often은 횟수를 묻는 표현이다.

28 정답 ④

해석 ① A: 수영할 수 있어?

　　　B: 응, 할 수 있어.

　　② A: 축구하자.

　　　B: 좋은 생각이야.

　　③ A: 고맙습니다.

　　　B: 제가 기쁘지요.

　　④ A: 네가 가장 좋아하는 동물이 뭐니?

　　　B: 예, 그것을 좋아합니다.

해설 의문사(what, who 등)로 물으면 Yes, No로 답할 수 없다.

29 정답 ②

해석 A: 얼마나 오랫동안 그 호텔에 머물렀니?

　　B: 2주 동안.

해설 시간의 길이는 How long으로 묻고 답한다.

30 정답 ③

해석 ① A: 그 선물 고마워.

　　　B: 천만에.

　　② A: 어떻게 학교에 가니?

　　　B: 버스 타고.

　　③ A: 넌 왜 속상하니(화났니)?

　　　B: 응, 그래.

　　④ A: 부탁 좀 들어줄래?

　　　B: 물론이지. 뭔데?

해설 의문사(Why 등)로 물으면 Yes, No로 답할 수 없다.

31 정답 ①

해석 A: 춥다, 그렇지 않니?

　　B: 응, 히터를 켜자.

해설 It's＝It is의 부가의문문은 isn't it이다.

유형 **2** 감탄문, 명령문, There 구문

기출 Check! p.159

01	②	02	①	03	③

01 정답 ②

해석 정말 아름다운 날이다!

해설 "What＋a＋형용사＋명사＋주어＋동사!"로 감탄문을 만든다.

02 정답 ①

해설 "명령문, or ~해라, 그렇지 않으면"을 알고 있는지 묻는 문제이다.

03 정답 ③

해석 테이블 위에 책이 5권 있다.

해설 "There are(were)＋복수 주어"를 묻는 문제이다.

유형 3 대명사

기출 Check! p.160

01	③	02	②	03	③	04	①	05	②

01 정답 ③

해석 A: 넌 남동생이 있니?
B: 응, 있어.
A: 그가 가장 좋아하는 과목은 뭐니?
B: 그 녀석은 수학을 좋아해.

해설 남동생이므로 his favorite subject로 묻고 답한다.

02 정답 ②

해석 A: 넌 여동생에게 무엇을 사주고 싶니?
B: 그녀에게 인형을 사주고 싶어.

해설 여동생은 she로 대명사를 사용한다. 전치사 뒤는 전치사의 목적어이므로 "전치사+목적격"을 사용해서 for her가 알맞다.

03 정답 ③

해석 외출하실 때 엄마는 모자를 쓰신다.

해설 My mother=she로 대명사를 사용한다.

04 정답 ①

해석 Mr. Kim은 나의 선생님이야. 그는 음악을 가르치셔.

해설 Mr.는 남자이므로 Mr. Kim=He로 대명사를 사용한다. 참고로, Miss, Mrs, Ms는 모두 여성을 나타낸다.

05 정답 ②

해석 A: 아버님은 연세가 어떻게 되시니?
B: 그는 42세입니다.

해설 your father=He로 대명사를 사용한다.

유형 4 비교

기출 Check! p.161~162

01	③	02	④	03	②	04	④	05	①
06	③	07	④						

01 정답 ③

해석 톰: 네 컴퓨터 좋아 보인다. 새 것이니?
수잔: 응, 지난 주 금요일에 샀어.
톰: 나도 새 것을 사고 싶다. 내 것은 3년 전에 샀어.
톰은 수잔보다 더 일찍 컴퓨터를 샀다.

해설 톰은 3년 일찍 샀으므로 early – earlier – earliest를 이용한다. than 앞에 비교급을 사용하므로 earlier가 적절하다.

02 정답 ④

해석 ① 소라는 지호보다 키가 더 크다.
② 지호는 가장 키가 작다.
③ 미나는 지호보다 키가 더 작다.
④ 인수는 키가 가장 크다.

해설 소라는 지호보다 작고, 지호는 가장 작지 않고, 미나는 지호보다 크다. 따라서 ④번만 일치한다.

03 정답 ②

해석 커피는 차보다 더 싸다.

해설 커피 가격이 차보다 싸므로 cheap – cheaper – cheapest를 이용한다. than 앞에는 비교급을 사용하므로 cheaper가 알맞다.

04 정답 ④

해석 미나: 8시에 학교에 와.
짐: 정말? 난 8:30에 와.
미나는 짐보다 더 일찍 온다.

해설 미나가 더 일찍 등교하므로 early – earlier – earliest를 이용한다. than 앞에 비교급을 사용하므로 earlier가 알맞다.

05 정답 ①

해석 A: 난 보통 아침 7시에 일어나.
　　 B: 넌 나보다는 더 늦게 일어나네. 난 보통 아침 6
　　 시에 일어나거든.

해설 A는 B보다 1시간 늦게 일어나므로 later가 빈칸
　　 에 적절하다.

06 정답 ③

해석 ① 멕이 가장 어리다.
　　 ② 존은 멕보다 더 나이가 많다.
　　 ③ 베스는 존보다 더 어리다.
　　 ④ 에이미가 가장 나이가 많다.

해설 멕은 가장 어리지 않고, 존은 멕보다 어리며, 에
　　 이미는 가장 어리다. 따라서 ③번만 일치한다.

07 정답 ④

해석 오렌지는 사과보다 더 비싸다.

해설 오렌지가 더 비싸므로 expensive－more
　　 expensive－most expensive를 이용한다. than
　　 앞에는 비교급을 사용하므로 more expensive가
　　 알맞다.

(유형) **5** 전치사

	기출 Check!								p.163~164
01	①	**02**	①	**03**	②	**04**	③	**05**	②
06	③	**07**	②						

01 정답 ①

해석 나는 수학에 관심이 있다.
　　 내 방 안에 컴퓨터가 한 대 있다.

어휘 • be interested in ～에 관심이 있다.
　　 • in＋장소 ～안에

02 정답 ①

해석 테이블 위에 책이 세 권 있다.

해설 그림에는 테이블 위에 책이 있다.

어휘 • on the table 테이블 위에

03 정답 ②

해석 나는 버스를 타고 학교에 간다.
　　 나는 7시까지 보고서를 끝낼 것이다.

어휘 • by bus 버스를 타고
　　 • by＋시간 ～까지

04 정답 ③

해석 나는 요리를 잘한다.
　　 나는 10시에 자러 간다.

어휘 • be good at ～을 잘한다
　　 • at＋시간 ～시에

05 정답 ②

해석 나는 1998년에 태어났다.
　　 나는 동물에 관심이 있다.

어휘 • in＋연도 ～년에
　　 • be interested in ～에 관심이 있다

06 정답 ③

해석 조는 20년 동안 서울에 살고 있다.
이 장미는 너를 위한 거야.

어휘 • for＋시간 ~동안
• for＋사람 ~를 위한

07 정답 ②

해석 너는 6시까지 이것을 끝마쳐야 한다.
이 책은 셰익스피어에 의해 쓰여졌다.

어휘 • by＋시간 ~까지
• by＋작가 ~에 의해 쓰여진

유형 **6** 접속사와 관계사

기출 Check!
p.165

| 01 | ③ | 02 | ③ | 03 | ④ | 04 | ① |

01 정답 ③

해석 수빈이와 수진이는 쌍둥이다. 그들은 똑같아 보인다.
(하지만) 그들은 다르다. 수빈이는 로봇을 좋아하고
(그러나) 수진이는 그렇지 않다. 그녀는 인형을 좋아
한다.

해설 but 그러나, 하지만

02 정답 ③

해석 네가 매우 열심히 운동하지 않으면, 넌 건강해지지
않을 것이다.

해설 Unless＝If＋(do)not ~하지 않는다면

03 정답 ④

해석 물을 마시고 있는 개가 한 마리 있다.

해설 비사람 선행사(a dog)＋which 관계대명사

04 정답 ①

해석 넌 무대에서 노래를 하고 있는 그 소년을 아니?

해설 사람 선행사(the boy)＋who 관계대명사＋is 동
사 앞이므로 주격 관계대명사 who를 사용한다.

p.166~168

유형 7 시제

기출 Check!

01	④	02	②	03	①	04	①	05	①
06	④	07	②	08	②	09	③	10	④
11	②	12	①	13	②	14	③		

01 정답 ④

해석 A: 넌 파리에 가본 적 있니?
B: 아니, 없어. 언젠가는 그곳에 가고 싶어.

해설 haven't로 답한 것은 Have로 물어야 한다. 따라서 ④번이 답이다. "have been to 장소"는 "~에 가본 적 있다"라는 의미다.

02 정답 ②

해석 A: 그녀는 뭐하니?
B: 그녀는 책을 읽고 있어.
① 점심 먹었니?
② 그녀는 뭐하니?
③ 너는 어때?
④ 그녀는 언제 일어나니?

03 정답 ①

해석 A: 어제 저녁 식사로 넌 무엇을 먹었니?
B: 비빔밥을 먹었어.

해설 did 과거시제로 물었으므로 과거시제로 답해야 한다. eat－ate으로 ①번이 알맞다.

04 정답 ①

해석 ① 소라는 의자에 앉아 있는 중이다.
② 소라는 설거지를 하는 중이다.
③ 소라는 공을 가지고 노는 중이다.
④ 소라는 수영장에서 수영을 하는 중이다.

해설 의자에 앉아 있는 그림이므로 ①번이 알맞다.

05 정답 ①

해석 나의 가족은 캠핑을 갔다.

해설 went는 과거시제이므로 tomorrow(내일) 미래 시간 표현은 알맞지 못하다.

06 정답 ④

해석 A: 넌 조부모님 댁을 방문할 거니?
B: 응, 다음 달에 그들을 방문할 거야.

해설 next month는 미래 시간 표현이므로 will visit이 알맞다.

07 정답 ②

해석 그들은 어제 낚시를 하러 갔다.

해설 yesterday는 과거 시간 표현이므로 went(go의 과거형)가 알맞다.

08 정답 ②

해석 ① 톰은 TV를 보는 중이다.
② 톰은 세차를 하는 중이다.
③ 톰은 야구를 하는 중이다.
④ 톰은 음악을 듣는 중이다.

해설 세차를 하는 그림이므로 ②번이 알맞다.

09 정답 ③

해석 A: 지난 주 넌 어디를 갔니?
B: 가족과 동물원에 갔어.

해설 last weekend는 과거 시간 표현이므로 went(go의 과거형)가 알맞다.

10 정답 ④

해석 ① 그녀는 책을 읽는 중이다.
② 그녀는 축구를 하는 중이다.
③ 그녀는 샤워를 하는 중이다.
④ 그녀는 그림을 그리는 중이다.

해설 그림을 그리는 그림이므로 ④번이 알맞다.

11 정답 ②

해석 ① 매리는 꽃을 자르는 중이다.

② 매리는 꽃에 물을 주는 중이다.

③ 매리는 꽃을 그리는 중이다.

④ 매리는 꽃을 꺾는 중이다.

해설 꽃에 물을 주는 그림이므로 ②번이 알맞다.

12 정답 ①

해석 나는 내일 낚시를 갈 것이다.

해설 will은 미래시제이므로 tomorrow 미래 시간 표현이 알맞다.

13 정답 ②

해석 나는 지난 달 병원에서 일했다.

해설 last month는 과거 시간 표현이므로 worked (work의 과거형)가 알맞다.

14 정답 ③

해석 나는 남산에 갔다.

해설 went는 go의 과거형이므로 tomorrow(내일) 미래 시간 표현은 적절하지 못하다.

유형 **8** 조동사, to부정사, 동명사

기출 Check!

p.169

| 01 | ② | 02 | ③ | 03 | ① | 04 | ③ |

01 정답 ②

해석 나는 빨리 ~할 수 있다.

해설 조동사(can)+동사원형이므로 ②번 형용사 easy는 들어갈 수 없다.

02 정답 ③

해석 A: 내 팔이 아파. 내 생각에 운동을 너무 많이 했나봐.

B: 너 오늘 진찰을 받는 게 낫겠어.

어휘 • had better+동사원형 ~하는 게 낫다

03 정답 ①

해석 나는 내 결혼식에 널 초대하고 싶어.

어휘 • would like to+동사원형 ~하고 싶다

04 정답 ③

해석 먹을 것 좀 드실래요?

어휘 • something to eat 먹을 것

참고 • something to drink 마실 것

• something to do 할 것

기출 Check!

p.188~203

01	②	02	④	03	③	04	③	05	③
06	④	07	①	08	④	09	②	10	④
11	①	12	③	13	①	14	④	15	③
16	④	17	①	18	③	19	④	20	①
21	②	22	②	23	③	24	③	25	③
26	①	27	③	28	③	29	①	30	③
31	③	32	③	33	①	34	④	35	①
36	①	37	③	38	②	39	④	40	④
41	②	42	③	43	①	44	③	45	④
46	①	47	④	48	③	49	③	50	①
51	②	52	③	53	③	54	③	55	②
56	①	57	④	58	①	59	②	60	②
61	④	62	③	63	④				

01 정답 ②

해석 A: 가장 좋아하는 운동이 뭐니?

B: 가장 좋아하는 운동은 수영과 테니스야.

A: 정말? 나도 역시 그것들을 좋아해.

해설 좋아하는 운동을 묻고 답하는 대화다.

02 정답 ④

해석 A: 인도네시아 여행은 즐거웠니?

B: 아니, 난 갈 수가 없었어. 강아지가 아파서 난 그 녀석을 돌봐야 했어.

해설 아픈 강아지를 돌봐야 해서 B는 여행을 갈 수 없었다.

03 정답 ③

해석 A: 무엇을 찾으시나요?

B: 꽃 그림을 가진 가방을 찾고 있어요.

해설 꽃 그림 가방을 찾고 있다.

04 정답 ③

해석 A: 지난 주말 뭐했어?

B: 할머니 댁을 방문했어. 넌?

A: 야구 경기 보러 갔어.

해설 지난 주말에 무엇을 했는지 묻고 답하는 대화다.

05 정답 ③

해석 A: 너 우울해 보여. 무슨 일이야?

B: 어젯밤 컴퓨터가 작동되지 않아서 숙제를 끝낼 수 없었어.

해설 컴퓨터가 작동되지 않아 숙제를 끝내지 못했다.

06 정답 ④

해석 A: 이곳은 너무 덥다.

B: 넌 내가 창문을 열기를 원하니?

A: 응, 고마워.

해설 A가 덥다고 해서 B는 창문을 열 것이다.

07 정답 ①

해석 A: 교복을 입는 것에 대해 어떻게 생각해?

B: 모두가 같아 보여서 난 좋은 생각이라고 생각하지 않아.

A: 네 말에 동의해.

해설 agree with ~에 동의하다란 의미이다.

08 정답 ④

해석 A: 도와드릴까요?

B: 예. 별이 있는 모자를 사고 싶어요.

해설 별 그림 모자를 사고 싶어 한다.

09 정답 ②

해석 A: 무슨 색을 좋아하니?

B: 노란색을 좋아해. 넌?

A: 난 녹색이 좋아.

해설 좋아하는 색을 묻고 답하는 대화다.

10 정답 ④

해석 A: 어젯밤 영화 어땠어?

B: 영화를 볼 수 없었어. 지하철에서 영화표를 잃어버렸어.

해설 영화표를 잃어버려 영화를 보지 못했다.

11 정답 ①
해석 A: 오, 비오네. 난 우산을 가져오지 않았는데. 네 것 좀 빌려줄래?
　　 B: 물론이지. 내 우산 빌려줄게.
해설 B는 A에게 우산을 빌려줄 것이다.

12 정답 ③
해석 A: 민호는 개 6마리가 있어.
　　 B: 와우! 놀랍네.
해설 surprising은 "놀라운"이란 뜻이다.

13 정답 ①
해석 A: 도와드릴까요?
　　 B: 예. 물고기가 있는 T셔츠를 찾고 있어요.
해설 물고기 그림의 T셔츠를 찾고 있다.

14 정답 ④
해석 A: 나중에 넌 어디를 여행 가고 싶니?
　　 B: 유럽을 가고 싶어. 넌?
　　 A: 난 브라질 가는 것에 관심이 있어.
해설 여행 가고 싶은 곳에 대해 묻고 답하는 대화다.

15 정답 ③
해석 수미: 엄마, 점심으로 카레 먹어요.
　　 엄마: 좋은데. 음. 당근이 필요하네. 너 가서 사 올래?
　　 수미: 좋아요. 지금 바로 가서 사올게요.
해설 수미는 엄마 부탁으로 당근을 사러 갈 것이다.

16 정답 ④
해석 A: 이번 주 일요일에 영화 보러 갈래?
　　 B: 좋아. 가자.
　　 A: 잘됐군. 2시에 만나는 게 어때?
해설 영화를 보러 갈 것이다.

17 정답 ①
해석 A: 오늘, 학교에서 장기자랑을 할 거야.
　　 B: 와우, 잘됐네!

　　 A: 널 장기자랑에 초대하고 싶어.
　　 B: 좋아. 그곳에서 보자.
해설 invite는 "초대하다"란 뜻이다.

18 정답 ③
해석 A: 엄마, 내가 도울 수 있는 게 있나요?
　　 B: 설거지 해줄래?
　　 A: 물론이죠. 지금 설거지 할게요.
해설 설거지를 해 줄 것이다.

19 정답 ④
해석 A: 부산 날씨는 어때?
　　 B: 흐려. 서울 날씨는 어때?
　　 A: 지금 화창해.
해설 서울은 화창하다.

20 정답 ①
해석 A: 이번 주말 무엇을 할 계획이니?
　　 B: 낚시를 갈 거야. 넌?
　　 A: 친구들과 함께 농구를 할 거야.
해설 주말에 무엇을 할 것인지 묻고 답하는 대화다.

21 정답 ②
해석 A: 영어 시험 어땠어?
　　 B: 정말 어려웠어. 잘했을 것 같지 않아.
　　 A: 걱정 마. 다음엔 더 잘할 거야.
해설 다음에 더 잘할 거라고 격려를 하고 있다.

22 정답 ③
해석 A: 가장 좋아하는 과목이 뭐니?
　　 B: 가장 좋아하는 과목은 수학이야. 넌?
　　 A: 난 영어가 가장 좋아.
해설 좋아하는 과목을 묻고 답하는 대화다.

23 정답 ③
해석 A: 주문하시겠습니까?
　　 B: 예. 햄버거 2개 주세요.
　　 A: 여기서 드실 건가요, 아님 가져갈 건가요(포장인 가요)?
　　 B: 가져갈 겁니다(포장이요).

해설 식당 점원과 고객의 주문을 하고 받는 대화다.

24 정답 ③

해석 수지: 이 책들은 너무 무거워.
톰: 내가 책 나르는 것을 도와줄게.
수지: 고마워.

해설 책 나르는 것을 도와줄 것이다.

25 정답 ③

해석 A: 장래에 뭐가 되고 싶니?
B: 선생님이 되고 싶어. 넌?
A: 내 꿈은 영화감독이 되는 것이야.

해설 장래 희망 직업에 대해 묻고 답하는 대화다.

26 정답 ①

해석 A: 그 뉴스 들었어? 지호가 노래 경연대회에서 우승했대.
B: 멋지다!
A: 그를 위해 파티를 하는 게 어때?
B: 좋은 생각이야.

해설 Why don't we ~는 제안 표현이다.

27 정답 ③

해석 A: 네 연필 좀 써도 되니?
B: 물론이지. 어서 써.

해설 Go ahead는 승낙의 표현이다.

28 정답 ③

해석 A: 바빠 보여요. 도와드릴까요?
B: 예. 이 상자들 좀 옮겨줄래요?
A: 물론이요! 문제없어요.

해설 상자를 옮길 것이다.

29 정답 ①

해석 A: 무슨 일이야? 너 화나(속상해) 보여.
B: 남동생이 새 카메라를 부쉈지만, 미안하다는 소리를 안했어. 난 참을 수가 없어.

해설 B는 남동생 때문에 화가 났다.
보기의 scared는 "겁먹은, 무서워하는", hopeful은 "희망에 찬"이란 뜻이다.

30 정답 ④

해석 A: 표 보여주시겠어요?
B: 여기 있습니다. 이 미술관에서는 사진을 찍을 수 있나요?
A: 안됩니다. 그건 그림을 상하게 해요.

해설 미술관에서 묻고 답하는 대화다.

31 정답 ③

해석 A: 올해 목표가 뭐니?
B: 아침에 일찍 일어날 거야. 넌?
A: 난 수영을 배우고 싶어.

해설 올해 목표로 무엇을 하고 싶은지 묻고 답하는 대화다.

32 정답 ③

해석 A: 실례합니다. 우체국이 어디에 있나요?
B: 곧장 두 블록 가세요. 당신 오른쪽에 있어요.
A: 고맙습니다.

해설 길을 묻고 답하는 대화다.

33 정답 ①

해석 A: 그녀는 어떻게 생겼니?
B: 그녀는 긴 곱슬머리를 가지고 있어. 그녀는 안경을 끼고 있어.

해설 머리가 길고 곱슬이며 안경을 착용한 인물은 ① 번이다.

34 정답 ④

해석 A: 어떤 종류의 동아리에 가입하고 싶니?
B: 난 테니스 동아리에 가입하고 싶어. 넌?
A: 과학 동아리에 가입할 거야.

해설 동아리 가입을 묻고 답하는 대화다.

35 정답 ①

해석 A: 실례합니다, 전 은행을 찾고 있어요.
B: 한 블록 직진해서 좌회전하세요. 당신 오른쪽에 있어요.

해설 한 블록 가서 좌회전 후 오른쪽에 있는 것은 은행이다.

36 정답 ①

해석 A: 행복해 보이네. 무슨 일이야?
　　B: 대회에서 1등 했어.
해설 B는 1등을 한 기쁨을 표현하고 있다.
　　win first prize는 "1등을 하다"라는 뜻이다.

37 정답 ②

해석 A: 주문 받아도 될까요?
　　B: 예, 치킨 샌드위치 1개요.
　　A: 여기서 드실 건가요 포장인가요?
　　B: 포장이요.
해설 식당에서 주문하고 받는 대화다.

38 정답 ②

해석 A: 도와드릴까요, 선생님?
　　B: 이 편지를 보내고 싶은데 10장의 우표가 필요해요.
　　A: 알겠습니다. 여기 있습니다.
해설 우체국 직원과 고객의 대화다.

39 정답 ①

해석 A: "백지장도 맞들면 낫다."라는 속담이 있어.
　　B: 무슨 뜻인데?
　　A: 함께 하면 일이 더 쉬워진다는 의미야.
해설 2개의 머리가 하나보다 낫다, 즉, 백지장도 맞들면 낫다라는 속담이다.

40 정답 ④

해석 A: 도와드릴까요?
　　B: 블라우스를 찾고 있어요(사러 왔어요).
　　A: 이 흰색은 어때요?
　　B: 좋아 보여요! 살게요.
해설 옷가게에서 블라우스를 구매하는 대화다.

41 정답 ②

해석 A: 내 숙제 좀 도와줄 수 있어?
　　B: 문제없어. 뭔데?
해설 No problem은 승낙의 표현이다.

42 정답 ③

해석 A: 내일 콘서트 가자.
　　B: 좋아. 몇 시에 만날까?
　　A: 7시 어때?
　　B: 좋아. 그때 봐.
해설 약속을 정하는 대화다.

43 정답 ①

해석 A: 엄마, 게임해도 되요?
　　B: 숙제 다 했어?
　　A: 아니요, 나중에 할 수 있어요.
　　B: 아들아, 먼저 숙제부터 끝내야 해.
해설 아들과 엄마의 대화다.

44 정답 ③

해석 A: 실례합니다. 선생님. 이곳에서는 자전거를 타시면 안 됩니다.
　　B: 미안해요. 몰랐어요.
해설 자전거 금지 표지판과 관련 있다.

45 정답 ④

해석 A: 실례합니다. 서점을 찾고 있어요.
　　B: 한 블록 직진하셔서 우회전하세요. 당신 오른쪽에 있어요. 찾을 수 있을 겁니다.
해설 한 블록 간 후 우회전해서 오른쪽은 ④번이다.

46 정답 ①

해석 A: 여가 시간에 뭐해?
　　B: 춤을 춰. 난 춤이 좋아. 넌?
　　A: 난 음악 듣는 것을 좋아해.
해설 여가 시간에 하는 취미(hobby)에 대해 묻고 답하는 대화다.

47 정답 ④

해석 A: 그 표지판 뭐라고 적혀 있어?
　　B: "사진을 찍지 마세요"라고 적혀 있어.
해설 ④ 표지판이 사진 금지의 표지판이다.
　　say는 "말하다, ~라고 적혀있다"라는 의미다.

48 정답 ③

해석 엄마: 나 설거지 하는 중이야. 수지야. 좀 도와줄 수
　　　있어?
　　수지: 미안해요. 바빠요. 숙제하는 중이거든요.

해설 엄마가 수지에게 설거지를 도와달라고 부탁했다.

49 정답 ③

해석 A: 영화가 시작되고 있어. 안으로 들어가자.
　　B: 기다려! 표를 찾을 수가 없어. 주머니 안에 있었
　　　는데.
　　A: 너 농담이지!
　　B: 아니야. 찾을 수가 없어.

해설 표를 잃어버려 당황하고 있다.

50 정답 ①

해석 A: 장래에 뭐가 되고 싶어?
　　B: 의사가 되고 싶어. 넌?
　　A: 영화배우가 되고 싶어.

해설 장래희망에 대해 묻고 답하는 대화다.

51 정답 ②

해석 A: 좋은 아침입니다. 어디가 아프신가요?
　　B: 의사 선생님. 다리가 많이 아파요.
　　A: 알겠습니다. 한번 볼게요.

해설 의사와 환자가 주고받는 대화다.

52 정답 ②

해석 A: 실례합니다. 서점이 어디에 있나요?
　　B: 직진하시다가 첫 번째 모퉁이에서 우회전 하세
　　　요. 오른쪽에 있어요.

해설 첫 번째 모퉁이에서 우회전하면 ②번이 나온다.

53 정답 ①

해석 A: 영화표 좀 볼 수 있을까요?
　　B: 여기요.
　　A: 고맙습니다. 제3관으로 가세요. 좋은 영화되세요.

해설 영화관에서 나누는 대화다.

54 정답 ④

해석 A: 너 무슨 일 있니? 너무 우울해 보여.
　　B: 영어 성적이 안 좋아.
　　A: 더 열심히 해보는 건 어때?

해설 Why don't you ~? 표현으로 조언을 하고 있다.

55 정답 ②

해석 A: 도와드릴까요?
　　B: 예. 가방이 하나 필요해요.
　　A: 이건 어때요? 지금 할인판매 중인 제품이에요.

해설 상점에서 물건을 사며 나누는 대화다.

56 정답 ①

해석 A: 나 댄스 경연대회에서 1등 했어.
　　B: 굉장하다! 축하해!

해설 Congratulations는 축하 표현이다.

57 정답 ④

해석 A: 몇 시야? 3시 15분인가?
　　B: 아니야. 3시 50분이야.
　　A: 아. 네가 맞아.

해설 three fifty는 3시 50분이다.

58 정답 ①

해석 A: 여보세요? 마크랑 통화할 수 있을까요?
　　B: 전데요. 누구세요?
　　A: 안녕, 마크. 나 남수 엄마야.

해설 전화를 받은 사람은 마크다.

59 정답 ②

해석 A: 시험에 합격하지 못했어. 매우 화가 나.
　　B: 너무 안됐다.
　　A: 매우 열심히 공부했지만 잘하지 못했어.

해설 열심히 했는데 시험에 떨어져 화가 나 있다.

60 정답 ②

해석 A: 민수야. 이 분이 네 아버지니?
　　B: 아니야. 삼촌이야. 아버지는 안경을 쓰고 계셔.

해설 안경을 착용한(wearing glasses) 분은 ②이다.

61 정답 ④

해석 A: 주문할 준비되셨나요?
B: 예, 햄버거 1개와 콜라 1잔이요.
A: 여기서 드실 건가요 아님 가져가실 건가요?

해설 햄버거를 주문하고 답하는 장소는 fast-food restaurant이다. grocery shop은 식료품 가게다.

62 정답 ③

해석 A: 안녕, 난 수잔 스미스야. 너희들 영어 선생님이지.
B: 만나서 반갑습니다.
A: 다시 보게 되어 행복해요. 어디에서 왔니?
B: 한국에서 왔어요.

해설 처음 만난 상황이라고 했으므로 다시(again) 보게 되었다는 Happy to see you again 표현은 적절하지 않다.

63 정답 ④

해석 A: 저기 봐, 우리 체육 선생님이셔! 키가 정말 작으시네! 빨리는 달릴 수 없으시겠지, 그렇지?
B: 빨리 달릴 수 있으셔. 그녀는 서울 마라톤대회에서 금메달을 따셨어.
① 고통이 없으면, 얻는 것도 없다.
② 아는 것이 힘이다.
③ 달리기 전에 걷는 것부터 배워라.
④ 책 표지로 책을 판단하지 마라.

해설 겉모습으로 판단하지 말라는 속담이 어울린다.

유형 2 빈칸 추론

기출 Check! p.204~211

01	④	02	④	03	①	04	④	05	②
06	②	07	④	08	③	09	①	10	①
11	②	12	④	13	①	14	②	15	④
16	④	17	④	18	②	19	④	20	③
21	④	22	③	23	②	24	②	25	②
26	③	27	②	28	①	29	①	30	③
31	①	32	④	33	②	34	③	35	④
36	③	37	②								

01 정답 ④

해석 A: 도와드릴까요?
B: 예, 아들에게 줄 가방을 찾고 있어요.
A: 어떤 스타일을 좋아하나요?
① 무슨 요일인가요?
② 그는 무엇을 먹나요?
③ 당신은 무엇을 입고 있나요?
④ 그는 어떤 스타일을 좋아하나요?

02 정답 ④

해석 A: 넌 몇 시에 만나고 싶니?
B: 5시 어때?
① 너 어디 가는 중이니?
② 누가 저 가게를 여니?
③ 이 책은 얼마인가요?
④ 넌 몇 시에 만나고 싶니?

해설 시간을 묻고 답하는 내용이 적절하다.

03 정답 ①

해석 A: 여가 시간에 넌 무엇을 하길 좋아하니?
B: 아빠랑 낚시 가는 걸 좋아해. 넌?
A: 난 쇼핑 가는 것을 좋아해.
① 넌 어때?
② 네 아빠 어디에 있니?
③ 그곳에 어떻게 가니?
④ 여가 시간이 언제니?

해설 상대방의 의견을 묻는 것이 적절하다.

04 정답 ④

해석 A: 안녕하세요. 주문 받아도 될까요?

B: 예. 에그 샌드위치 1개와 오렌지 주스 1잔이요.

① 얼마인가요?

② 어디에 사세요?

③ 취미는 뭔가요?

④ 주문 받아도 될까요?

해설 주문을 받고 하는 내용이 적절하다.

05 정답 ②

해석 A: 넌 기분이 어때?

B: 좋아 왜냐하면 오늘 날씨가 너무 좋아서.

① 아빠는 어때?

② 넌 기분이 어때?

③ 남동생 어디에 있니?

④ 가장 좋아하는 영화가 뭐니?

해설 기분을 묻고 답하는 내용이 적절하다.

06 정답 ②

해석 A: 엄마의 남자형제를 뭐라고 부르니?

B: 그는 외삼촌이라고 불려.

① 고모, 숙모, 이모

② 삼촌, 외삼촌, 고모부, 이모부

③ 사촌

④ 할아버지

해설 엄마의 남자형제는 외삼촌, 즉 uncle이다.

07 정답 ④

해석 A: 무슨 일이야?

B: 어제 다리가 부러졌어.

A: 너무 안됐다.

① 나는 커피가 좋아.

② 그녀는 학생이야.

③ 나는 여동생이 있어.

④ (그런 얘기 들어서) 너무 안됐다.

해설 I'm sorry to hear that은 "그런 얘기 들어서 너무 안됐다, 안타깝다" 의미로 빈칸에 가장 알맞다.

08 정답 ③

해석 A: 너의 취미가 뭐니?

B: 난 요리가 좋아.

① 나이 ② 크기 ③ 취미 ④ 별명

해설 요리는 취미이므로 ③번이 알맞다.

09 정답 ①

해석 A: 어떻게 지내?

B: 잘 지내.

① 잘 지내.　② 나도 역시.

③ 3시간.　④ 천만에요.

해설 안부를 묻고 답하는 대화다. 잘 지낸다는 Great이 알맞다.

10 정답 ①

해석 A: 몇 살이니?

B: 14살입니다.

① 몇 살이니?

② 취미가 뭐니?

③ 가장 친한 친구는 누구니?

④ 고향은 어디니?

해설 나이를 묻고 답하는 대화다.

11 정답 ②

해석 A: 이것 맛있어 보이네요. 이게 뭔가요?

B: 바나나 케이크입니다. 좀 드셔볼래요?

A: 예, 주세요.

해설 음식을 권했을 때, "Yes, please. 예, 주세요."와 "No, thanks. 고맙지만 됐어요."로 주로 답한다.

12 정답 ④

해석 A: 넥타이를 찾고 있어요(사러 왔어요).

B: 이건 어때요?

A: 마음에 드네요. 얼마인가요?

B: 20달러입니다.

① 전혀 아닙니다.

② 나는 요리사입니다.

③ 너무 길어요.

④ 20달러입니다.

해설 가격에 대한 대답으로 ④가 알맞다.

13 정답 ①

해석 A: 어떻게 학교에 가니?
　　　B: 버스를 타고 가요.

해설 교통수단을 묻고 답하는 대화로 ①이 알맞은 대답이다.

14 정답 ②

해석 A: 여보세요. 제인과 통화할 수 있나요?
　　　B: 미안해요. 그녀는 (자리에 또는 집에) 없어요.
　　　① 이것은 당신이에요.
　　　② 그녀는 (자리에 또는 집에) 없어요.
　　　③ 그것들은 제 것이에요.
　　　④ 좋아요.

해설 제인과 통화하고 싶은데 미안하다고 했으니 자리나 집에 없다고 하는 것이 알맞다.

15 정답 ④

해석 A: 그는 어디서 왔나요?
　　　B: 그는 미국에서 왔어요.
　　　① 너 누구니?
　　　② 그는 몇 살이니?
　　　③ 당신은 뭐하시는 분이세요(직업이 뭔가요)?
　　　④ 그는 어디서 왔나요(출신지)?

해설 출신 지역을 묻고 답하는 대화로 ④가 알맞다.

16 정답 ④

해석 니나: 잭, 여가 시간에 뭐해?
　　　잭: 요리해.
　　　니나: 얼마나 자주 요리하는데?
　　　잭: 1주일에 2번 정도.

해설 How often 횟수 질문 답으로 ④가 알맞다.

17 정답 ④

해석 A: 내 생각에 숙제를 하는 것이 나에게 좋은 것 같아.
　　　B: 나도 동의해. 내가 더 열심히 공부하게 도와줄게.

해설 ①·②·③ 모두 동의 표현인데 ④ 거절의 표현이다.

18 정답 ②

해석 민호: 안녕, 유나. 얘는 내 친구 샐리야.
　　　유나: 만나서 반가워.
　　　샐리: 나도 만나서 반가워.

해설 처음 만나서 서로 반갑다고 하는 인사가 알맞다.

19 정답 ④

해석 A: 시간이 얼마나 걸려?
　　　B: 보통 20분 걸려.

해설 시간이 얼마나 걸리는지 묻고 답하는 대화로 ④번 질문이 알맞다.

20 정답 ③

해석 A: 여보세요. 토니와 통화할 수 있나요?
　　　B: ① 예, 전데요.
　　　　　② 미안하지만, 그는 지금 없어요.
　　　　　④ 접니다. 전화하신 분 누구세요?

해설 B는 전화를 받은 사람이므로 메시지를 남기는 것은 어색하다.

21 정답 ④

해석 A: 너희 아버지는 어떻게 생기셨니?
　　　B: 키가 크고 잘생기셨어.

해설 외모를 묻고 답하는 표현으로 ④번이 알맞다.

22 정답 ③

해석 A: 제인과 통화할 수 있나요?
　　　B: 미안하지만, 그녀는 외출하고 없어요. 메시지를 받아 둘까요?
　　　A: 예. 민호가 전화했다고 전해주세요.

해설 제인이 외출 중으로 집에 없어서 메시지를 받아두는 것이므로 ③이 알맞다. ④는 "전화 잘못 거셨어요."라는 표현이다.

23 정답 ②

해석 A: 어느 계절을 가장 좋아하니?
　　　B: 겨울이 가장 좋아.
　　　A: 왜?
　　　B: 겨울에 스키를 탈 수 있어서.

해설 이유를 묻고 답하는 ②번이 알맞다.

24 정답 ②
해석 A: 제인과 통화할 수 있나요?
　　 B: 전데요.
해설 ①・③・④ 모두 "전데요"라는 표현이지만 ②는 "나도 그래"라고 동의하는 표현이다.

25 정답 ②
해석 A: 도와주셔서 정말 고맙습니다.
　　 B: 별말씀을.
해설 ①・③・④번은 고맙다는 표현의 답이지만, ②는 "예, 주세요." 또는 "예, 그래주세요." 의미로 주로 수락의 표현이다.

26 정답 ③
해석 A: ① 점심 먹으러 나갈까?
　　　 ② 축구하는 게 어때?
　　　 ④ 함께 낚시 가는 건 어때?
　　 B: 좋아.
해설 ①・②・④ 모두 제안하는 표현이지만, ③은 언제 영어를 공부하는지 묻는 표현으로 제안의 표현이 아니다. Sounds great은 제안 수락의 표현이다.

27 정답 ②
해석 A: 너 화나(속상해) 보이네. 무슨 일이야?
　　 B: 새 자전거를 잃어버렸어.
해설 ② 화나고 속상한 내용이다.

28 정답 ①
해석 A: 여보세요. 톰과 통화할 수 있나요?
　　 B: 접니다. 전화하신 분 누구세요?
　　 A: 데이빗입니다.
　　　 ① 전화하신 분 누구세요?
　　　 ② 제가 메시지를 남길 수 있을까요?
　　　 ③ 그는 지금 없어요.
　　　 ④ 전화를 잘못 거셨습니다.
해설 누구인지 묻고 답하는 표현으로 ①이 알맞다.

29 정답 ①
해석 A: 가장 좋아하는 음식이 뭐니?
　　 B: 난 피자가 좋아.
해설 좋아하는 음식을 묻고 답하는 표현으로 ①이 적절하다.

30 정답 ③
해석 A: 부산 날씨는 어때?
　　 B: 비가 오고 바람이 불어.
해설 날씨를 묻고 답하는 표현으로 weather(날씨) 단어가 알맞다. forecaster는 기상 예보관이다.

31 정답 ①
해석 A: 내가 네 책을 잃어버렸어. 내 잘못이야.
　　 B: 괜찮아.
해설 ②・③・④ 사과에 대해 괜찮다는 의미인데 ①은 행운을 빈다는 뜻으로 적절하지 못하다.

32 정답 ④
해석 A: 무슨 일이야?
　　 B: 밤새도록 공부했어. 너무 피곤해.
　　 A: 지금 바로 잠을 자는 게 낫겠다.
　　　 ① 너 일기를 써야 해.
　　　 ② 너 운동을 더 해야 해.
　　　 ③ 넌 쉴 필요가 없어.
　　　 ④ 넌 지금 바로 잠을 자는 게 낫겠다.
해설 피곤한 사람에게 좀 자라고 하는 조언의 ④번이 적절하다.

33 정답 ②
해석 A: 나는 해리포터 시리즈가 좋아. 넌?
　　 B: 나도 그래.
해설 "나도 그래" 표현의 동의할 때 일반동사는 So do I로, be동사는 So am I로 표현한다. I like ~에서 like는 일반동사이므로 So do I가 맞다.

34 정답 ③

해석 A: 미나랑 통화할 수 있나요?

B: ① 예, 전데요.

② 죄송하지만 그녀는 나갔어요(지금 없어요).

④ 미안하지만, 전화 잘못 거셨어요.

해설 B가 전화를 받은 사람인데 그녀에게 다시 전화 걸겠다고 전해달라는 것은 적절하지 못하다.

35 정답 ④

해석 A: 수빈아, 너 너무 흥분되어 보여.

B: 응, 나 말하기 대회에서 1등 했어.

A: 정말? 그런 얘기 들어 너무 좋다.

① 안 좋군.

② 걱정하지 마.

③ 그런 얘기 들어 안타깝다.

해설 ④ 기분 좋은 감정이 알맞다.

36 정답 ③

해석 A: 왜 그 가수가 좋아?

B: 그녀는 노래를 너무 잘해.

해설 Why – Because는 이유를 묻고 답하는 대화다.

37 정답 ②

해석 A: 지금 가야 할 시간이야. 나중에 봐.

B: ① 잘 가.

③ 좋은 하루 돼.

④ 다음에 봐.

해설 ①·③·④ 헤어질 때 인사인데 ②는 만날 때 인사이므로 알맞지 않다.

유형 **3** 순서배열

기출 Check!

p.212~214

01	③	02	②	03	③	04	①	05	②
06	④	07	②	08	②				

01 정답 ③

해석 밖에서 놀자.

(B) 미안, 놀 수가 없어. 나 감기야.

(C) 너무 안됐다. 진찰받아보는 것은 어때?

(A) 알았어. 그럴게. 고마워.

해설 (B) – (C) – (A) 배열이 적절하다.

02 정답 ②

해석 휴가에 어디를 갈 거니?

(C) 파리에 갈 거야.

(A) 파리에서 얼마나 머물거니?

(B) 그곳에서 1주일 머물 거야.

해설 (C) – (A) – (B) 배열이 적절하다.

03 정답 ③

해석 어제 뭐했어?

(B) 영화를 보러 갔어.

(C) 재밌었니?

(A) 응. 아주 재밌었어.

해설 (B) – (C) – (A) 배열이 적절하다.

04 정답 ①

해석 제니, 무슨 일이야?

(A) 엄마가 아프셔.

(C) 너무 안됐다. 어머니가 곧 건강해지셨으면 좋겠다.

(B) 고마워. 나도 그러셨으면 좋겠어.

해설 (A) – (C) – (B) 배열이 적절하다.

05 정답 ②

해석 주문하시겠습니까?

(B) 예. 햄버거 2개 주세요.

(C) 여기서 드시나요 포장인가요?

(A) 포장이요.

해설 (B) - (C) - (A) 배열이 적절하다.

06 정답 ④

해석 도와드릴까요?

(C) 예. 셔츠를 사러왔어요.

(B) 무슨 색을 원하시나요?

(A) 파란색이요.

해설 (C) - (B) - (A) 배열이 적절하다.

07 정답 ②

해석 (A) 어제 야구 경기 봤어?

(C) 아니, 못 봤어. 어느 팀이 이겼어?

(B) 우리 한국 팀이 이겼어.

해설 (A) - (C) - (B) 배열이 적절하다.

08 정답 ②

해석 하와이에 왜 가는 중이야?

(B) 휴가차 그곳에 가는 중이야.

(A) 잘됐다. 그곳에 얼마나 머물 거야?

(C) 일주일 동안.

해설 (B) - (A) - (C) 배열이 적절하다.

PART 04 독해 솔루션

유형 1 중심 내용 파악

기출 Check!									p.218~226
01	①	02	②	03	②	04	③	05	④
06	④	07	②	08	①	09	③	10	③
11	④	12	④	13	④	14	④	15	③
16	④	17	②	18	②	19	①	20	④
21	②	22	①	23	①	24	②	25	③
26	①	27	④	28	④	29	③	30	②
31	④	32	①						

01 정답 ①

해석 당신은 특별한 주말을 원하십니까? 그렇다면, 우리 동물원으로 오세요! 우리는 전 세계의 많은 동물들이 있어요. 우리는 매일 오전 9시에서 오후 5시까지 개장합니다. 와서 즐거운 시간을 가지세요!

해설 동물원 홍보를 하는 글이다.

어휘 • want to ~하기를 원하다, ~하고 싶다

• special 특별한

• weekend 주말

• come to ~로 오다

• zoo 동물원

• animal 동물

• from around the world 전 세계로부터

• from A to B A부터 B까지

• enjoy 즐기다

02 정답 ②

해석 김 선생님께, 선생님께 드릴 말씀이 있습니다. 제 친구들은 항상 제 숙제를 베낍니다. 그것이 저를 화나게 만들어요. 어떻게 해야 할까요?

해설 자신의 숙제를 베끼는 친구들 때문에 고민인 학생의 글이다.

어휘 • something to tell 말할 것

• copy 베끼다, 복사하다

• homework 숙제   • angry 화난

03 정답 ②

해석 요리를 좋아하나요? 우리는 피자, 빵, 쿠키, 그리고 케이크를 만들 수 있어요. 우리 요리 수업을 함께 해 보시는 게 어때요?

해설 요리 교실 수강 권유를 목적으로 하는 글이다.

어휘 • cook 요리하다, 요리사
• pizza 피자
• bread 빵
• cookie 쿠키
• why don't you ~하는 게 어때?
• class 반, 수업

04 정답 ③

해석 펀펀 영어 스터디 그룹에 가입하는 게 어때요? 매주 목요일마다. 우리는 만나서 함께 영어를 공부해요. 영어 향상을 위해서, 123-9999로 우리에게 전화하세요.

해설 영어 학습 동아리 가입을 권유하는 글이다.

어휘 • why don't you ~하는 게 어때?
• fun 재미, 재미있는
• study group 스터디 그룹
• together 함께
• improve 개선하다, 향상시키다
• should ~해야 한다

05 정답 ④

해석 앤에게, 난 사람들 앞에서 말하는 것이 힘들어. 사람들이 있는 곳에서 말할 때마다, 말하고 싶은 모든 것을 잊어버려. 어떻게 해야 할까? 네 조언이 필요해. 잭이.

해설 앤에게 조언을 구하는 내용의 글이다.

어휘 • have difficulty ~ing ~하는 데 어려움을 겪다
• in front of ~앞에
• people 사람들
• in public 사람들이 있는 곳에서
• forget 잊다, 잊어버리다
• everything 모든 것
• advice 조언, 충고

06 정답 ④

해석 내 개를 찾고 있어요. 2살입니다. 작고 갈색입니다. 큰 귀와 짧은 다리를 갖고 있어요. 이런 개를 보게 되면, 1234-5678로 전화주세요.

해설 잃어버린 개를 찾는 글이다.

어휘 • look for 찾다
• like ~와 같은, 좋아하다
• call 전화하다, 부르다

07 정답 ②

해석 케빈에게, 난 생일 파티를 할 예정이야. 7월 15일 일요일 오후 6시에 우리 집에 와줘. 그때 보자! 지원이가.

해설 생일 파티에 케빈을 초대하는 글이다.

어휘 • birthday 생일
• then 그때

08 정답 ①

해석 아빠에게, 생일에 주신 기타 고맙습니다. 언젠가 아빠를 위해 연주해 드릴게요. 고마워요.

해설 아빠의 기타 선물에 감사하는 글이다.

어휘 • thank A for B A에게 B 때문에 고마워하다
• guitar 기타
• birthday 생일
• play 연주하다
• someday 언젠가

09 정답 ③

해석 나는 보통 밤늦게 숙제를 시작합니다. 하지만 나는 저녁형 인간이 아닙니다. 그래서 나는 자주 졸리고 피곤해요. 어떻게 해야 할까요? 난 당신의 조언이 필요합니다.

해설 고민이 있어 조언을 요청하는 글이다.

어휘 • usually 보통
• start 시작하다
• homework 숙제
• night person 저녁형 인간(늦게 자고 늦게 일어나는 유형의 사람)
• often 자주

- sleepy 졸린
- tired 피곤한
- advice 조언, 충고

10 정답 ③
해석 박 선생님께, 안녕하세요. 전 중학생입니다. 전 요리가 좋아요. 요리사가 되고 싶지만, 부모님은 제가 과학자가 되길 원하세요. 어떻게 해야 하나요? 선생님의 조언이 필요해요.

해설 고민이 있어 조언을 요청하는 글이다.

어휘 • middle school 중학교
- student 학생
- cook 요리사, 요리하다
- cooking 요리
- want to ~하기를 원하다
- parent 부모님
- scientist 과학자
- need 필요하다
- advice 조언, 충고

11 정답 ④
해석 당신은 그녀의 친구가 되고 싶나요? 부끄러워하지 마세요. 처음에는, 인사를 하고 그녀에게 친절하면 됩니다. 그러고 나서, 그녀에게 친구가 되고 싶다고 말하세요.

해설 친구가 되는 방법에 관해 조언하는 글이다.

어휘 • want to ~하기를 원하다, ~하고 싶다
- friend 친구
- shy 부끄러워하는, 수줍어하는
- at first 처음에(는)
- say hello 인사하다
- be nice to ~에게 친절하다
- tell 말하다

12 정답 ④
해석 새로운 과학 수업이 다음 주 월요일 102호실에서 열립니다. 우리는 1주일에 두 번 수업을 할 것입니다. 과학 선생님은 이 선생님입니다.

해설 새로운 과학 수업을 안내하는 글이다.

어휘 • new 새로운
- science 과학
- class 반, 수업
- open 열다, 열리다
- room 방
- Monday 월요일
- twice a week 1주일에 두 번
- teacher 선생님

13 정답 ④
해석 지난 3월 일본에서 큰 지진이 있었습니다. 많은 사람들이 죽고 가족을 잃었습니다. 그들은 충분한 음식과 물이 없어요. 그들을 돕고 싶나요? 전화를 하는 것은 그들을 도울 수 있는 쉬운 방법입니다. 지금 바로 전화기를 드세요!

해설 지진 피해자를 돕자는 캠페인에 관한 글이다.

어휘 • there was ~이 있었다
- earthquake 지진
- March 3월
- a lot of 많은
- people 사람들
- die 죽다
- lose – lost 잃다, 지다
- enough 충분한, 충분히
- want to ~하기를 원하다, ~하고 싶다
- make a phone call 전화를 하다
- easy 쉬운
- way 방법
- pick up 집어 들다
- right now 지금 바로

14 정답 ④
해석 건강한 삶을 만드는 많은 좋은 습관들이 있다. 일찍 일어나는 것, 매일 아침 식사를 하는 것, 그리고 조깅을 하는 것이 좋은 예다. 만약 당신이 이와 같은 습관을 지킨다면, 당신은 건강하고 행복할 수 있다.

해설 건강을 위한 좋은 습관에 관한 글이다.

어휘 • habit 습관
- healthy 건강한

- life 삶, 생활
- breakfast 아침 식사
- example 예, 예시
- keep 유지하다, 지키다
- like ~와 같은

15 정답 ③

해석 어제는 내 여동생 결혼식 날이었다. 내 여동생은 흰 드레스를 입고 있었다. 그녀는 수줍어하면서도 행복해 보였다. 난 여동생이 참 예쁘다고 생각했다.

해설 여동생의 결혼식 날에 관한 글이다.

어휘 • yesterday 어제
- wedding 결혼식
- wear 입다, 입고 있다
- shy 수줍어하는
- think－thought 생각하다
- beautiful 아름다운, 아주 예쁜

16 정답 ④

해석 가족과 나는 작년 여름 제주도에 갔다. 우리는 그곳에서 5일 동안 머물렀다. 우리는 한라산 꼭대기로 하이킹을 갔고 아름다운 자연을 즐겼다. 우리는 멋진 시간을 가졌다! 나는 언젠가 다시 그곳에 가고 싶다.
  ① 나의 가족들
  ② 계획을 세우기 위한 팁
  ③ 친구의 중요성
  ④ 우리 가족의 여름 여행

해설 작년 여름에 갔던 가족 여행에 관한 글이다.

17 정답 ②

해석 나는 귀여운 개가 있어. 그녀의 이름이 피피야. 그녀는 2살이야. 그녀는 큰 눈과 긴 귀를 가지고 있지. 토끼를 닮았어.

해설 애완동물(pet)에 관한 글이다.

어휘 • cute 귀여운
- name 이름
- look like ~처럼 생기다, ~을 닮다
- rabbit 토끼

18 정답 ②

해석 식구가 4명 있습니다: 어머니, 아버지, 여동생, 나. 아버지는 기술자시고 어머니는 화가(예술가)입니다. 여동생은 고등학생입니다.

해설 가족을 소개하는 글이다.

어휘 • family 가족
- engineer 기술자, 엔지니어
- artist 예술가, 화가
- high school 고등학교
- student 학생

19 정답 ①

해석 축구는 내가 가장 좋아하는 스포츠다. 축구는 재미있고 신난다. 난 달리고 차는 것을 좋아한다. 난 드래곤 팀에서 경기하고 있다. 난 매주 화요일과 토요일에 연습을 한다.
  ① 가장 좋아하는 스포츠
  ② 가장 친한 친구
  ③ 불행한 주말
  ④ 세계적으로 유명한 선수

해설 가장 좋아하는 스포츠에 관한 글이다.

어휘 • soccer 축구
- favorite 가장 좋아하는
- sport 스포츠, 운동
- fun 재미있는
- exciting 신나는, 흥미진진한
- running 달리기
- kick 차다
- kicking 차기, 차는 것
- play on (소속되어 어떤 팀)에서 경기하다
- practice 연습하다
- Tuesday 화요일
- Saturday 토요일

20 정답 ④

해석 강은 많은 이점을 가지고 있다. 우리는 강에서 담수를(민물을) 얻는다. 우리는 낚시를 하러 강에 갈 수 있고 심지어 수영도 할 수 있다. 만약 강이 우리에게 주는 이런 좋은 것들을 즐기고 싶다면, 우리는 강을 깨끗이 유지해야 한다.

해설 강을 깨끗하게 유지하자는 주장의 글이다.
어휘 • river 강
• benefit 이점, 혜택
• fresh water 담수, 민물, 신선한 물
• go fishing 낚시하러 가다
• enjoy 즐기다
• thing 것, 물건, 일
• clean 깨끗한, 청소하다

21 정답 ②
해석 여기에 에너지를 절약하는 몇 가지 방법이 있다. 당신이 사용하지 않는 전등은 꺼라. 양치질을 하는 동안 물을 잠그라(물을 틀어 놓고 양치질을 하지 마라). 차를 운전하는 대신 짧은 거리는 걸어라.
해설 에너지를 절약하는 방법에 관한 글이다.
어휘 • easy 쉬운
• way 방법
• save 절약하다, 구하다, 저축하다
• energy 에너지
• turn off 끄다, 잠그다
• while ~ing ~하는 동안
• brush one's teeth 양치질을 하다
• walk 걷다
• distance 거리
• instead of ~대신에
• drive 운전하다

22 정답 ①
해석 숲은 우리에게 중요하다. 숲은 우리에게 신선한 공기를 준다. 우리는 숲에서 신선한 공기로 심호흡을 할 수 있다. 그래서, 우리는 숲을 돌봐야 한다.
해설 숲이 중요하므로 숲을 보호하자는 글이다.
어휘 • forest 숲
• important 중요한
• give 주다
• fresh air 신선한 공기
• take a breath 호흡을 하다
• deep 깊은
• should ~해야 한다

• take care of 돌보다

23 정답 ①
해석 당신이 수영을 할 때 안전 수칙을 따르는 것은 중요하다. 첫째, 물속에 들어가기 전에 스트레칭을 해라. 둘째, 항상 구조원들 말에 귀를 기울여라. 마지막으로, 허용된 구역에서만 수영을 해라.
해설 수영 안전 수칙에 관한 글이다.
어휘 • important 중요한
• follow 따르다, 지키다
• safety rule 안전 규칙, 안전 수칙
• stretch 몸을 뻗다, 스트레칭하다
• lifeguard 구조원

24 정답 ②
해석 Dr. Smith는 1880년 독일에서 태어났다. 그는 1913년에 의사가 되었고, 아프리카의 많은 가난한 사람들을 돌보기 위해 아프리카로 갔다. 그는 1960년 죽을 때까지 그의 삶의 대부분을 그들을 돕는데 썼다.
해설 Dr. Smith의 일생에 관한 글이다.
어휘 • be born 태어나다
• Germany 독일
• become - became 되다
• go - went 가다
• Africa 아프리카
• African 아프리카의, 아프리카인
• take care of 돌보다
• poor 가난한, 서투른
• spend - spent (돈이나 시간을) 보내다, 쓰다
• spend + A + ~ing ~하는 데 A를 쓰다
• most of 대부분의
• die 죽다

25 정답 ③
해석 물은 매우 중요하다. 하지만 사람들은 물을 낭비한다. 여기에 물을 절약하는 몇 가지 팁이 있다. 양치질을 할 때 물을 잠그라. 또한, 샤워를 빨리 해라.
해설 물을 절약하는 방법에 대한 글이다.

어휘 • important 중요한
   • waste 낭비하다, 쓰레기, 폐기물
   • tip 비결, (실용적인) 조언, 팁
   • save 절약하다, 구하다, 저축하다
   • turn off 끄다, 잠그다
   • brush one's teeth 양치질을 하다
   • also 또한, 역시
   • take a shower 샤워하다
   • quick 빠른

26 정답 ①

해석 난 이번 주 토요일에 할 2가지 일이 있다. 아침에, 나는 과학 과제를 끝마치기 위해 친구를 만날 예정이다. 저녁에는, 가족들과 함께 영화를 볼 예정이다.

해설 이번 주 토요일에 할 2가지 일에 대한 글이다.

어휘 • things to do 할 일들
   • be going to ~할 예정이다
   • finish 끝내다, 끝마치다
   • science project 과학 과제
   • watch a movie 영화를 보다
   • family 가족

27 정답 ④

해석 세계에는 다양한 유형의 식사 예절이 있다. 여기에 두 가지 예가 있다. 하나는, 중국에서 몇몇 사람들은 예의로 접시에 약간의 음식을 남긴다는 것이다. 다른 하나는, 인도에서 대부분 사람들이 그들의 오른손을 사용하여 음식을 먹는다는 것이다.

해설 다양한 식사 예절에 대한 글이다.

어휘 • there are ~이 있다
   • various 다양한
   • type 유형, 타입
   • table manners 식사 예절
   • example 예
   • leave 남기다, 떠나다
   • plate 접시
   • polite 예의 바른
   • the other 나머지 하나
   • right hand 오른손

28 정답 ④

해석 어떤 습관이 우리 건강에 좋은가? 우리는 규칙적으로 운동을 하고 충분한 잠을 자야 한다. 우리는 또한 손을 자주 씻어야 한다.

해설 건강에 좋은 습관에 관한 글이다.

어휘 • habit 습관
   • be good for ~에 좋다
   • health 건강
   • exercise 운동하다, 연습문제
   • regularly 규칙적으로
   • get sleep 잠을 자다
   • enough 충분한, 충분히
   • wash 씻다
   • often 자주

29 정답 ③

해석 한국에는 4계절이 있어요. 봄은 3월에 시작해요. 따뜻하지요. 여름에는 더워요. 가을은 시원하구요. 겨울은 춥고 눈이 옵니다.

해설 한국의 4계절에 관한 글이다.

어휘 • season 계절, 시즌   • spring 봄
   • begin 시작하다   • March 3월
   • warm 따뜻한   • summer 여름
   • fall 가을, 떨어지다   • winter 겨울
   • snowy 눈이 내리는

30 정답 ②

해석 스포츠는 당신의 건강과 정신에 중요합니다. 스포츠를 하는 것은 당신 몸을 강하게 만들 수 있습니다. 또한, 단체 스포츠를 하면서 다른 사람들과 함께 하는 법을 배울 수 있습니다.

해설 운동의 중요성에 관한 글이다.

어휘 • sport 스포츠, 운동
   • important 중요한
   • health 건강
   • mind 마음, 정신
   • playing 경기하는 것
   • strong 강한
   • learn 배우다

- how to ~하는 방법
- by ~ing ~함으로써, ~해서
- people 사람들
- team 단체, 팀

31 정답 ④

해석 당신의 건강을 위해서 무엇을 하시나요? 당신은 아침 식사를 해야 하고 규칙적으로 운동을 해야 합니다. 그리고 당신은 매일 밤 충분한 잠을 자야 합니다.

해설 건강을 위해 해야 하는 것들에 관한 글이다.

어휘
- health 건강
- should ~해야 한다
- eat 먹다
- breakfast 아침 식사
- exercise 운동하다
- regularly 규칙적으로, 정기적으로
- get sleep 자다
- enough 충분한, 충분히

32 정답 ①

해석 여기에 좋은 학습 환경을 만드는 팁이 몇 개 있다. 첫째, 조용한 곳을 찾아라. 둘째, 반드시 충분한 빛이 있게 해라. 셋째, 펜이나 연필을 가까이에 둬라.

해설 좋은 학습 환경을 만드는 팁에 관한 글이다.

어휘
- tip 비결, (실용적인) 조언, 팁
- learning 학습
- environment 환경
- quiet 조용한
- place 곳, 장소
- make sure 반드시 ~하다, 확인하다
- enough 충분한, 충분히
- light 빛, 전등
- near at hand 가까이에

유형 2 세부 내용 파악

기출 Check!

p.227~237

01	④	02	③	03	④	04	②	05	④
06	④	07	③	08	①	09	④	10	②
11	③	12	②	13	①	14	②	15	②
16	④	17	④	18	④	19	③	20	④
21	④	22	②	23	③	24	①	25	②
26	①	27	①	28	②	29	③	30	①
31	③	32	①	33	①	34	③	35	①
36	④	37	②	38	③	39	①	40	②
41	①	42	③						

01 정답 ④

해석 존을 소개할게요. 그는 친절하고 재밌어요. 그는 농구하는 것을 좋아해요. 그는 음악 듣는 것을 좋아해요. 그는 요리를 잘해요.

해설 마지막에 요리를 잘한다고 했으므로 ④번은 일치하지 않는다.

어휘
- Let me 내가 ~할게요
- introduce 소개하다
- friendly 친근한, 친절한
- funny 재미있는
- play basketball 농구를 하다
- enjoy 즐기다
- listen to music 음악을 듣다
- be good at ~을 잘하다
- cook 요리하다, 요리사

02 정답 ③

해석 철새는 그들이 이주할 때 위험에 직면한다. 때때로 그들은 다른 동물들에게 사냥을 당한다. 도시의 소음과 불빛은 또한 그들에게 위험할 수 있다. 최악은 인간들이 그들이 사는 서식지를 파괴하는 것이다.

해설 도시의 소음과 불빛을 좋아하는 것이 아니라 새들에게 위험할 수 있다고 했으므로 ③번은 일치하지 않는다.

어휘 • migrating bird 철새
• face 직면하다, 향하다
• sometimes 가끔, 때때로
• hunt 사냥하다
• be hunted 사냥당하다
• other 다른
• noise 소음
• light 불빛, 전등
• city 도시
• dangerous 위험한
• the worst thing 가장 안 좋은 것, 최악
• destroy 파괴하다
• place 장소
• the places they can live 사는 곳, 서식지

03 정답 ④

해석 가족들과 난 캠핑을 갔다. 아빠가 텐트를 쳤다. 엄마는 우리를 위해 비빔밥을 만들었다. 저녁을 먹은 후, 우리는 불 주변에 앉았고, 나는 기타를 연주했다. 우리에게 특별한 날이었다.

해설 저녁 식사 후에 산책이 아닌 불 주변에 앉아 기타 연주를 들었다.

어휘 • go camping 캠핑을 가다
• set up 설치하다
• tent 텐트
• bibimbap 비빔밥
• dinner 저녁 식사
• sit−sat 앉다
• around ~주변에
• fire 불
• play the guitar 기타를 연주하다
• special 특별한

04 정답 ②

해석 난 가장 친한 친구 민수에 관해 너희에게 말하고 싶어. 그는 안경을 쓰고 있고, 반에서 키가 가장 커. 그는 여동생이 한 명 있어. 그는 하늘에 있는 별을 보는 것을 좋아해.

해설 남동생이 아닌 여동생이 있다.

어휘 • would like to ~하고 싶다
• tell 말하다
• wear 입다, 착용하다
• glasses 안경
• tall−taller−tallest 키가 가장 큰
• class 반, 수업
• younger sister 여동생
• look at ~을 보다
• star 별
• sky 하늘

05 정답 ④

해석 안녕! 내 이름은 메리야. 난 시드니에 살아. 아빠, 엄마, 남동생과 함께 살지. 내 취미는 야구를 하는 거야. 나는 방과 후에 친구들과 야구를 해.

해설 장래 희망은 언급되지 않았다.

어휘 • name 이름
• live in ~에 살다
• hobby 취미
• play baseball 야구를 하다
• after school 방과 후에

06 정답 ④

해석 우리 가족은 고양이 4마리를 가지고 있어. 고양이들 중에 나비는 내가 제일 좋아하는 고양이야. 그 녀석은 갈색 눈을 가지고 있지. 그 녀석은 공을 가지고 노는 것을 좋아해. 나에게는 다정하지만, 다른 사람들에겐 그렇지 않아.

해설 나비가 나에게는 다정하지만 다른 사람들에게 다정하지 않다.

어휘 • among ~중에
• favorite 가장 좋아하는
• brown 갈색
• play with a ball 공을 가지고 놀다
• friendly 다정한, 우호적인, 친근한
• other people 다른 사람들

07 정답 ③

해석 지난 주 토요일 민수는 할머니를 돕기 위해 방문을 했다. 아침에, 민수는 식물에 물을 줬다. 오후에, 그는 거실 청소를 했다.

해설 민수가 지난 주 토요일 오전에 한 일은 식물에 물을 준 것이다.

어휘 • Saturday 토요일
• visit 방문하다
• water 물을 주다
• plant 식물, 심다
• clean 청소하다
• living room 거실

08 정답 ①

해석 나는 병원에서 일을 합니다. 나는 아픈 사람들을 치료합니다. 나는 누구일까요?

해설 의사에 대한 설명이다.

어휘 • work 일하다
• hospital 병원
• treat 치료하다, 대하다
• people 사람들
• sick 아픈

09 정답 ④

해석 스티브는 오전 8시에 깼다. 그는 옷을 입었다. 버스 정류장으로 달려갔다. 그는 "안 돼!"라고 소리쳤다 왜냐하면 그는 집에 가방을 두고 왔기 때문이다.

해설 스티브는 가방을 집에 두고 와서 소리를 친 것이다.

어휘 • wake−woke, wake up 깨다, 깨우다, 정신을 차리다
• put on 입다
• clothes 옷
• shout 소리치다
• because 왜냐하면 ~ 때문에
• leave−left 남겨 놓다, 떠나다

10 정답 ②

해석 내 이름은 제시카야. 나는 10살이야. 나는 영국 출신이지. 나는 아침 6시에 일어나. 나는 보통 저녁 8시에 자러 가. 난 여가 시간에 테니스치는 것을 좋아해.

해설 아침 7시가 아닌 6시에 일어난다.

어휘 • name 이름
• be from ~출신이다
• get up 일어나다
• usually 보통
• go to bed 자러 가다
• enjoy 즐기다, 좋아하다
• free time 여가 시간

11 정답 ③

해석 인수의 가족은 캠핑을 갔다. 그들은 함께 텐트를 치고 요리를 했다. 그들은 밤하늘을 보며 많은 이야기를 했다.

해설 인수의 가족이 음악을 들었다는 내용은 없다.

어휘 • go−went, go camping 캠핑을 가자
• set up 설치하다
• tent 텐트
• together 함께
• talk 이야기를 하다
• a lot 많이
• while ~하는 동안, ~하면서
• look at 보다
• night 밤
• sky 하늘

12 정답 ②

해석 코코는 나의 애완견이다. 그 녀석은 예쁜 눈을 가지고 있다. 그 녀석은 나와 산책하는 것을 좋아한다. 코코는 내 좋은 친구다.

해설 코코가 목욕을 좋아한다는 언급은 없다.

어휘 • pet 애완동물
• beautiful 아름다운, 예쁜
• like to ~하는 것을 좋아하다
• go for walks 산책을 가다, 산책을 하다
• friend 친구

13 정답 ①

해석 오늘은 화창했습니다. 하지만 내일은 많은 비가 내릴 겁니다. 그러니, 여러분들은 우산을 가져가세요.

해설 내일은 비가 온다고 언급했다.

어휘 • sunny 화창한
• today 오늘
• there will be ~이 있을 것이다
• lots of 많은
• rain 비, 비가 오다
• tomorrow 내일
• take 가져가다
• umbrella 우산

14 정답 ②

해석 샘과 제니는 오늘 재밌었다. 아침에, 그들은 공원에서 배드민턴을 쳤다. 점심에, 그들은 샌드위치를 먹었다. 오후에, 그들은 영화를 봤다.

해설 샘과 제니가 자전거를 탄 내용은 없다.

어휘 • have-had, have fun 재미있다, 재미있게 놀다
• badminton 배드민턴
• park 공원
• lunch 점심 식사
• eat-ate 먹다
• sandwich 샌드위치
• watch a movie 영화를 보다

15 정답 ②

해석 그는 인도에 산다. 그의 나라에는 비가 많이 내린다. 어제 그는 홍수 때문에 학교에 갈 수 없었다.

해설 홍수(flood) 때문에 학교를 가지 못했다.

어휘 • live in ~에 살다
• India 인도
• a lot 많이
• country 나라, 시골
• yesterday 어제
• because of ~ 때문에
• flood 홍수

16 정답 ④

해석 이 새는 키가 대략 140cm다. 그 새는 따뜻한 지역에 산다. 그 새의 입은 큰 신발처럼 생겼다. 그 새는 물고기를 먹는다.

해설 열매가 아니라 물고기를 먹는다.

어휘 • bird 새
• about 대략, ~에 관해서, 대해서
• live in ~에 살다
• warm 따뜻한
• area 지역
• mouth 입
• look like ~처럼 보이다, ~처럼 생기다
• shoe 신발
• eat 먹다
• fish 물고기, 생선

17 정답 ④

해석 잭은 컴퓨터에 관심이 매우 많았다. 그는 13살에 컴퓨터 프로그램을 만들기 시작했다. 그는 컴퓨터 프로그램을 만드는 데 많은 시간을 보냈다. 마침내, 그는 성공한 컴퓨터 회사를 만들었다.

해설 컴퓨터 회사를 만드는 데 실패한 것이 아니라 성공했다.

어휘 • be interested in ~에 관심이 있다
• start 시작하다
• computer program 컴퓨터 프로그램
• at the age of ~의 나이에
• spend-spent (돈, 시간을) 보내다, 쓰다
• spend＋시간＋~ing ~하는 데 시간을 보내다
• finally 마침내
• build-built 만들다, 짓다
• successful 성공적인, 성공한
• company 회사

18 정답 ④

해석 나는 날 수 있다. 그러나 나는 동물이 아니다. 나는 사람들을 다른 장소로 운반할 수 있다. 나는 누구일까?

해설 보기에 날 수 있는 새와 비행기 중에 동물이 아닌 것은 비행기다.

어휘 • fly 날다
• animal 동물
• carry 나르다, 운반하다
• place 장소

19 정답 ③
해석 나는 방과 후에 도서관에 갔다. 나는 책을 읽었고, 그곳에서 숙제를 했다.
해설 영화를 본 내용은 없다.
어휘 • go－went 가다
• library 도서관
• after school 방과 후에
• read 읽다
• do－did 하다
• homework 숙제
• there 그곳에서

20 정답 ④
해석 우리 가족은 캠핑을 갔다. 우리는 함께 노래를 불렀고, 하늘의 많은 별을 봤다. 멋진 밤이었다. 나는 매우 행복했다.
해설 가족 캠핑을 간 글쓴이의 행복한 심경을 담고 있다.
어휘 • family 가족
• go－went, go camping 캠핑을 가다
• sing－sang 노래하다
• together 함께
• see－saw 보다
• star 별
• sky 하늘
• wonderful 멋진, 훌륭한, 놀라운
• night 밤

21 정답 ④
해석 김가네 과일가게에 온 것을 환영합니다! 사과와 오렌지가 오늘 30% 할인입니다. 즐거운 쇼핑되세요!
해설 과일가게 할인 안내 방송이다.
어휘 • welcome to ~에 온 것을 환영하다
• fruit 과일
• store 가게, 저장하다

• apple 사과
• orange 오렌지
• off 할인하는
• today 오늘
• shopping 쇼핑

22 정답 ②
해석 당신 친구 데이빗이 당신에게 도와달라고 부탁을 한다. 그러나 당신은 그를 도울 수 없다. 왜냐하면 당신은 지금 매우 바쁘기 때문이다. 당신은 그에게 뭐라고 말하겠는가?
① 나도 그렇게 생각해.
③ 네 말이 맞아.
④ 너무 고마워.
해설 미안하지만 도와줄 수 없다는 말이 알맞다.
어휘 • ask A to B A에게 B를 부탁하다
• because ~ 때문에
• busy 바쁜
• say 말하다

23 정답 ③
해석 내 이름은 인호야. 나는 13살이야. 나는 중학생이야. 내가 가장 좋아하는 과목은 영어야. 나는 축구를 좋아해. 우리 가족은 5명이야.
해설 살고 있는 도시는 알 수가 없다.
어휘 • name 이름
• middle school 중학교
• favorite 가장 좋아하는
• subject 과목, 주제
• soccer 축구
• there are ~이 있다
• people 사람들

24 정답 ①
해석 안녕하세요. 내 이름은 앤 브라운입니다. 병원에서 일해요. 난 의사와 함께 아픈 사람들을 돌봅니다.
해설 의사와 함께 환자를 돌보는 사람은 간호사다.
어휘 • work in ~에서 일하다
• hospital 병원

- look after 돌보다
- sick 아픈
- doctor 의사

25 정답 ②

해석 안녕하세요. 오늘의 일기 예보입니다. 오후에는 흐리고, 오늘 밤에는 비가 올 것입니다.

해설 오늘 밤에는 비가 온다고 예보하고 있다.

어휘 • weather report 일기 예보
- today 오늘
- cloudy 흐린
- rain 비가 오다
- tonight 오늘 밤

26 정답 ①

해석 나는 미국에서 왔어. 나는 한국어를 잘 못해. 그래서 나는 한국어를 잘 이해할 수 없어. 그것이 나를 끔찍하게 느끼게 만들어.

해설 한국어를 잘 못해서 답답함을 느끼고 있다.

어휘 • be from ~에서 오다, ~출신이다
- be good at ~을 잘하다
- understand 이해하다
- well 잘
- make 만들다
- feel 느끼다
- terrible 끔찍한, 기분이 안 좋은

27 정답 ①

해석 수잔에게. 안녕. 나는 이번 주 토요일에 친구들과 소풍을 갈 거야. 우리는 학교 앞에서 9시에 만날 거야. 만약 네가 함께 가길 원한다면, 나에게 이메일을 보내줘. 네 답장 기다릴게. 마이크가.

해설 마이크가 수잔에게 보내는 이메일이다.

어휘 • go on a picnic 소풍을 가다
- Saturday 토요일
- meet 만나다
- in front of ~앞에
- want to ~하기를 원하다, 하고 싶다
- come along 함께 가다

- send 보내다
- e-mail 이메일
- wait for ~를 기다리다
- answer 답장, 답장하다

28 정답 ②

해석 오늘, 우리는 몇 가지 요가 동작을 배울 겁니다. 시작합시다! 일어서세요. 머리 위로 두 팔을 들어올리세요.

해설 두 팔을 들어올리는 동작이다.

어휘 • today 오늘
- learn 배우다
- some 몇 개의
- yoga 요가
- move 동작, 움직임, 움직이다
- start 시작하다
- stand up 일어서다
- raise 들어올리다
- arm 팔
- above ~위로
- head 머리

29 정답 ③

해석 나는 식당에서 일합니다. 난 이탈리아 음식을 잘합니다. 사람들이 내 음식을 좋아할 때 난 매우 행복합니다.

해설 요리사 직업에 대한 설명이다.

30 정답 ①

해석 어제가 어머니의 생일이었다. 아침에, 나는 집 청소를 했다. 어머니와 나는 쇼핑을 갔고 식당에서 저녁을 먹었다. 우리는 즐거운 시간을 가졌다.

해설 등산을 한 내용은 나오지 않는다.

어휘 • yesterday 어제
- birthday 생일
- clean 청소하다
- go—went 가다
- go shopping 쇼핑을 가다
- eat—ate 먹다

- restaurant 식당
- have a good time 즐거운 시간을 가지다

31 정답 ③

해석 안녕, 미나. 이번 주 일요일에 계획 있니? 나는 영화를 보러 갈 생각이야. 나랑 함께 갈래?

해설 영화를 함께 보기 위해서 보낸 문자 메시지다.

어휘 • plan 계획, 약속
- Sunday 일요일
- think about ~에 대해 생각하다
- see a movie 영화를 보다
- come 가다, 오다

32 정답 ①

해석 매일 운동을 해라.
단 것을 너무 많이 먹지 마라.
식사 전에 손을 씻어라.

해설 건강을 지키기 위한 조언이다.

어휘 • exercise 운동, 연습문제
- eat 먹다
- sweets 단 것, 사탕류
- wash 씻다
- meal 식사

33 정답 ①

해석 에밀리는 나의 가장 친한 친구다. 그녀는 안경을 쓴다. 그녀는 긴 생머리를 가지고 있다.

해설 안경 착용과 긴 생머리 그림이 알맞다.

어휘 • wear glasses 안경을 쓰다
- long 긴
- straight hair 생머리, 직모

34 정답 ③

해석 안녕. 내 이름은 수민이야. 난 14살이야. 난 서울에서 왔어. 난 중학생이야. 나는 과학과 수학을 좋아해. 너희들을 만나서 반가워.

해설 가족에 관한 언급은 없다.

어휘 • name 이름
- be from ~에서 오다, ~출신이다
- middle school student 중학생
- science 과학
- math 수학
- glad 기쁜, 반가운

35 정답 ①

해석 그것은 한국에서 3월에 시작돼. 따뜻하고 기분 좋아. 많은 꽃들이 이 계절에 피어나지.

해설 3월에 시작되는 꽃이 피는 봄에 대한 설명이다.

어휘 • begin 시작하다
- March 3월
- warm 따뜻한
- pleasant 기분 좋은, 즐거운, 쾌적한
- flower 꽃
- come out 나오다
- season 계절

36 정답 ④

해석 나는 오늘 조부모님 댁을 방문했다. 그들은 벼농사를 지으시고 채소를 재배하신다. 점심을 먹은 후, 나는 논밭(들판)에서 일을 했다. 힘든 일이었다. 하지만 나는 농사에 대해 많이 배웠다.

해설 농사가 힘들다고 했으므로 ④번은 일치하지 않는다.

어휘 • visit 방문하다
- grandparent 조부모님
- today 오늘
- grow 재배하다, 키우다
- rice 벼, 쌀, 밥
- vegetable 채소, 야채
- lunch 점심 식사
- work 일, 일하다
- field 들판, 논, 밭
- hard 힘든
- learn 배우다
- a lot 많이
- about ~에 대해서
- farming 농사

37 정답 ②

해석 그는 들판(논, 밭)에서 일을 한다.

그는 벼농사를 짓고 채소를 재배한다.

해설 농부(farmer)에 관한 설명이다.

① 선수 ③ 피아니스트 ④ 소방관

38 정답 ③

해석 나뭇잎이 떨어져 빨갛게 노랗게 땅을 덮노라

해설 낙엽이 떨어지는 가을(autumn)에 대한 설명이다.

어휘 • leave 나뭇잎

• fall down 떨어지다

• cover 덮다

• ground 땅

39 정답 ①

해석 민수는 수학을 잘하지 못한다. 그는 내일까지 수학 숙제를 끝마쳐야 한다. 그래서 그는 도움을 요청하길 원한다.

① 마음껏 드세요.

② 나를 도와줄 수 있니?

③ 나를 도와줘도 괜찮니(나 도와주는 것 싫으니)?

④ 도와주시겠습니까?

해설 보기 나머지는 모두 도움을 요청하는 표현인데 ①번은 "마음껏 드세요"라는 뜻이다.

어휘 • be good at ~을 잘하다

• math 수학

• have to ~해야 한다

• finish 끝마치다

• homework 숙제

• by tomorrow 내일까지

• want to ~하기를 원하다

• ask for help 도움을 요청하다

40 정답 ②

해석 나는 캐나다에서 왔어. 나는 한국어를 너무 못해서 나는 한국어를 전혀 이해할 수 없어. 그것이 나를 기분이 안 좋게(끔찍하게 느끼게) 만들어.

해설 한국어를 못해서 답답함을 느끼고 있다.

어휘 • be from ~에서 오다, ~출신이다

• be poor at ~을 못하다

• Korean 한국어, 한국인

• understand 이해하다

• at all 전혀, 조금도

• make 만들다

• feel terrible 기분이 안 좋다

41 정답 ①

해석 나는 이소라야. 나는 14살이지. 내가 가장 좋아하는 과목은 영어야. 내 취미는 독서야.

해설 취미가 독서라는 내용은 알 수 있다.

어휘 • favorite 가장 좋아하는

• subject 과목, 주제

• hobby 취미

• read 읽다

42 정답 ③

해석 나는 영국 출신이야. 나는 지난 달 한국으로 이사했어. 나는 친구가 없기 때문에 여기에서 나는 너무 외로워.

해설 친구가 없어 외로운 심정을 표현하고 있다.

어휘 • England 영국

• move to ~로 이사하다, 이동하다

• last month 지난 달

• lonely 외로운

• here 여기에서

• because ~때문에

01	③	02	①	03	④	04	④	05	④
06	③	07	①	08	②	09	③	10	③
11	②	12	①	13	②	14	②	15	④
16	②	17	①	18	②	19	④	20	③
21	②	22	④	23	①	24	③	25	③
26	④	27	④	28	④				

01 정답 ③

해석 잃어버린 고양이

키디는 2살입니다.

그녀는 검은색 고양이입니다.

그녀는 목에 흰 리본을 달고 있어요.

제발 546-4985로 전화주세요.

해설 She로 표현했으므로 성별은 언급되었지만, 고양이 성격은 언급된 문장이 없다.

어휘 • lost 분실된, 잃어버린

• black 검은색

• white 흰색

• ribbon 리본

• around one's neck 목에, 목 주위에

• call 전화하다

02 정답 ①

해석 당신의 점수는 무엇인가?

활동: 역할극, 숙제, 조별활동, 보고서

해설 두 학생이 공통으로 가장 높은 점수를 받은 활동은 숙제다.

어휘 • score 점수

• activity 활동

• role-play 역할극

• homework 숙제

• group work 조별활동

• report 보고서

03 정답 ④

해석 국제 재즈 축제

당신은 전 세계의 재즈를 즐기기를 원하시나요?

날짜: 2018년 8월 13일

장소: 서울대공원

입장권: 8000원

와서 즐기세요!

해설 제공되는 음식이야기는 언급되지 않았다.

어휘 • international 국제적인

• jazz 재즈

• festival 축제

• want to ~하기를 원하다, ~하고 싶다

• enjoy 즐기다

• around the world 전 세계의

• date 날짜

• August 8월

• place 장소

• grand park 대공원

• ticket 입장권

04 정답 ④

해석 양로원 자원봉사

날짜: 다음 주 토요일 6월 23일

장소: 에버그린 양로원

나누미 동아리 회장으로부터

① 누가 이것을 썼나?

② 자원봉사자들은 언제 갈 것인가?

③ 자원봉사자들은 어디로 갈 것인가?

④ 자원봉사자들은 그곳에 어떻게 갈 것인가?

해설 자원봉사를 하러 어떻게 갈 것인지는 알 수 없다.

어휘 • volunteer 자원봉사자, 자원봉사하다

• nursing home 양로원

• date 날짜

• June 6월

• place 장소

• club 동아리, 클럽

• leader 회장, 리더, 지도자

05 정답 ④

해석 서평
제목: 나는 할 수 있다
저자: 닉 브라운
쪽수: 350쪽
최고의 문장: 절대 포기하지 마라!

해설 가격은 알 수 없다.

어휘 • book review 서평
• title 제목
• writer 저자, 작가
• page 쪽, 페이지
• sentence 문장
• never 절대 않는
• give up 포기하다

06 정답 ③

해석 지구를 구하라.
우리는 재활용을 해야 한다.
우리는 물을 절약해야 한다.
우리는 음식물 쓰레기를 줄여야 한다.

해설 대중교통과 관련된 언급은 없다.

어휘 • save 구하다, 절약하다
• earth 지구
• have to ~해야 한다
• recycle 재활용하다
• reduce 줄이다
• food waste 음식물 쓰레기

07 정답 ①

해석 날씨: 비 오는, 맑은, 흐린, 눈 내리는
운동: 볼링, 수영, 농구, 스키

해설 톰은 비 오는 날 볼링을 친다.

어휘 • weather 날씨
• rainy 비 오는
• sunny 맑은, 화창한
• cloudy 흐린
• snowy 눈 내리는
• sport 스포츠, 운동
• bowling 볼링
• swimming 수영
• basketball 농구
• skiing 스키

08 정답 ②

해석 이름: 김진수
직업: 여행 가이드
전화번호: 822 – 123 – 4567

해설 명함에 주소는 없다.

어휘 • name 이름
• job 직업
• phone number 전화번호

09 정답 ③

해석 초콜릿을 주지 마라.
야외에서 개를 산책시켜라.
매주 개를 씻겨라.

해설 장난감으로 놀아 주는 내용은 제시되어 있지 않다.

어휘 • give 주다
• chocolate 초콜릿
• walk 산책시키다
• outside 야외에서, 야외로
• wash 씻기다, 씻다

10 정답 ③

해석 한일중학교 학생들이 가장 좋아하는 스포츠, 축구 52%, 농구 22%, 수영 15%, 배드민턴 11%, 축구는 한일중학교 학생들 사이에서 가장 인기 있는 스포츠다.
① 매운, 양념 맛이 강한
② 흐린
③ 인기 있는
④ 맛있는

해설 축구는 가장 인기 있는 운동이다.

어휘 • favorite 가장 좋아하는
• sport 스포츠, 운동
• soccer 축구
• basketball 농구
• swimming 수영
• badminton 배드민턴

- most 가장
- among ~사이에서

11 정답 ②

해석 고양이 (돌보기) 목록: 매일 먹이 주기, 집 청소하기, 함께 놀아 주기

해설 목욕시키는 내용은 목록에 없다.

어휘 • checklist 목록, 점검표, 체크리스트
- feed 먹이다
- clean 청소하다

12 정답 ①

해석 안녕, 브라이언! 나는 해야 할 숙제가 많아. 이것 좀 도와줄래? 곧 알려 줘. 고마워! 톰이.

해설 숙제를 도와달라는 문자 메시지다.

어휘 • a lot of 많은
- homework 숙제
- homework to do 해야 할 숙제
- help A with B A의 B를 도와주다
- let ~ know ~에게 알려 주다
- soon 곧

13 정답 ②

해석 월요일: 피아노 치기, 화요일: 자전거 타기, 수요일: 수영하기, 목요일: 도서관 가기, 금요일: 야구하기

해설 월요일에 피아노를 친다.

어휘 • Monday 월요일
- Tuesday 화요일
- Wednesday 수요일
- Thursday 목요일
- Friday 금요일
- ride 타다
- bike 자전거
- library 도서관
- baseball 야구

14 정답 ②

해석 영화 제목: 스타 파일럿, 좌석 번호: G15, 날짜: 2016년 7월 15일, 시간: 오후 6시~8시

해설 영화표 가격은 알 수 없다.

어휘 • film 영화
- seat 좌석
- date 날짜
- title 제목
- seat number 좌석 번호
- time 시간

15 정답 ④

해석 수영장 규칙: 달리기 금지, 다이빙 금지, 수영모 착용하기

해설 음식물과 관련된 내용은 없다.

어휘 • pool 수영장, 물웅덩이
- No ~ing ~하지 마라, 금지
- run 달리다
- dive 다이빙하다
- wear 착용하다
- swimming cap 수영모(자)

16 정답 ②

해석 수잔에게, 이번 주 토요일에 친구들과 함께 소풍을 갈 거야. 우리는 오전 9시에 만날 거야. 만약 너도 가고 싶다면, 학교 앞에서 만나자. 네가 올 수 있으면 좋겠어. 마이크가.

해설 소풍 준비물에 관한 내용은 없다.

어휘 • go on a picnic 소풍을 가다
- Saturday 토요일
- want to ~하고 싶다, ~하기를 원하다
- in front of ~앞에
- hope 희망하다

17 정답 ①

해석 K-레일, 서울에서 부산으로, 날짜: 2015년 8월 15일, 시간: 오전 11시

해설 요금과 관련된 내용은 없다.

어휘 • from ~로부터
- to ~로, ~에게
- date 날짜
- time 시간
- a.m. 오전

18 정답 ②

해석 규칙: 조용히 이야기하세요, 달리지 마세요, 음식을
가져오지 마세요.

해설 반납일과 관련된 내용은 없다.

어휘 • rule 규칙

• quietly 조용히

• run 달리다

• bring 가져오다

19 정답 ④

해석 할 일: 꽃에 물주기, 방 청소하기, 개 먹이주기, 엄마
로부터

해설 동생을 돌보는 내용과 관련된 내용은 없다.

어휘 • thing 것, 일 • things to do 할 일

• water 물주다 • flower 꽃

• clean 청소하다 • room 방

• feed 먹이다

20 정답 ③

해석 ① 수영하지 마세요.

② 담배를 피우지 마세요.

③ 자전거를 타지 마세요.

④ 사진을 찍지 마세요.

해설 자전거를 타지 말라는 표지판이다.

21 정답 ②

해석 ① 서울은 흐리다.

② 파리는 비가 온다.

③ 마드리드는 비가 온다.

④ 뉴욕은 눈이 온다.

해설 파리는 맑음이다.

22 정답 ③

해석 일어서세요. 두 손을 테이블 위에 두세요.

해설 두 손을 테이블 위에 둔 것은 ③번 그림이다.

어휘 • stand up 일어서다

• put 두다

• hand 손

• table 테이블

23 정답 ①

해석 소나무 미술관

개방 시간: 오전 9시~오후 6시

입장료: 10달러

가장 가까운 역: 소나무역

전화번호: 000) 123-4567

해설 휴일과 관련된 내용은 없다.

어휘 • pine 소나무

• art museum 미술관

• opening hours 개방 시간

• ticket 입장권, 표

• near 가까운

• nearest 가장 가까운

• station 역

24 정답 ③

해석 초대장

민호에게

내 생일 파티에 올 수 있니?

장소: 우리 집

시간: 8월 6일 오후 5시

유미로부터

해설 참석 인원이 몇 명인지는 언급되지 않았다.

어휘 • invitation 초대, 초대장

• birthday party 생일 파티

• where 어디에서

• when 언제

• August 8월

25 정답 ③

해석 ① 나는 자러 간다.

② 나는 축구를 한다.

③ 나는 목욕을 한다.

④ 나는 라디오를 듣는다.

해설 목욕하는 그림이다.

어휘 • go to bed 자러 가다

• soccer 축구

• take a bath 목욕을 하다

• listen to ~을 듣다

• radio 라디오

26 정답 ④

해석 A: 오늘은 화요일이야. 비가 오네.
　　　B: 금요일은 어때?
　　　A: 흐릴 것 같아.

해설 금요일은 일기 예보에 흐림이므로 cloudy가 알
　　맞다.

어휘 • today 오늘
　　 • Tuesday 화요일
　　 • how about ~은 어때?

27 정답 ④

해석 이번 주의 책
　　제목: 에이브러햄 링컨
　　저자: 데이빗 허버트
　　가격: 12달러

해설 출판사와 관련된 내용은 없다.

어휘 • title 제목
　　 • writer 저자, 작가
　　 • price 가격

28 정답 ④

해석 메모
　　앨리스에게
　　데이빗으로부터
　　날짜: 4월 10일
　　메시지: 시험이 내일이야.

해설 시험 과목과 관련된 내용은 없다.

어휘 • memo 메모
　　 • date 날짜
　　 • message 메시지
　　 • exam 시험
　　 • tomorrow 내일

유형 4 빈칸 추론

기출 Check!　　　p.245~247

01	②	02	①	03	③	04	①	05	④
06	①	07	③	08	④	09	②		

01 정답 ②

해석 사람들은 종이가 옷을 만들 만큼 충분히 강하지 않
　　다고 생각한다. 하지만 우리는 전통적인 한국의 종
　　이인 한지로 아름다운 옷이나 신발을 만들 수 있다.
　　그것이 어떻게 가능한가? 한지는 질긴 닥나무 껍질
　　로 만들어서 강하다.

해설 빈칸 왼쪽은 만들 수 없다는 내용이고, 오른쪽은
　　만들 수 있다는 내용이므로 반대의 의미를 나타
　　내는 But이 적절하다.

어휘 • believe 생각하다, 믿다
　　 • paper 종이
　　 • strong 강한
　　 • enough to ~할 만큼 충분히
　　 • clothes 옷
　　 • beautiful 아름다운
　　 • traditional 전통적인
　　 • possible 가능한
　　 • tough 질긴, 튼튼한

02 정답 ①

해석 세계에는 다양한 축제가 있다. 예를 들면, 한국에는
　　머드(진흙) 축제가 있다. 이 축제에서, 여러분은 진흙
　　속에서 놀면서 즐거운 시간을 보낼 수 있다. 일본에
　　서는, 눈 축제가 있다. 눈으로 만든 아름다운 예술품
　　의 사진을 찍을 수 있다.

해설 다양한 축제에 대한 예를 들고 있으므로 For
　　example이 적절하다.

어휘 • There are ~이 있다
　　 • various 다양한
　　 • festival 축제
　　 • mud 진흙
　　 • have fun 재미있다, 즐거운 시간을 보내다

- take pictures of ~의 사진을 찍다
- beautiful 아름다운
- art piece 예술품, 예술 작품
- made of ~로 만들어진

03 정답 ③

해석 우리 음악 동아리에서. 우리는 피아노, 기타, 드럼(북)을 연주한다. 우리는 또한 노래를 한다. 가끔, 우리는 공원에서 콘서트(연주회)를 연다.

해설 음악 동아리에 대한 내용이다.

어휘 • club 동아리, 클럽
- piano 피아노
- guitar 기타
- drum 드럼, 북
- give a concert 콘서트를 열다

04 정답 ①

해석 우리는 휴대 전화로 전화를 하거나 음악을 듣는 것처럼 많은 유용한 일을 할 수 있다. 하지만, 만약 우리가 공공장소에서 휴대 전화를 사용할 때 조심하지 않는다면, 휴대폰은 문제를 일으킬 수 있다.

해설 빈칸 왼쪽에 유용한 내용과 빈칸 오른쪽에 문제를 일으키는 내용은 반대의 의미로 However가 알맞다.

어휘 • many 많은
- useful 유용한
- thing 일, 것
- like ~처럼
- make phone calls 전화를 하다
- listen to music 음악을 듣다
- if 만약 ~한다면
- careful 조심하는, 주의 깊은
- when ~ing ~할 때
- public place 공공장소
- cause 유발시키다, 일으키다, 원인
- problem 문제

05 정답 ④

해석 관광업은 나라에 돈을 가져온다. 그리고 그것은 많은 사람들에게 일자리를 제공한다. 하지만, 관광업이 항상 좋은 것은 아니다. 그것은 자연지역과 지역 문화를 훼손할 수 있다.

해설 빈칸 왼쪽에 좋은 점과 빈칸 오른쪽에 나쁜 점은 반대의 의미로 However가 알맞다.

어휘 • tourism 관광업
- bring 가져오다
- into ~에, 안으로
- country 나라, 시골
- provide 제공하다
- job 일, 일자리, 직업
- not always 항상 그런 것은 아닌
- damage 손상시키다, 훼손하다
- natural area 자연지역
- local 지역의
- culture 문화

06 정답 ①

해석 네게 이곳에서의 규칙을 말해 줄게. 첫째, 네 방을 청소해야 한다. 둘째, 방에서는 음식을 먹어서는 안 된다. 질문 있니?
① 규칙 ② 나무 ③ 게임 ④ 이유

해설 이곳에서의 규칙을 말하고 있다. ①이 빈칸에 알맞다.

어휘 • tell 말하다
- place 장소
- clean 청소하다
- must not ~해서는 안 된다
- room 방, 공간
- question 질문

07 정답 ③

해석 한국에는 사계절이 있어. 봄은 3월에 시작해. 따뜻해. 여름에는 더워. 가을에는 시원해. 겨울에는 춥고 눈이 내리지.
① 도시 ② 집 ③ 계절 ④ 휴일(휴가)

해설 한국의 사계절에 대한 내용이므로 ③이 알맞다.

어휘 • spring 봄
• begin 시작하다
• March 3월
• warm 따뜻한
• summer 여름
• fall 가을
• cold 추운
• snowy 눈이 내리는

08 정답 ④

해석 물은 더 더러워지고 있다. 더러운 물은 동물과 식물을 아프게 만든다. 그러므로 물을 깨끗이 유지하자.
① 무거운 ② 약한 ③ 두꺼운 ④ 깨끗한

해설 물을 깨끗이 유지하자는 내용이므로 ④가 알맞다.

어휘 • dirty−dirtier 더 더러운
• get dirty 더러워지다
• animal 동물
• plant 식물
• sick 아픈
• let's ~하자
• keep 유지하다

09 정답 ②

해석 민지는 글쓰기(글짓기)를 잘한다. 그녀는 글쓰기 연습을 위해 매일 일기를 쓴다. 그녀는 셰익스피어와 같은 작가가 되길 원한다.
① 요리사 ② 작가 ③ 의사 ④ 과학자

해설 글쓰기와 연관된 ② 작가가 빈칸에 알맞다.

어휘 • be good at ~을 잘하다
• writing 글쓰기, 글짓기
• keep a diary 일기를 쓰다
• everyday 매일
• practice 연습을 하다
• want to ~하기를 원하다
• like ~처럼
• Shakespeare 셰익스피어

유형 5 글의 흐름 파악

기출 Check! p.248~251

01	②	02	①	03	④	04	④	05	③
06	②	07	②	08	③	09	③	10	④
11	②	12	①						

01 정답 ②

해석 나는 '영화 만들기 동아리'의 회원이다. 우리는 디지털 카메라나 휴대폰으로 영화를 만든다. (내가 가장 좋아하는 음식은 피자다.) 당신은 우리 동아리에서 배우, 촬영기사 또는 감독이 될 수 있다. 매주 금요일마다 우리는 '영화의 날'을 가지고 있다. 그날 우리는 우리가 만든 영화를 본다.

해설 영화 주제의 글에 음식 주제의 ②번 문장은 어울리지 않는다.

어휘 • member 멤버, 회원
• movie 영화
• club 동아리, 클럽
• digital camera 디지털 카메라
• cellphone 휴대폰
• favorite 가장 좋아하는
• pizza 피자
• actor 배우
• cameraman 촬영기사
• director 감독
• cinema 영화, 영화관
• watch 보다
• make−made 만들다

02 정답 ①

해석 토니의 블로그, 나는 이탈리아에서 태어나고 자랐다. 난 한국 음악에 관심이 있다. 난 가끔 내 블로그에 한국 음악에 대해 쓴다. 여기에 한국 음악에 관한 내 글들 중 몇 개가 있다.

해설 마지막 문장에서 한국 음악에 관한 글이 몇 개 있다고 했으므로 그 내용이 이어지는 것이 적절하다.

어휘 • blog 블로그
 • be born 태어나다
 • grow – grew 자라다
 • Italy 이탈리아
 • be interested in ~에 관심이 있다
 • music 음악
 • write 쓰다
 • here are 여기에 ~이 있다
 • some 몇 개, 약간, 조금
 • writing 글

03 정답 ④

해석 당신은 친구를 사귀는 데 어려움이 있나요? 새로운 친구를 사귀는 방법에 관한 유용한 다음 팁(비결, 조언)을 읽어보세요.

해설 마지막 문장에서 친구를 사귀는 유용한 팁에 관한 팁을 읽어보라고 했으므로 그 내용이 이어지는 것이 적절하다.

어휘 • have difficulty in ~ing ~하는 데 어려움을 가지다
 • make friends 친구를 사귀다
 • read 읽다
 • following 다음의
 • useful 유용한
 • tip 비결, 조언, 팁
 • how to ~하는 방법

04 정답 ④

해석 당신은 건강해지길 원하나요? 매일 운동을 해보세요. 더 걸으세요. 여기에 건강한 삶을 살기 위한 더 유용한 정보가 있어요.

해설 마지막 문장에서 건강한 삶을 위한 유용한 정보가 있다고 했으므로 그 내용이 이어지는 것이 알맞다.

어휘 • want to ~하길 원하다
 • healthy 건강한
 • try ~ing ~해보다
 • exercise 운동하다
 • walk 걷다

 • useful 유용한
 • information 정보
 • live a healthy life 건강한 삶을 살다

05 정답 ③

해석 나는 가족과 제주도에 갔다. 우리는 비행기로 그곳에 갔다. 우리는 아름다운 해변을 봤다. (우리 선생님은 매우 친절하다.) 난 그곳에서 수영을 했다. 나는 언젠가 다시 그곳에 가고 싶다.

해설 제주도 여행과 관련 없는 ③번 선생님 주제의 문장이 어울리지 않는다.

어휘 • go – went 가다
 • island 섬
 • family 가족
 • there 그곳에
 • by airplane 비행기로
 • see – saw 보다
 • beautiful 아름다운
 • teacher 선생님
 • kind 친절한
 • swim – swam 수영하다
 • want to ~하고 싶다, ~하길 원하다
 • again 다시
 • someday 언젠가

06 정답 ②

해석 당신의 꿈의 직업(장래희망)은 무엇인가요? 세상에는 많은 흥미로운 직업들이 있습니다. 제가 여러분에게 그것에 관한 몇 가지를 말씀드릴게요.

해설 마지막 문장에서 흥미로운 직업에 관한 이야기를 해준다고 했으므로 그 내용이 이어지는 것이 알맞다.

어휘 • dream job 꿈의 직업, 장래희망
 • There are ~이 있다
 • many 많은
 • interesting 재미있는, 흥미로운
 • tell 말하다
 • some 몇 가지, 약간, 조금

07 정답 ②

해석 난 학교에서 행복하다. 첫째, 난 우리 학교 음식이 좋다. (그것은 맛있다.) 둘째, 담임이신 김 선생님은 매우 친절하다. 그는 또한 우리를 많이 웃게 만들어 주신다. 마지막으로 나는 운동장에서 축구하는 것이 좋다.

해설 It은 Our school food이므로 ②에 들어가기 알맞다.

어휘 • delicious 맛있는
• school 학교
• food 음식
• homeroom teacher 담임 선생님
• kind 친절한
• laugh 웃다
• a lot 많이
• soccer 축구
• playground 운동장

08 정답 ③

해석 안녕하세요, 여러분! 우리는 마침내 새로운 컴퓨터실이 생겼습니다. 여러분은 수업 시간에 언제라도 새로운 컴퓨터를 사용할 수 있습니다. 여러분이 컴퓨터실을 사용할 때 다음의 규칙을 지키세요.

해설 마지막 문장에서 컴퓨터실에서 다음의 규칙을 지키라 하였으므로 그 내용이 이어지는 것이 알맞다.

어휘 • finally 마침내
• get-got 마련하다, 얻다
• use 사용하다
• at any time 언제라도
• during school hours 수업 시간에
• keep 지키다
• following 다음의
• rule 규칙

09 정답 ③

해석 어제는 어버이날이었다. 여동생과 나는 부모님을 행복하게 만들어 드리고 싶었다. 여동생은 거실을 청소했다. (새로운 학생이 우리 반에 왔다.) 나는 설거지를 했다. 우리는 최선을 다했다!

해설 어버이날 관련 주제와 어울리지 않는 것은 ③번 신입생이 왔다는 문장이다.

어휘 • yesterday 어제
• Parents' Day 어버이날
• want to ~하고 싶다, 하길 원하다
• clean 청소하다
• living room 거실
• move to ~로 이사하다, 이동하다
• wash the dishes 설거지하다
• do-did 하다
• do one's best 최선을 다하다

10 정답 ④

해석 요즘 많은 사람들이 등산하는 것을 좋아한다. 하지만 가끔 등산은 위험할 수 있다. 여기에 안전한 등산을 위한 몇 가지 조언이 있다.

해설 마지막 문장에서 안전한 등산을 위한 조언이 있다고 했으므로 그 내용이 이어지는 것이 알맞다.

어휘 • people 사람들
• climb 등산하다
• climbing 등산, 등산하기
• mountain 산
• these days 요즘
• sometimes 가끔, 때때로
• dangerous 위험한
• tip 조언, 비결, 팁
• safe 안전한

11 정답 ②

해석 그녀는 가난한 사람들을 돕기를 원한다. (그래서 그녀는 그들을 위해 돈을 저축했다.) 그 돈을 가지고, 그녀는 그들을 가르치기 위해 학교를 열었다. 그녀는 또한 그들을 돌보기 위해 병원을 열었다.

해설 them은 poor people을 의미하고, that money는 그녀가 저축한 돈을 의미하므로 ②에 들어가기 알맞다.

어휘 • save 저축하다
• money 돈
• want to ~하고 싶다, 하길 원하다

- help 돕다
- poor people 가난한 사람들
- with ~을 가지고, 함께
- open 열다
- teach 가르치다
- also 또한, 역시
- hospital 병원
- take care of 돌보다

12 정답 ①

해석 지구는 요즘 아프다. 당신은 자연을 더 좋게 만들기 위해 무언가를 하려고 노력해 본 적이 있는가? 여기에 몇 가지 아이디어가 있다.

해설 마지막 문장에서 자연을 더 좋게 만들기 위한 아이디어가 있다고 했으므로 그 내용이 이어지는 것이 알맞다.

어휘 • earth 지구
- sick 아픈
- nowadays 요즘
- have you ever ~해본 적 있나?
- try to ~하려고 노력하다
- something 어떤 것, 어떤 일
- nature 자연
- good－better 더 좋은
- idea 아이디어

유형 6 지칭 추론

기출 Check! p.252~253

01	①	02	①	03	①	04	③	05	②
06	④	07	①						

01 정답 ①

해석 그것은 생명에 중요한 것이다. 우리는 그것을 볼 수는 없지만, 우리는 숨을 쉬기 위해 그것이 필요하다. 차를 운전하는 대신에 자전거를 타는 것은 그것을 깨끗하게 유지할 수 있다.

해설 생명에 중요하고 숨을 쉬기 위해 필요하며 눈에 보이지 않는 것은 공기다.

어휘 • important 중요한
- life 생명, 삶, 생활
- need 필요하다
- breathe 숨을 쉬다
- ride 타다
- bicycle 자전거
- instead of ~대신에
- drive 운전하다
- keep ~ clean ~을 깨끗하게 유지하다

02 정답 ①

해석 소금은 오랫동안 우리 삶 속에 있어왔다. 한 가지 예는 많은 사람들이 음식의 맛을 개선하기 위해 소금을 사용했다는 것이다. 간디는 또한 인도에서 독립 운동을 이끄는데 그것을 사용했다. 그래서 그것은 음식을 맛있게 하고 역사적 의미를 가진다.

해설 내용상 it은 소금을 가리킨다.

어휘 • salt 소금
- life－lives 삶, 생활
- for a long time 오랫동안
- example 예, 예시
- use 사용하다
- improve 개선하다, 향상시키다
- taste 맛, 맛을 보다
- Gandhi 간디

- also 또한, 역시
- lead 이끌다
- India 인도
- tasty 맛있는
- historical 역사의
- meaning 의미

03 정답 ①
해석 그것은 한국의 문자다. 그것은 세종대왕에 의해 만들어졌다. 그것은 24개의 글자를 가지고 있다. 그것은 과학적이고 아름다운 글자 체계로 알려져 있다.

해설 한국의 문자 It은 한글을 가리킨다.

어휘
- alphabet 문자, 알파벳
- be made 만들어지다
- King Sejong 세종대왕
- be known as ~로 알려지다
- scientific 과학적인
- beautiful 아름다운
- writing system 글자 체계

04 정답 ③
해석 우리는 이것 없이 살 수 없다.
우리는 매일 이것을 마신다.
우리는 이것으로 샤워를 한다.

해설 마시고 샤워하는 this는 물을 가리킨다.

어휘
- live 살다
- without ~없이
- drink 마시다
- take a shower 샤워를 하다

05 정답 ②
해석 사람들은 이것을 매우 많이 좋아한다. 그들 중 많은 사람들이 항상 이것을 듣고 싶어한다. 다양한 종류의 이것이 있다: 팝, 재즈, 록, 힙합, 기타 등등
① 쇼핑 ② 음악 ③ 돈 ④ 커피

해설 팝과 재즈 등은 음악의 종류이다.

어휘
- people 사람들
- very much 매우 많이
- want to ~하고 싶다, ~하기를 원하다

- listen to 듣다
- all the time 항상
- there are ~이 있다
- various 다양한
- kind 종류
- pop 팝
- jazz 재즈
- rock 록음악
- hiphop 힙합음악
- and so on 기타 등등

06 정답 ④
해석 그것은 전통적인 한국 음식이다. 그것은 떡이다. 우리는 한국의 추수감사절인 추석에 그것을 먹는다.
① 피자 ② 김치 ③ 통닭 ④ 송편

해설 It은 추석에 먹는 떡인 송편이다.

어휘
- traditional 전통적인
- food 음식
- rice cake 떡
- have 먹다, 가지다
- Thanksgiving Day 추수감사절

07 정답 ①
해석 할머니는 작은 도시에 살고 계신다. 엄마와 나는 어제 할머니 댁을 방문했다. 우리는 그녀에게 선물을 드렸고 그녀는 매우 기뻐하셨다.

해설 ⓐ는 엄마고 나머지는 할머니를 가리킨다.

어휘
- grandmother 할머니
- live in ~에 살다
- town (작은) 도시
- visit 방문하다
- yesterday 어제
- give-gave 주다
- present 선물

PART 05 실전모의고사

제1회 정답

p.256~261

01	④	02	③	03	③	04	③	05	④
06	①	07	②	08	③	09	①	10	②
11	②	12	③	13	④	14	③	15	④
16	④	17	①	18	②	19	④	20	③
21	②	22	①	23	④	24	②	25	④

01 정답 ④
해석 침대, 의자, 책상, 소파
① 꽃 ② 음식 ③ 과일 ④ 가구
해설 제시된 단어는 모두 가구(furniture)의 종류들이다.

02 정답 ③
해석 ① 큰 – 작은   ② 깨끗한 – 더러운
③ 어려운 – 힘든   ④ 무거운 – 가벼운
해설 모두 반의어 관계인데 ③만 동의어 관계이다.

03 정답 ③
해석 가방에 책이 한 권 있다.
상자 안에 공이 두 개 있다.
해설 There is+단수 명사, There are+복수 명사로
표현한다.
어휘 • bag 가방
• ball 공
• box 상자

04 정답 ③
해석 A: 그녀는 잭을 아니?
B: 응, 알아.
해설 does로 대답했으므로 Does로 묻는 것이 적절하다.

05 정답 ④
해석 A: 이 펜은 얼마인가요?
B: 1달러입니다.
해설 가격은 How much로 묻는다.
어휘 • pen 펜

06 정답 ①
해석 A: 빵 좀 드실래요?
B: 예, 주세요.
해설 음식을 권유하는 표현의 대답으로 수락은 주로 Yes,
please, 거절은 주로 No, thanks로 표현한다.
어휘 • bread 빵

07 정답 ②
해석 A: 톰은 키가 170cm야.
B: 줄리는 톰보다 키가 더 커. 그녀는 175cm야.
해설 175cm인 줄리가 170cm인 톰보다 더 커서
than 앞에 비교급 taller가 적절하다.

08 정답 ③
해석 A: 이것이 네가 사고 싶은 자전거니?
B: 응, 그래.
A: 파란색 또는 빨간색 중에서 어느 색이 더 좋아하니?
B: 난 파란색이 더 좋아.
해설 선행사 the bike를 수식하는 관계대명사 which,
2개 중에 선택을 묻는 의문사 which가 공통으로
적절하다.
어휘 • bike 자전거

09 정답 ①
해석 월요일: 축구하기, 화요일: 화초에 물주기,
수요일: 집 청소하기, 목요일: 개 산책시키기,
금요일: 독서하기
해설 농구가 아니라 축구가 할 일이다.
어휘 • soccer 축구
• water 물을 주다, 물
• plant 식물, 화초, 심다
• clean 청소하다
• walk 산책시키다, 걷다

10 정답 ②
해석 A: 아빠, 컴퓨터 게임 좀 해도 돼요?
B: 아들아, 숙제부터 먼저 끝내야 해.
A: 아빠 말이 맞아요. 지금 할게요.
해설 숙제부터 먼저 끝낼 것이다.

어휘 • finish 끝내다

• homework 숙제

• right 맞은, 옳은

11 정답 ②

해석 2020년 8월 10일, 인호에게, 잘 지내니? 난 어제 네 편지를 받았어. 나는 정말 행복했어. 난 내 친구 미나를 오늘 만났어. 그리고 네 얘기를 했지. 곧 답장해줘. 네 친구 짐이.

해설 짐이 인호에게 보내는 편지다.

어휘 • letter 편지

• yesterday 어제

• today 오늘

• talk 말하다, 이야기하다

• write 쓰다, 편지를 쓰다

12 정답 ③

해석 A: 파리에서 모나리자를 본 적 있어?

B: 응, 봤지. 그건 매우 아름다운 그림이야.

A: 난 그렇게 생각 안 해.

해설 모나리자 그림에 관한 주제의 대화다.

어휘 • see – saw – seen 보다

• beautiful 아름다운

• painting 그림

13 정답 ④

해석 사과가 3개 중 가장 싸다.

오렌지가 복숭아보다 더 비싸다.

해설 사과가 가장 싼 the cheapest, 오렌지는 복숭아보다 더 비싼 more expensive가 적절하다.

어휘 • apple 사과

• orange 오렌지

• peach 복숭아

• expensive 비싼

• cheap 싼

14 정답 ③

해석 A: 런던 여행은 즐거웠니?

B: 아니, 갈 수가 없었어. 내 여권을 잃어버렸고 찾을 수가 없었거든.

해설 여권을 잃어버려서 가지 못했다.

어휘 • enjoy 즐기다

• trip 여행

• make it 가다, 해내다

• lose – lost 잃어버리다, 지다

• passport 여권

• find 찾다

15 정답 ④

해석 A: 다음 주 일요일에 무엇을 할 예정이니?

B: 낚시하러 가려고 해. 넌?

A: 난 아빠랑 자전거를 탈 예정이야.

해설 다음 주 일요일에 무엇을 할 것인지를 묻고 답하는 대화다.

어휘 • be going to ~할 예정이다

• go fishing 낚시하러 가다

• ride a bike 자전거를 타다

16 정답 ④

해석 A: 어제 새 가방 샀어?

B: 아니. 내가 좋아하는 색이 없었어.

해설 원하는 색이 없어서 가방을 사지 못했다.

어휘 • buy 사다   • color 색깔

17 정답 ①

해석 당신은 좋은 성적을 받길 원하시나요? 수업 시간에는 선생님에게 집중하세요. 그리고 여기에 좋은 성적을 위한 몇 가지 유용한 조언(팁)이 있습니다.

해설 좋은 성적을 위한 조언이 이어지는 것이 알맞다.

어휘 • get 받다, 얻다

• grade 성적, 등급, 학년

• focus on ~에 집중하다

• in class 수업 시간에, 수업 중에

• useful 유용한

• tip 조언, 팁

18 정답 ②

해석 A: 와, 이것들 정말 맛있어 보인다.
　　B: 마음껏 먹어.

해설 delicious 맛있는

19 정답 ④

해석 박 선생님께, 안녕하세요? 제 이름은 미나입니다. 저는 서울중학교 학생입니다. 저는 선생님 블로그에서 한국에 대한 흥미로운 사진들을 몇 장 발견했습니다. 그 사진들을 제 블로그에 올리고 싶습니다. 제가 사용할 수 있는지 알려주세요. 고맙습니다. 미나가.

해설 블로그 사진을 사용해도 되는지 허락을 요청하는 글이다.

어휘 • find−found 발견하다, 찾다
　　• interesting 흥미로운, 재미있는
　　• photo 사진
　　• let me know 알려주다
　　• use 사용하다
　　• best wishes 편지의 형식적 맺음말

20 정답 ③

해석 도와드릴까요?
　　(C) 예. 신발 한 켤레를 찾고 있어요.
　　(B) 몇 사이즈 신으세요?
　　(A) 9사이즈요.

해설 (C)−(B)−(A) 배열이 알맞다.

어휘 • size 사이즈, 크기
　　• wear 신다, 입다, 착용하다
　　• look for 찾다
　　• a pair of 한 켤레의, 한 벌의, 한 쌍의

21 정답 ②

해석 세계에는 다양한 종류의 식사 예절이 있다. (여기에 두 가지 예가 있다.) 하나는, 중국에서, 어떤 사람들은 예의 바르게 접시에 음식을 조금 남겨둔다는 것이다. 나머지 하나는, 인도에서, 대부분 사람들이 오른손을 사용하여 음식을 먹는다는 것이다.

해설 두 가지가 있다고 하고 난 뒤에 하나는(one), 나머지 하나는(the other) 내용이 이어지는 것이 적절하다.

어휘 • example 예
　　• various 다양한
　　• type 종류, 유형
　　• table manners 식사 예절
　　• around ~주위에
　　• the world 세계, 세상
　　• leave 남기다, 떠나다
　　• dish 접시, 음식
　　• polite 예의 바른
　　• the other 나머지 하나
　　• eat 먹다
　　• right hand 오른손

22 정답 ①

해석 이것은 현대 사회에서 중요하다. 그것은 수백만 년 전에 죽은 식물들로부터 나온다. 그것은 자동차에서 에너지를 만드는 데 사용된다. 하지만 사람들은 그것을 너무 많이 사용한다. 이것은 무엇일까?

해설 수백만 년 전에 죽은 식물에서 나오는 자동차 연료는 석유다.

어휘 • important 중요한
　　• modern 현대의
　　• plant 식물
　　• die 죽다
　　• millions of 수백만의
　　• ago 전에
　　• energy 에너지
　　• too much 너무 많이

23 정답 ④

해석 잃어버린 개(개를 찾습니다). 몽이는 5살입니다. 그는 검정색 개입니다. 그는 목에 빨간 개 목걸이를 두르고 있어요. 123−4567로 전화주세요.

해설 주소는 언급되지 않았다.

• lost 분실된, 잃어버린
  • collar 개 목걸이
  • neck 목

24 정답 ②

해석 내가 어렸을 때, 우리 집 뒤에 강이 있었다. 그것은 매우 깨끗했다. 나는 그곳에서 수영을 하고 물고기를 잡곤 했다. 가끔 어머니는 강에서 빨래를 하고 하셨다. 그러나 이제 그 강은 예전처럼 깨끗하지 않다. 그것은 더러운 것들에 의해 많이 오염되었다. 그래서 나는 더 이상 수영이나 낚시를 하러 갈 수 없다.

해설 예전에 비해 많이 오염된 강의 수질 오염에 대한 글이다.

어휘 • child 아이, 어린이
  • river 강
  • behind ~뒤에
  • clean 깨끗한
  • used to ~하곤 했다
  • swim 수영하다
  • catch 잡다
  • sometimes 가끔, 때때로
  • wash 씻다
  • clothes 옷
  • pollute 오염시키다
  • be polluted 오염되다
  • dirty 더러운
  • thing 것, 물건, 일
  • not ~ any more 더 이상 ~ 않는

25 정답 ④

해석 브라운 씨는 공원에서 일한다. 공원에서, 그녀는 식물들을 돌본다. 테드는 거의 매일 그곳에 온다. 왜냐하면 그는 또한 자라서 식물들과 함께 일하고 싶기 때문이다. 때때로 브라운 씨는 테드에게 식물 돌보는 방법에 대해 조언한다. 그녀는 그가 곁에 있을 때 항상 행복하다.

해설 브라운 씨는 테드를 좋아하고, 그의 엄마 이야기는 없다. 테드는 매주가 아닌 거의 매일 공원에 간다. 따라서 ④번 장래에 식물과 일하고 싶어하는 테드에 대한 내용이 글과 일치한다.

어휘 • work 일하다
  • park 공원
  • take care of 돌보다
  • plant 식물
  • almost 거의
  • because ~ 때문에
  • want to ~하기를 원하다, ~하고 싶다
  • grow up 성장하다, 자라다
  • advise 조언하다, 충고하다
  • care for 돌보다

제2회 정답

p.262~267

01	④	02	③	03	③	04	①	05	②
06	①	07	②	08	①	09	④	10	③
11	②	12	②	13	④	14	①	15	④
16	③	17	④	18	②	19	①	20	③
21	①	22	③	23	④	24	①	25	④

01 정답 ④
해석 당근, 오이, 양파, 감자
　　① 꽃 ② 과일 ③ 나무 ④ 야채
해설 제시된 단어는 야채, 채소(vegetable)들이다.

02 정답 ③
해석 ① 키가 큰 – 키가 작은
　　② 두꺼운 – 얇은
　　③ 현명한 – 똑똑한
　　④ 어린 – 나이 든
해설 모두 반의어 관계인데 ③만 동의어 관계이다.

03 정답 ③
해석 그는 키가 정말 큰 소년이구나!
　　너는 정말 빠르구나!
해설 What＋a＋형용사＋명사＋주어＋동사!
　　How＋부사/형용사＋주어＋동사!
어휘 • tall 키가 큰
　　• fast 빠른, 빠르게

04 정답 ①
해석 A: 그녀는 지금 바쁘니?
　　B: 응, 바빠.
해설 is, 즉 Be동사로 답한 것은 Be동사로 묻는다.
　　Is she ~가 적절하다.
어휘 • busy 바쁜

05 정답 ②
해석 A: 넌 한 달에 몇 권의 책을 읽니?
　　B: 두 권을 읽어.
해설 개수를 묻는 표현은 how many를 사용한다.

어휘 • month 1개월, 한 달
　　• read 읽다

06 정답 ①
해석 A: 가장 좋아하는 과목은 뭐니?
　　B: 내가 가장 좋아하는 과목은 수학이야.
해설 가장 좋아하는 과목을 묻고 답하는 대화다.
어휘 • favorite 가장 좋아하는
　　• subject 과목
　　• math 수학
　　• study 공부하다

07 정답 ②
해석 A: 남동생은 40kg이야.
　　B: 나는 그보다 더 무거워. 난 50kg이야.
해설 50kg인 내가 40kg인 남동생보다 더 무거워서
　　than 앞에 비교급 heavier가 적절하다.
어휘 • heavy 무거운
　　• thin 가는, 얇은

08 정답 ①
해석 A: 여기서 얼마나 멀어?
　　B: 20km야.
　　A: 시간이 얼마나 걸려?
　　B: 대략 버스로 1시간 걸려.
해설 how far로 거리, how long으로 시간의 길이를
　　묻는다.
어휘 • far 먼, 멀리
　　• from ~로부터
　　• here 여기
　　• take 시간이 걸리다
　　• hour 1시간

09 정답 ④
해석 월요일: 숙제하기, 화요일: 영화보기,
　　수요일: 집 청소하기, 목요일: 개 산책시키기,
　　금요일: 수학과 과학 공부하기
해설 수학과 국어가 아닌 수학과 과학을 공부한다.
어휘 • do one's homework 숙제를 하다

- watch 보다
- movie 영화
- clean 청소하다
- walk 산책시키다
- math 수학
- science 과학

10 정답 ③
해석 A: 아빠, 제가 도와드릴 일이라도 있어요?
B: 쓰레기 좀 밖으로 내다 버려줄래?
A: 물론이죠. 지금 밖으로 내다 버릴게요.
해설 take out the trash은 "쓰레기를 내다 버리다"라는 의미다.
어휘 • there is ~이 있다
- anything 어떤 것
- help 돕다
- take out 꺼내다, 밖으로 가져가다

11 정답 ②
해석 내 이름은 잭이야. 난 14살이지. 나의 개 콩이를 소개할게. 그는 공놀이를 잘해. 그는 매우 빨리 달려. 그는 사과를 좋아해.
해설 개의 이름은 콩, 개의 나이는 알 수 없고, 개는 사과를 좋아하므로 일치하는 것은 ②이다.
어휘 • name 이름
- let me 내가 ~할게요
- introduce 소개하다
- be good at ~을 잘하다
- play ball 공놀이를 하다
- run 달리다

12 정답 ②
해석 A: 머리 아프니?
B: 응. 열도 있네.
A: 진찰 받아야겠다.
해설 건강 상태에 관한 대화이다.
어휘 • headache 두통
- fever 열, 열 감기
- should ~해야 한다
- see a doctor 진찰을 받다

13 정답 ④
해석 사과는 오렌지보다 더 비싸다.
복숭아는 오렌지보다 더 싸다.
해설 사과는 오렌지보다 더 비싼 more expensive, 복숭아는 오렌지보다 더 싼 cheaper가 적절하다.
어휘 • apple 사과
- orange 오렌지
- peach 복숭아
- cheap 싼
- expensive 비싼

14 정답 ①
해석 A: 너 우울해 보여. 무슨 일이야?
B: 어제 파티에 갈 수 없었어. 왜냐하면 해야 할 숙제가 너무 많았어.
해설 숙제가 많아 파티에 가지 못했다.
어휘 • look down 우울해 보이다
- matter 문제
- party 파티
- yesterday 어제
- a lot of 많은
- homework 숙제

15 정답 ④
해석 A: 저녁으로 뭘 먹고 싶어?
B: 카레 라이스를 먹고 싶어. 넌?
A: 난 피자를 먹고 싶어.
해설 저녁 식사에 관한 대화를 하고 있다.
어휘 • want to ~하기를 원하다, ~하고 싶다
- eat 먹다
- dinner 저녁 식사
- pizza 피자

16 정답 ③
해석 A: 새 컴퓨터를 샀니?
B: 못 샀어 왜냐하면 그날 컴퓨터가 매진되었어.
해설 sold out은 "매진된" 의미를 가진 표현이다.
컴퓨터가 매진되어 사지 못했다.

어휘 • buy 사다

• computer 컴퓨터

• sold out 매진된

• that day 그날

17 정답 ④

해석 사람들은 새로운 언어를 배우는 데 어려움을 겪는다. 당신은 어떻게 영어를 완전히 익힐 수 있을까? 영어를 좀 더 쉽고 재미있게 배울 수 있는 몇 가지 방법들이 있다.

해설 영어를 좀 더 쉽고 재밌게 배우는 방법이 이어져야 알맞다.

어휘 • language 언어

• master 완전히 익히다, 통달하다

• several 몇몇의

• way 방법

• learn 배우다

• a little 약간의

• easy－easier 더 쉬운

• interesting 재미있는, 흥미로운

18 정답 ②

해석 A: 흡연은 네 건강에 좋지 않아.

B: 알아, 하지만 흡연을 그만둘 수가 없어.

A: 사탕을 먹거나 껌을 씹어보는 것은 어때?

해설 흡연 대신 해보라는 조언(제안)을 하는 표현이다.

어휘 • be good for ~에 좋다

• health 건강

• stop 멈추다

• candy 사탕

19 정답 ①

해석 김 박사님께, 저는 제 아들 때문에 걱정입니다. 그 애는 13살입니다. 그는 매일 탄산음료를 다섯 캔이나 마시고 초콜릿 바를 열 개나 먹습니다. 운동을 전혀 하지 않습니다. 제가 그 애를 위해 무엇을 해야 한다고 생각하시나요? 당신의 답변을 기다립니다. 걱정하는 엄마가.

해설 아들 걱정을 상담하는 내용이다.

어휘 • be worried about ~에 대해 걱정하다

• son 아들

• drink 마시다

• can 캔

• soda 탄산음료

• bar of chocolate 초콜릿 바

• exercise 운동

• think 생각하다

• should ~해야 한다

• look forward to ~를 기대하다

• answer 대답, 대답하다

• sincerely 진심으로, 편지 맺음말

20 정답 ③

해석 비빔밥 좀 드실래요?

(C) 예, 주세요.

(B) 어때요?

(A) 오, 맛있네요.

해설 음식을 권하고 수락한 뒤 맛이 어떤지 묻는 (C)－(B)－(A) 배열이 적절하다.

어휘 • delicious 맛있는

21 정답 ①

해석 우리는 다양하고 수많은 종류의 오염에 대해 알고 있다. (하나는 수질 오염이다. 이것은 때때로 호수, 강 그리고 바다에서 발견된다.) 다른 하나는 대기 오염이다. 이것은 보통 도시에 문제가 된다. 마지막으로, 소음 공해가 있다. 이것은 붐비는 도시와 공항 근처에서 자주 일어난다.

해설 여러 가지 중 하나는 one, 다른 하나는 another, 마지막은 finally 순서로 표현하므로 ①번에 들어가는 것이 적절하다.

어휘 • water pollution 수질 오염

• sometimes 가끔, 때때로

• find 발견하다

• be found 발견되다

• lake 호수

• river 강

• ocean 바다

- different 다른, 다양한
- kind 종류
- another 다른 하나
- air pollution 공기 오염
- usually 보통, 주로
- problem 문제
- city 도시
- finally 마침내, 끝으로
- noise pollution 소음 공해
- happen 발생하다
- often 자주
- crowded 붐비는
- near 근처의
- airport 공항

22 정답 ③

해석 이것은 한국의 전통적인 게임 중 하나이다. 이것은 보통 설날에 한다. 이 게임을 하기 위해서, 사람들은 네 개의 나무 막대기를 사용한다.

해설 네 개의 나무 막대기로 하는 전통놀이는 윷놀이다.

어휘 • traditional 전통적인
- game 게임
- Korean 한국의
- play (게임, 경기를) 하다
- New Year's Day 설날
- use 사용하다
- wooden 나무의

23 정답 ④

해석 4명의 아이들이 영화를 보러갔다. 그들의 좌석은 1B, 1C, 1D 그리고 1E로 번호가 매겨졌다. 잭은 1C에 앉았다. 앤은 잭과 톰 사이에 앉았다. 마이크는 잭 옆에 앉았다.

해설 앤이 잭과 톰 사이에 앉았고 잭이 1C이므로 앤 옆이 1E로 톰이다.

어휘 • children 아이들
- go-went 가다
- go to the movies 영화관에 가다, 영화를 보러 가다

- seat 좌석
- number 번호를 매기다
- be numbered 번호가 매겨지다
- sit-sat 앉다
- between A and B A와 B 사이에
- next to ~ 옆에

24 정답 ①

해석 많은 미국인들이 일주일에 서너 번씩 조깅을 한다. 조깅은 건강에 좋고 하기 쉽기 때문에 인기가 있다. 당신이 필요한 것은 단지 조깅화(운동화) 뿐이다.

해설 조깅이 하기 쉬워서 인기가 있다는 조깅 대중화의 이유가 주제로 적절하다.

어휘 • people 사람들
- the United States 미국
- jog 조깅하다
- three or four times 서너 번
- become 되다
- popular 인기 있는
- because ~ 때문에
- healthy 건강한
- easy 쉬운
- need 필요하다
- running shoes 러닝 슈즈, 운동화

25 정답 ④

해석 어니스트 헤밍웨이는 일리노이즈 주에서 태어났다. 하지만 그는 아버지가 사냥과 낚시를 가르쳐 준 장소인 미시건 주 북부에서 17년을 보냈다. 고등학교에서 헤밍웨이는 미식축구를 했다. 미국이 세계 1차 대전에 참가했을 때, 그는 자원입대했고 이탈리아에서 미군 구급차 운전병이 되었다.

해설 2차 세계대전이 아니라 1차 세계대전에 자원입대했다.

어휘 • be born 태어나다
- spend-spent 보내다, 쓰다
- northern 북부의, 북쪽의
- introduce 소개하다
- hunting 사냥

- fishing 낚시
- play American football 미식축구를 하다
- enter 참가하다, 들어가다
- World War Ⅰ 1차 세계대전
- volunteer 자원봉사하다, 자원입대하다
- become−became 되다
- ambulance 구급차
- driver 운전자
- Italy 이탈리아

PART 06 2025년 기출문제

2025년 제1회
p.270~275

01	④	02	③	03	①	04	④	05	②
06	④	07	①	08	②	09	③	10	③
11	①	12	①	13	④	14	④	15	①
16	④	17	③	18	②	19	③	20	③
21	③	22	②	23	②	24	①	25	④

01 정답 ④
해석 부모님은 저를 정말 <u>자랑스러워</u>하십니다.
해설 proud는 '자랑스러운'이다.
어휘 • be proud of ~를 자랑스러워하다

02 정답 ③
해석 이 질문은 <u>어렵습니다</u>. <u>쉬운</u> 질문을 해 주세요.
　　① 폭이 넓은 − 좁은, ② 현명한 − 어리석은,
　　③ 건강한 − 다채로운, ④ 저렴한 − 비싼
해설 밑줄 친 두 단어의 뜻은 '어려운'과 '쉬운'으로 반의어 관계이다. ③은 특별한 관계가 없는 두 단어이다.

03 정답 ①
해석 Eric과 나는 좋은 친구<u>야</u>.
해설 빈칸에 들어갈 말은 '~이다'의 의미를 가진 'be동사'이다. 주어 Eric과 I는 We(우리) 1인칭 복수형이므로 알맞은 be동사는 are이다.

04 정답 ④
해석 그는 점심을 먹은 <u>후에</u> 이를 닦았습니다.
해설 빈칸에 들어갈 말은 '~후에'로 접속사 after이 온다.

05 정답 ②
해석 A : 얼마나 <u>많은</u> 티켓이 필요하세요?
　　B : 티켓 세 장 주세요.
해설 B의 답변에서 '세 장'이라는 정보를 통해 A의 질문이 <u>티켓 몇 장이 필요한 지 묻는</u> 질문이었다는

것을 알 수 있다. ② how many ③ how much 둘 다 '얼마나 많은 ~'을 묻는 표현이지만, '티켓' 처럼 셀 수 있는 명사 앞에는 '수가 많다는 의미 인 many만 올 수 있다.

① long 긴

③ much (양이) 많은

④ often 자주

06 정답 ④

해석 A : 오늘 오후에 뭐 할 거야?

B : 형과 함께 컴퓨터 게임을 할 거야.

A : <u>재미있을 것 같네.</u>

해설 B의 계획에 대한 적절한 반응은 ④이다.

① 아니. 그렇지 않아.

② 천만에.

③ 물론 아니지.

어휘 • be going to ~할 예정이다.

• play (게임을) 하다

• with ~와 함께

07 정답 ①

해석 • 어떤 <u>종류</u>의 음악을 좋아하세요?

• 그녀는 저에게 많은 도움을 주었습니다. 그녀는 매 우 <u>친절한</u> 것 같습니다.

해설 첫 번째 빈칸에 들어갈 말은 '종류' 두 번째 빈칸 에 들어갈 말은 '친절한'이다. 두 의미를 모두 가 진 단어는 kind이다.

② 지방, 뚱뚱한

③ 우물, 건강한, 잘

④ 빛, 가벼운

어휘 • like 좋아하다

• help 돕다

• a lot 많이

• think 생각하다

08 정답 ②

해석 8:00 a.m. – 호텔에서 아침 먹기

10:00 a.m. – 전통 시장 방문하기

3:00 p.m. – 공원에서 간식 먹기

5:00 p.m. – 극장에 가기

해설 오전 10시에 할 일은 ②이다.

어휘 • have 먹다

• breakfast 아침

• visit 방문하다

• traditional 전통적인

• snack 간식

• park 공원

• theater 극장

09 정답 ③

해석 A : 이 소년은 무엇을 하고 있니?

B : <u>그는 물을 마시고 있어.</u>

해설 소년이 물을 마시고 있으므로 의미적으로 drink water이 옳다. be동사 현재형 + Ving의 형태는 '~하고 있는 중'을 나타내는 현재 진행형이므로 He is drinking water라는 표현이 옳다.

어휘 • watch 보다

• drive 운전하다

• drink 마시다

• play 연주하다

10 정답 ③

해석 A : 세상에! 스마트폰을 잃어버렸어.

B : 정말? 어디에 두었는지 기억나?

A : 잘 모르겠어. 먼저 분실물 센터를 확인해야겠어.

B : 좋은 생각이야. 같이 가자.

해설 분실물 센터에 가서 확인해야 한다는 A의 말에 B 가 동의하고 있다. '~하자'를 의미하는 'Let's~' 라는 표현을 통해 대화 후 그곳에 함께 갈 것임을 알 수 있다.

어휘 • lose - lost 잃다

• remember 기억하다

• where 어디에

• put 놓다

• sure 확신하는

• should ~해야 한다

• check 확인하다

• Lost and Found center 분실물 센터

11 정답 ①

해석 A : 이 가방에 대해 어떻게 생각하세요?

B : <u>예뻐 보여요.</u> 이것을 구매했나요?

A : 아니요, 제 여동생이 저에게 선물로 줬어요.

해설 가방에 대한 의견을 묻는 표현(What do you think of~? ~에 대해 어떻게 생각해?)에 가장 알맞은 대답은 예뻐 보인다는 의미의 ①이다.

② 저도 그렇게 생각합니다.

③ 의사가 되고 싶습니다.

④ 잊지 말고 전화주세요.

어휘 • give - gave 주다

• buy 구매하다

• as 로서

12 정답 ①

해석 A : 케빈, 무엇에 관심이 있으신가요?

B : 저는 로봇 제작에 관심이 있습니다. 당신은요?

A : 저는 배드민턴을 좋아합니다.

해설 두 사람은 '관심이 있는 분야'에 대해 이야기를 나누고 있다.

어휘 • be interested in ~에 관심 있다

• make 만들다

• how about ~? ~는 어때?

• play 경기하다

• badminton 배드민턴

13 정답 ④

해석 학교 체육 대회

언제 : 오전 9~11시, 2025년 5월 9일

어디서 : 미래 중학교

무엇을 하는지 : 야구, 농구 그리고 배구

즐거운 시간을 보내자! 스포츠를 즐기자!

해설 신청 방법에 대한 내용은 언급되지 않았다.

14 정답 ④

해석 안녕하세요, 학생 여러분. 공지사항이 있습니다. 학교 에어컨에 문제가 있습니다. 저희가 문제를 해결하고 있지만 두 시간이 걸릴 것 같습니다. 이해해 주셔서 감사합니다.

해설 방송의 목적은 '에어컨 고장'에 대한 안내이다.

어휘 • announcement 안내, 공지

• there is/are ~가 있다

• problem 문제

• air conditioner 에어컨

• fix 고치다

• take (시간이) 걸리다

• understand 이해하다

15 정답 ①

해석 A : Amy, 왜 늦었어?

B : 버스를 놓쳤어요. 늦어서 죄송합니다.

A : 음, 시간을 잘 지키려고 노력하렴. 수업 시작하자.

해설 Why는 '이유'를 묻는 의문사이다. 늦은 이유를 묻는 물음에 B는 버스를 놓쳤다고 말했다.

어휘 • late 늦은

• try to ~하도록 노력하다

• on time 제 시간에

• let's ~하자

• begin 시작하다

16 정답 ④

해석 미스터 파파라는 노인에 대한 이야기가 있습니다. 그는 황금으로 만든 모자를 씁니다. 6월 5일에 그는 용을 타고 비행합니다. 그는 착한 아이들에게 장난감과 사탕을 주지만, 나쁜 아이들에게는 마늘과 양파를 줍니다.

해설 나쁜 어린이들에게는 아무것도 주지 않는 것이 아니라 마늘과 양파를 준다.

어휘 • story 이야기

• about ~에 관한

• called ~라 불리는

• wear 입다, 착용하다

• made of ~로 만들어 진

• fly 날다

• give 주다

• however 그러나

• garlic 마늘

• onion 양파

17 정답 ③

해석 줄리아 스미스는 40대에 진정한 재능을 발견했습니다. 46세의 나이에 남편과 함께 로마로 이사했고, 그곳에서 요리 학교를 다녔습니다. 공부하는 동안 이탈리안 레스토랑 'Julia's Trattoria'를 운영했고 이곳은 파스타로 유명해졌습니다.

해설 남편의 직업에 대한 언급은 없다.

어휘 • find - found 찾다
 • talent 재능
 • move to ～로 이사하다
 • while ～동안
 • run-ran 운영하다
 • famous 유명한

18 정답 ②

해석 내일은 엄마의 생일입니다. 무엇을 엄마에게 드려야 할지 고민하다가 알렉스에게 조언을 구했습니다. 알렉스는 제가 글을 잘 쓰기 때문에 편지를 써보라고 제안했어요.

해설 suggest는 '제안하다'이다. 알렉스는 '내가 글을 잘 쓰기 때문에 편지를 쓰라고' 제안했다.

어휘 • ask 물어보다
 • advice 조언
 • suggest 제안하다
 • be good at ～을 잘하다

19 정답 ③

해석 바다 중학교 학생들이 가장 좋아하는 과목
체육(40%) 영어(19%) 과학(16%) 기타(15%) 국어(10%)
바다 중학교의 학생들은 체육을 가장 좋아한다.

해설 그래프에서 '체육'을 선택한 비율이 40%이므로, 체육이 바다 중학교 학생들이 가장 좋아하는 과목이다.

어휘 • favorite 가장 좋아하는
 • subject 과목
 • English 영어
 • Korean 국어
 • P.E. 체육
 • Science 과학
 • others 기타

20 정답 ③

해석 홍수 시 기억해야 할 몇 가지 사항이 있습니다. ① 우선, 모든 전기를 꺼야 합니다. ② 둘째, 흐르는 물에서 벗어나야 합니다. ③ 식물에 정기적으로 물을 주어야 합니다. ④ 안전을 위해 더 높은 지대로 이동해야 합니다. 마지막으로 뉴스 보도를 계속 들으세요.

해설 홍수 시 지켜야 할 안전 요령을 설명하는 글에서 '식물에 물을 주어야 한다'는 내용은 흐름상 어울리지 않는다.

어휘 • several 몇몇의
 • during ～동안
 • flood 홍수
 • should ～해야 한다
 • turn off 끄다
 • electricity 전기
 • stay out of ～에서 벗어나다
 • moving water 흐르는 물
 • need to ～해야 한다
 • water 물을 주다
 • plant 식물
 • regularly 정기적으로
 • have to ～해야 한다
 • ground 땅
 • safety 안전
 • keep V-ing 계속 V하다
 • report 보도, 보고

21 정답 ③

해석 지호는 오래된 것으로 새로운 것을 만드는 것을 좋아합니다. 어제 학교에 헌 옷으로 만든 필통을 가져와서 반 친구들에게 주었습니다. 그들은 선물을 받고 놀랐고 어떻게 만들었는지 알고 싶어 했습니다.

해설 were surprised는 '놀랐다'라는 뜻으로 '사람'만이 이 동사의 주체(주어)가 될 수 있다. they가 가리키는 것은 선물을 받은 반 친구들이다.

어휘 • like 좋아하다

• make 만들다

• new 새로운

• bring – brought 가져오다

• used 사용된, 중고의

• give 주다

• be surprised to ~해서 놀라다

• get 얻다

• present 선물

• want 원하다

• know 알다

• how 어떻게

22 정답 ②

해석 모던 미술관 규칙

– 뛰지 마세요.

– 음식을 먹지 마세요.

– 사진을 찍지 마세요.

해설 '낙서하지 않기'는 규칙으로 언급되지 않았다.

어휘 • Don't ~ ~하지 마라

• run 뛰다

• eat 먹다

• take (사진을) 찍다

23 정답 ②

해석 독수리가 하늘 높이 나는 것을 본 적이 있나요? 독수리는 저 위에서 작은 개미도 볼 수 있습니다. 그들은 강력한 시력 때문에 훌륭한 사냥꾼입니다. 그들은 2.8km 떨어진 곳에서도 작은 동물을 볼 수 있습니다. 놀랍지 않나요?

해설 '독수리의 강력한 시력'에 관해 말하고 있는 글이다.

어휘 • Have ~ seen ~? ~를 본 적 있니?

• eagle 독수리

• high 높은, 높게

• hunter 사냥꾼

• because of ~ 때문에

• tiny 작은

• away 떨어져

• amazing 놀라운

24 정답 ①

해석 판매할 자켓이 있습니다. 흰색이고 주머니가 많습니다. 작년에 구입했는데 새것과 비슷합니다. 80달러를 지불했습니다. 단 20달러에 판매하고 있습니다!

해설 작년에 샀던 자켓을 판매하려는 목적이다.

어휘 • for sale 판매용의, 판매 중인

• pocket 주머니

• buy - bought 사다

• new 새로운

• sell 팔다

25 정답 ④

해석 안녕하세요! 제 이름은 브라이언입니다. 저는 캐나다 사람이고 한국에 2년째 살고 있습니다. 캐나다에 가 본 적이 있나요? 오늘은 캐나다를 방문하기 위한 몇 가지 팁을 드리겠습니다. 캐나다를 방문하기 가장 좋은 시기부터 시작하겠습니다.

해설 캐나다를 방문하기 가장 좋은 시기부터 시작하겠다(Let's start with~)는 마지막 말을 통해 이어질 내용이 ④임을 유추할 수 있다.

어휘 • Canadian 캐나다인

• have been to ~에 가본 적 있다

• give 주다

• tip 조언

• visit 방문하다

• Let's ~하자

• start 시작하다

01	④	02	②	03	②	04	③	05	③
06	④	07	①	08	②	09	④	10	④
11	①	12	③	13	②	14	④	15	④
16	①	17	②	18	②	19	①	20	③
21	③	22	①	23	③	24	③	25	④

01 정답 ④
해석 학생들은 보통 도서관에서 조용하다.
해설 quiet는 '조용한'이라는 뜻의 형용사이다.
어휘 • usually 보통, 대개

02 정답 ②
해석 나는 너무 춥다. 따뜻한 물이 필요하다.
해설 밑줄 친 두 단어의 뜻은 '춥다'와 '덥다'로 반의어 관계이다. ②는 같은 의미의 동의어이므로 밑줄 친 두 단어와는 다른 관계이다.
① thin 얇은 - thick 두꺼운
② small 작은 - little 작은
③ weak 약한 - strong 강한
④ light 가벼운 - heavy 무거운

03 정답 ②
해석 나의 수학 선생님은 매우 똑똑하다.
해설 빈칸에 들어갈 말은 '~이다'의 의미를 가진 〈be동사〉이다. 주어 my math teacher는 3인칭 단수형이므로 알맞은 be동사는 is이다.

04 정답 ③
해석 Amy에게는 남자 형제가 한 명 있는데, 그는 7살이다.
해설 빈칸에 들어갈 말은 앞 문장과 뒷 문장을 연결하는 접속사이다. and는 '그리고'라는 의미로 두 문장을 자연스럽게 연결한다.

05 정답 ③
해석 A : Harry, 부탁 하나 들어줄 수 있니?
　　B : 물론이지. 그게 뭐야?
해설 빈칸에 들어갈 말은 '~할 수 있다'라는 의미의 조동사이다. '부탁을 들어줄 수 있는지 묻는 의미이므로 can이 알맞다.

06 정답 ④
해석 A : 너 이번 주말에 뭐 할 거야?
　　B : 나 등산 갈 거야. 같이 갈래?
　　A : 응, 정말 그러고 싶어.
해설 B가 등산을 함께하자는 제안에 ④의 'Yes, I'd love to'는 '응, 정말 그러고 싶어'라는 뜻으로 제안을 수락하는 표현이 적절하다.
① 네, 당신은 그렇습니다.
② 아니, 그는 그렇지 않았다.
③ 그들은 피곤해 보인다.
어휘 • be going to ~할 예정이다
• weekend 주말
• hiking 등산
• tired 피곤한

07 정답 ①
해석 • 그녀는 아들에게 전화하고 싶어 한다.
• 정말 미안해. 네 통화를 놓쳤어.
해설 첫 번째 문장은 '전화하다'라는 의미의 동사가 필요하고, 두 번째 문장은 '(전화) 통화'라는 의미의 명사가 필요하다. call은 동사로 '전화하다', 명사로 '통화'라는 뜻을 모두 가지므로 두 문장 모두에 적절하다.
② well 우물, 잘, 건강한
③ drink 마시다, 음료
④ travel 여행하다, 여행
어휘 • miss 놓치다

08 정답 ②

해석 월요일 – 피아노 치기

화요일 – 자전거 타기

수요일 – 방 청소하기

목요일 – 박물관 가기

해설 화요일에 할 일은 ②이다.

어휘 • play 연주하다

• ride 타다

• clean 청소하다

• museum 박물관

09 정답 ④

해석 A : 소녀는 무엇을 하고 있니?

B : 그녀는 <u>설거지를 하는 중이야.</u>

해설 She is washing the dishes에서 be동사 현재형 + Ving의 형태는 '~하고 있는 중'을 나타내는 현재 진행형이다. She is washing the dishes. 소녀는 설거지를 하는 중이다.

어휘 • drink 마시다

• wash the dishes 설거지 하다

10 정답 ④

해석 A : 이런! 댄스 대회가 내일이야.

B : 내가 도와줄 수 있는 게 있을까?

A : 나 춤 연습하는 걸 도와줄래?

B : 물론이지. 같이 연습하러 가자.

해설 A가 춤 연습을 도와 달라고 부탁했고, B가 "Let's go practice together."라고 말하며 함께 연습하러 갈 것을 제안했다. 따라서 두 사람이 함께 할 일은 '춤 연습하러 가기'이다.

어휘 • contest 대회

• tomorrow 내일

• anything 무언가

• help 돕다

• practice 연습하다

• together 함께

11 정답 ①

해석 A : 마술 공연 즐기셨나요?

B : 네, <u>멋졌어요.</u> 당신은요?

A : 저도 그것을 즐겼어요. 마술 묘기가 정말 놀라웠어요.

해설 마술 공연을 즐겼는지 묻는 질문(Did you enjoy the magic show?)에 대한 대답으로 'it was wonderful(멋졌다)'가 가장 적절하다.

② 우리는 지루한 시간을 보냈어.

③ 그는 채소를 좋아하지 않아.

④ 친구들과 함께 야구를 했어.

어휘 • enjoy 즐기다

• magic show 마술 공연

• wonderful 멋진

• trick 묘기

• amazing 놀라운

12 정답 ③

해석 A : 내일 여행 준비됐어?

B : 응. 모든 것을 챙겼는데, 부채가 없어.

A : 걱정 마. 내가 너를 위해 하나 가져갈게.

해설 두 사람은 내일 있을 여행을 '준비하는 것'에 대해 이야기하고 있다.

어휘 • be ready for ~에 준비되다

• pack 짐을 싸다

• fan 부채

• bring 가져오다

13 정답 ②

해석 이 주의 영화

제목 : 북극 곰들의 삶

장소 : 드림 커뮤니티 센터

시간 : 저녁 7~9시

해설 '관람 비용'에 대한 언급은 없다.

14 정답 ④

해석 주목해 주세요, 고객 여러분! 이번 주 저희 고객들을 위한 특별 행사가 있습니다. 만약 50달러 이상 구매하시면 5% 할인을 받으실 수 있습니다. 저희 매장에서 쇼핑해 주셔서 감사합니다.

해설 방송의 목적은 '50달러 이상 구매 시 5% 할인'이라는 특별 할인 행사를 '알리는 것'이다.

어휘 • attention 주목
 • special event 특별 행사
 • customer 고객
 • discount 할인
 • spend 돈을 쓰다
 • over ~이상

15 정답 ④

해석 A : 학교 콘서트에 빨리 가고 싶어!
 B : 왜? 올해 특별한 거라도 있어?
 A : 응, 인기 있는 밴드가 공연할거야.

해설 A가 콘서트에 가고 싶어 하는 이유는 보기 ④ '인기 있는 밴드가 공연하기 때문'이다.

어휘 • concert 콘서트
 • special 특별한
 • popular 인기 있는
 • band 밴드
 • perform 공연하다
 • I can't wait to V V 하기를 기대하다,
  빨리 V하고 싶다

16 정답 ①

해석 책 『Forest Adventures』는 유명한 작가 Anna Brown에 의해 쓰였다. 주인공은 소녀와 강아지이며, 이 책은 그들의 우정에 관한 이야기를 한다. 당신은 10월에 서점에서 구매할 수 있다.

해설 지문에서는 '유명한 작가'라고 했는데, 보기 ①은 '무명 작가'라고 하여 내용과 다르다.

어휘 • write 쓰다
 • famous 유명한
 • writer 작가
 • main character 주인공
 • friendship 우정
 • bookstore 서점
 • in October 10월에

17 정답 ②

해석 돼지 축제는 우리 마을에서 가장 큰 축제이다. 작년에는 5,500명이 축제를 방문했다. 이 축제의 주요 행사는 돼지 경주와 불꽃놀이이다. 사람들은 핫도그와 솜사탕 같은 맛있는 음식을 살 수 있다.

해설 지문에 '주차장 위치'에 대한 언급은 없다.

어휘 • festival 축제
 • celebration 축하 행사
 • visit 방문하다
 • visitor 방문객
 • main event 주요 행사
 • race 경주
 • firework 불꽃놀이
 • cotton candy 솜사탕

18 정답 ②

해석 나는 필요하지 않은 물건을 자주 사서 걱정된다. 그래서 친구 지호에게 조언을 구했다. 지호는 살 물건의 목록을 작성하라고 제안했다. 나는 이것이 정말 좋은 생각이라고 생각한다.

해설 지문에서 Jiho가 제안한 것은 '구매 목록 작성하기'이다.

어휘 • worried 걱정하는
 • need 필요
 • ask 요청하다
 • advice 조언
 • suggest 제안하다
 • make a list 목록을 작성하다

19 정답 ①

해석 우리 반에서 가장 인기 있는 스포츠
축구(40%), 야구(25%), 농구(15%), 배구(10%), 기타 (10%)
우리 반 학생들은 축구를 가장 좋아한다.

해설 그래프에서 '축구'를 선택한 비율이 40%로 우리 반에서 가장 인기 있는 스포츠이다.

어휘 • favorite 가장 좋아하는
• the most 가장
• volleyball 배구

20 정답 ③

해석 요즘 로봇은 다양한 역할을 한다. ① 일부 로봇은 음식점에서 주문을 받는다. ② 다른 로봇들은 카페에서 커피를 만든다. ③ 커피 원두는 따뜻한 지역에서 재배된다. ④ 그들은 공항에서 안내원으로도 일한다. 로봇은 우리 주변 모든 곳에 있다.

해설 지문은 로봇의 다양한 역할을 나열하고 있는데, ③은 '커피 원두 재배'에 대한 내용으로 글의 흐름에 어울리지 않는다.

어휘 • play ~ role ~역할을 하다
• take order 주문을 받다
• make coffee 커피를 만들다
• coffee bean 커피 원두
• be grown 재배되다
• warm 따뜻한
• area 지역
• work as ~로 일하다
• guide 안내원
• airport 공항
• around ~주변에

21 정답 ③

해석 방 안에 모기가 날아다니고 있다고 상상해 보세요. 무엇을 하시겠습니까? 토마토가 도움이 될 수 있습니다. 많은 사람들이 토마토를 좋아하지만, 모기는 그것들을 싫어합니다. 으깬 토마토를 담은 그릇은 이런 곤충들을 방에서 쫓아낼 수 있습니다.

해설 mosquitoes dislike <u>them</u>(모기는 <u>그것들을</u> 싫어한다)에서 모기가 싫어하는 그것들이 토마토여야 다음 문장 '그릇에 담은 으깬 토마토가 모기를 멀리하게 한다.'와 논리적으로 연결된다.

어휘 • imagine 상상하다
• fly around 이리저리 날다
• dislike 싫어하다
• bowl 그릇
• crush 으깨다
• insect 곤충
• keep A away from B A를 B로부터 멀리하다

22 정답 ①

해석 극장 규칙
• 사진을 찍지 마세요.
• 시끄럽게 떠들지 마세요.
• 앞 좌석을 발로 차지 마세요.

해설 '음식 먹지 않기'는 언급되지 않았다.

어휘 • Don't ~하지 마라
• make noise 소음을 내다
• loud 시끄러운
• take (사진을) 찍다
• kick 차다
• in front of ~앞에
• seat 좌석

23 정답 ③

해석 휴대폰을 너무 많이 사용하는 것은 해로운 영향을 줄 수 있다. 예를 들어, 이것은 건조한 눈을 유발할 수 있다. 또한, 목 통증이 생길 수 있다. 이러한 부정적인 영향을 아는 것이 중요하다.

해설 글에서는 휴대폰 과다 사용의 부정적인 영향(건조한 눈, 목 통증)을 구체적으로 언급하며, 이를 아는 것이 중요하다고 말하고 있다. 그러므로 주제는 ③'휴대폰 과다 사용의 악영향'이다.

어휘 • harmful 해로운

• effect 영향

• cause ~을 유발하다

• dry eyes 안구 건조증

• neck pain 목 통증

• important 중요한

• negative 부정적인

24 정답 ③

해석 안녕, Steve. 나는 Bill이야. 이번 금요일에 학생 토론이 있어. 그런데 우리 팀원 중 한 명이 심한 감기에 걸려서 토론에 올 수 없어. 우리를 도와서 우리 팀에 들어올 수 있니? 곧 답변해 주길 바랄게.

해설 글에서는 팀원의 결석으로 인해 Steve에게 토론에 참가해 달라고 요청하고 있다. 따라서 목적은 ③ '부탁하려고'이다.

어휘 • debate 토론

• team member 팀원

• catch a cold 감기에 걸리다

• join ~에 합류하다

25 정답 ④

해석 다른 나라에서 사는 것은 항상 쉬운 일이 아니다. 나는 멕시코에서 3년째 살고 있다. 우리 가족이 이곳으로 이사 온 이후로, 멕시코와 한국 사이에 많은 문화적 차이점을 발견했다. 여러분과 공유하고 싶은 몇 가지 예가 있다.

해설 글의 마지막 문장에서 '공유하고 싶은 몇 가지 예가 있다(Here are some examples)'라고 했으므로, 뒤에는 멕시코와 한국의 문화 차이에 대한 구체적인 사례가 이어질 것이다. 따라서 ④가 가장 적절하다.

어휘 • since ~이후로

• move 이사하다

• cultural difference 문화적 차이

• example 사례

• share 공유하다